Sonja Stacherl · Nähe und Geborgenheit

Sonja Stacherl

Nähe und Geborgenheit

Durch Körperkontakt Säuglinge fördern

Walter Verlag
Zürich und Düsseldorf

Für Gerhard und unsere Kinder
Laura und Felix

Die Deutsche Bibliothek – CIP-Einheitsaufnahme

Stacherl, Sonja:
Nähe und Geborgenheit : durch Körperkontakt Säuglinge fördern /
Sonja Stacherl. – Zürich ; Düsseldorf : Walter, 1997
ISBN 3-530-30024-1

© 1997 Walter Verlag, Zürich und Düsseldorf
Satz: Utesch GmbH, Hamburg
Druck und Einband: Grafo
Printed in Spain
ISBN 3-530-30024-1

Inhalt

Inhalt

Inhalt

Vorwort

Durch mein besonderes Interesse an anderen Kulturen wurde ich immer wieder mit dem Motiv des Tragens und dem damit verbundenen engen Körperkontakt zwischen Mutter und Säugling konfrontiert. Jean Liedloffs Buch *Auf der Suche nach dem verlorenen Glück* schließlich vertiefte und verfestigte in mir die Ahnung um das prägende Wechselspiel zwischen dem Umgang mit Säuglingen und den kulturellen Merkmalen. So unterschiedlich der Ausdruck und die Beurteilung von Emotionen ausfallen und bewertet werden, so stark prägen diese kulturellen Normen das einzelne Individuum.

Das Thema ließ mich nicht mehr los, ich las alle mir zugängliche Literatur über Körperkontakt. Dann wurde ich selbst Mutter, und wir – mein Mann und ich – trugen unser Baby ständig. Der in den Büchern beschriebene Ansatz bewährte sich in unserem Lebensalltag bestens.

Der Übergang von der theoretischen Lektüre in die Praxis gestaltete sich aber nicht leicht. Bereits der Kauf eines qualitativ hochwertigen Tragetuches war ein Problem, denn sie waren kaum im Handel erhältlich. Detaillierte Auskünfte über die richtige Länge des Tuches, die Bindetechnik usw. waren nur schwer zugänglich. Und genau mit diesen Anfangsschwierigkeiten sind viele Mütter heute noch konfrontiert, was manche daran hindert, ihr Kind zu tragen. Zudem verdeutlichte mir die Skepsis verschiedener Personen aus meinem Bekanntenkreis eines: Die Unwissenheit innerhalb der Bevölkerung darüber, was Körperkontakt für den Säugling bedeutet, ist enorm groß. Sehr viele Eltern sind der Meinung, daß sie ihren Kindern nicht zuviel Liebe, Zärtlichkeit und Körperkontakt geben dürfen, auch nicht in den ersten Lebensmonaten. Als mögliche Gründe werden beispielsweise angeführt: Das Kind könne verwöhnt, abhängig oder nicht selbständig werden, eine abnorme Muttergebundenheit entwickeln und durch das Tragen Haltungsschäden erleiden.

Bei diesen unterschiedlichen, fest verankerten Vorurteilen kann die Bedeutung der taktilen Erfahrung gar nicht genug hervorgehoben werden. Die meisten Eltern, mit denen ich über das Tragen als wichtigsten und zentralen Weg des Körperkontakts gesprochen habe, waren verunsichert und trauten sich das Tragen nicht einmal auszuprobieren. Doch hatten sie sich mit diesen Widerständen auseinandergesetzt, erfuhren sie, welch ein wunderschönes Gefühl und Erlebnis das Tragen sein kann. Es bietet nicht nur dem Baby, sondern auch den Eltern – besonders der Mutter – Vorteile. Es macht das Leben mit einem Neugeborenen harmonischer, unkomplizierter und freier.

Das Buch soll helfen, die Unsicherheiten zu verringern und die praktische Umsetzung zu erleichtern.

Eltern sind heute oft widersprüchlichen Informationen, Vorurteilen und fehlendem Wissen ausgesetzt und vergessen darüber den so wesentlichen und natürlichen Zugang zum Säugling, den das Tragen bietet. Nur so kann ich mir erklären, daß bei uns immer noch das häufige Schreien und Weinen eines Säuglings als normal betrachtet und akzeptiert wird. Die meisten unserer Babys sind zwar später im Kindesalter keineswegs nach außen hin auffällig und werden als gesellschaftlich «normale» Menschen integriert, leiden aber psychisch und körperlich ihr Leben lang am mangelnden Körperkontakt ihrer frühen Kindheit – ohne es jemals auf diese Ursache zurückführen zu können. Mit diesem Buch möchte ich zum Ausdruck bringen, wie enorm wichtig die taktile Stimulierung und die Befriedigung des Körperkontakts für die gesamte seelische Entwicklung auch des späteren Erwachsenen sind. Forschungsansätze aus verschiedenen Disziplinen, Untersuchungsergebnisse und eindrückliche eigene und literarische Erfahrungen habe ich darin verarbeitet und hoffe, dass es Eltern ermuntert, einen instinktiveren, «natürlicheren» Umgang mit dem Kind zu entdecken.

Einführung

«Die Erinnerungen an meine ersten Lebensjahre kreisen alle
um meine Mutter. Zuerst war sie immer da; ich erinnere mich
an das angenehme Gefühl ihres Körpers, als sie mich auf dem
Rücken trug, und an den Geruch ihrer Haut in der Sonnenhit-
ze. Alles kam von ihr. Wenn ich hungrig oder durstig war,
schwenkte sie mich nach vorne vor ihre vollen Brüste. Noch
jetzt fühle ich, wenn ich die Augen schließe, dankbar das Be-
hagen, das mich erfüllte, wenn ich meinen Kopf an ihrer weichen Fülle barg und die süße Milch trank, die sie mir gaben.
Nachts, wenn die Sonne nicht mehr wärmte, traten ihre Arme,
ihr Körper an ihre Stelle, und als ich älter wurde, und mich für
andere Dinge zu interessieren begann, konnte ich sie ohne
Angst von ihrem Rücken aus betrachten. Wenn ich schläfrig
wurde, brauchte ich nur die Augen zu schließen.»

Dies sagte der achtzigjährige Kabongo, ein ostafrikanischer
Kikiyu-Häuptling, der seinen schönen Erinnerungen an die
Hautnähe seiner Mutter Ausdruck verlieh.[1]

Mit diesen Erinnerungen möchte ich mein Buch beginnen.
Eindrücklich ist darin festgehalten, wie der physische Kontakt mit einem anderen Menschen Quelle des Behagens, der
Sicherheit, der Wärme, der Befriedigung sein kann und befä-
higt, sich neuen Erfahrungen aufzuschließen. Durch die Berührung mit der Mutter tritt das Kind mit der Welt in Kontakt und damit in eine neue Erlebnissphäre. Die zentrale Be-

---

1 Montagu, Ashley: Körperkontakt, S. 63 f.

deutung des Körperkontakts für die Entwicklung des Säuglings ist in vielen Forschungen nachgewiesen, wird aber trotzdem im Alltag vieler junger Familien wenig oder gar nicht aufgenommen. Zu diesem Zweck habe ich in einer Form von Literaturrecherche die wichtigsten Erkenntnisse zur Bindungstheorie zusammengetragen und gleichzeitig die praktischen Wege aufgezeigt, die sich daraus ergeben.

Ich setze ein mit den Erfahrungen des Kindes im Mutterleib, den Auswirkungen der unterschiedlichen Methoden der Geburtshilfe und den verschiedenen medizinischen Vorsichtsmaßnahmen und Eingriffen auf Mutter und Kind, wobei die Bedeutung der ersten Stunden nach der Geburt zentral ist.

Die nächsten Kapitel beschäftigen sich mit den Bedürfnissen des Säuglings, seinem tiefen Bedürfnis nach Körperkontakt, dem mit Tragen, Stillen, gemeinsamem Schlafen und Massagen entsprochen werden kann. Hier erwarten Eltern konkrete Anleitung und Hilfestellung. Die Betrachtungen über die Konsequenzen des fehlenden Hautkontakts setzen ein bei der Industriegesellschaft, in der das Tragen der Babys immer mehr an Bedeutung verlor, während das Weinen zunahm, und führen fort bis hin zu den Auswirkungen für den einzelnen im Säuglings-, Kindes- und Erwachsenenalter.

Ein Blick auf andere «ursprünglichere» Gesellschaften führt die enge, gegenseitige Beeinflussung zwischen verschiedenen Kulturtraditionen und dem unterschiedlichen Umgang mit Säuglingen vor Augen.

Tragehilfen und deren Vor- und Nachteile schließen den Text dann ab. Das Tragetuch und verschiedene Bindetechniken werden ausführlich vorgestellt. Ich hoffe mit diesem Buch etwas Positives bewirken zu können, vielleicht trägt es mit bei zu einem veränderten, kindgerechteren Umgang mit Säuglingen.

1. Die Erfahrungen im Mutterleib

Die Entwicklung der Haut

Die Haut ist das frühest entwickelte und sensitivste unserer Organe, sie umhüllt uns vollkommen. Wahrscheinlich ist sie neben dem Gehirn das wichtigste unserer organischen Systeme.

Es ist ein allgemeines Gesetz der embryonalen Entwicklung, daß jene Funktionen einzelner Organe um so wichtiger sind, je früher sie ausgebildet werden. Dabei wird der Tastsinn beim menschlichen Embryo vor allen anderen Sinnen entwickelt und kann somit als Ursprung aller Empfindungen angesehen werden. Tatsächlich sind die funktionellen Fähigkeiten der Haut von großer Bedeutung, denn ein Mensch kann leben, wenn er blind und taub ist, weder hören noch schmecken kann, aber ohne die Haut ist er nicht lebensfähig.[1]

Die Haut hat vier physiologische Funktionen:

1) Sie schützt das Innere des Körpers vor mechanischen Verletzungen, Strahlenschäden und vor dem Eindringen fremder Substanzen und Organismen. 2) Sie dient als Sinnesorgan; 3) als Temperaturregulator; 4) und als Träger des Stoffwechsels und als Fettdepot.[2]

In der siebten, achten Schwangerschaftswoche hat der Embryo, gerade zweieinhalb Zentimeter lang, weder Augen noch Ohren, aber seine Haut ist schon hochentwickelt. Er nimmt Berührungen zuerst perioral wahr, doch die Empfindsamkeit breitet sich dann über den Rumpf und die Extremitäten aus.[3] Über Ultraschall ist erkennbar, daß der Fötus beim Streicheln der Oberlippe oder des Nasenflügels mit dem Hals und dem Körper leicht von der Stimulationsquelle zurückweicht.[4]

So werden unsere ersten Wahrnehmungen allein durch das Tastgefühl vermittelt. Der Fötus spürt über seine Haut Druck, die Bewegungen des Fruchtwassers, Schmerz (z. B. das Piksen einer Injektionsnadel), aber auch Kälte und Wärme. (Dies hat man herausgefunden, als man kaltes Salzwasser in die Fruchtblase spritzte und die Reaktion über den Ultraschall beobachtete.) Fruchtwasser, Gebärmutterwand und Eigenberührungen des Fötus stimulieren die Haut.[5]

Sehr wahrscheinlich ist, daß der Fötus durch eine Reihe verschiedenartiger Bewegungen, die er innerhalb des Uterus ausführt (und die die Mutter später teilweise deutlich als Strampeln, Treten oder Stoßen spürt), eine gewisse Vorstellung von seiner eigenen Gestalt, der des Uterus und der Beschaffenheit des Fruchtwassers erhält.

Ab der siebten Schwangerschaftswoche besitzt das Ungeborene Hände und Finger, die es ab der vierzehnten Woche schon zusammenführen kann und mit denen es seine Umwelt nun erforscht, befühlt und begreift.[6] Über die Haut kann es auch Geräusche, d. h. die Schwingung der Schallwellen, wahrnehmen. Es ist sogar bewiesen, daß bestimmte Hautpartien die Richtung der Geräuschquelle lokalisieren können, bildlich ausgedrückt kann der Fötus mit der Haut gleichsam «sehen».[7]

Weitere körperliche Entwicklungen

Schon bei einem etwa drei bis vier Wochen alten Embryo (da ist er zwischen drei und vier Millimeter groß) funktioniert das Gehirn vor allem als Gestaltungsapparat, das die weitere Entwicklung festlegt. Mikroskopisch klein sind bereits alle Organe in ihrer Struktur ausgebildet. Um die Mitte des zweiten Lebensmonats ist der Embryo hinsichtlich seiner körperlichen Systeme und Elementarfunktionen fast vollständig entwickelt.[8] Ab dem sechsten Monat kann das Kind im Mutterleib sich schon erinnern, es kann hören und lernen.[9]

Das Gehör

Eine Woche nach der Befruchtung kann man an dem Ungeborenen die ersten Ansätze der Ohren feststellen. Die Corti-Zellen – die besonderen Sinneszellen mit einem Härchenfortsatz –, mit denen das Ohr so dicht bestückt ist, sind ähnlich beschaffen wie die in der Haut vorkommenden Sinneszellen. Somit kann man die Haut als ein riesiges Ohr betrachten.

Ab der 18. Schwangerschaftswoche beginnt das Baby zu hören, dabei kommen die lautesten Geräusche für das Baby von Magen und Darm der Mutter, mit Spitzenwerten von 85 Dezibel.

Schlaflieder oder bestimmte Musikarten, die in der Schwangerschaft gesungen oder gehört wurden, können nach der Geburt, werden sie erneut vorgesungen oder vorgespielt, eine ungewöhnlich starke, beruhigende Wirkung auf das Baby haben.[10]

Das Gleichgewicht

Als erster erhält der Gleichgewichtsnerv bereits im vierten Monat der Entwicklung seine Markscheiden. Der beruhigende Effekt, den später das Wiegen auf den Säugling hat, dürfte von der Urerfahrung des Rhythmus im Mutterleib, durch die Bewegungen der Mutter und eigene herrühren.[11]

Das Schmecken

Ab der 25. Woche hat das Baby Geschmackserlebnisse, und es beginnt vom Fruchtwasser zu probieren. Wird ins Fruchtwasser eine bitter schmeckende Substanz eingespritzt, hören die Babys auf zu trinken, doch bei der Zugabe von Saccharin schlucken die Babys doppelt soviel. Alkohol und Nikotin dagegen scheinen den Appetit zu dämpfen.[12]

Zwischen dem fünften und sechsten Schwangerschaftsmonat kann der Fötus also Druck-, Schmerz-, Geschmacks- und Lichtreize wahrnehmen und darauf reagieren. Dies zeigt sich in sensorischen Impulsen wie: Hautreize bei Eigenbewegungen, Reize des Muskelapparates, Empfindungen aus dem Darmbereich beim Schlucken von Fruchtwasser sowie Reize aus der Mundhöhle beim Daumenlutschen und durch den eigenen Herzschlag.

Ebenso strömen von der Mutter sensorische Anregungen auf den Fötus ein: über die Herzfrequenz, den Blutdruck, die Atembewegungen, die Lage des Körpers, die Körpertemperatur, über ihre inneren Rhythmen, über ihre Stimme und Darmgeräusche.

Es besteht eine tiefe vegetative Verschränkung zwischen Mutter und Fötus. Doch die Verbundenheit von Mutter und Kind erschöpft sich keinesfalls im Austausch körperlicher Signale. Über Hormone, die Variation des Bauchwand- und Uterustonus teilt die Mutter nicht nur ihren biologischen Zustand, sondern ihre ganz eigene mentale und emotionale Welt mit.[13]

Die Seelenwelt des Ungeborenen

Die heutige Überzeugung, daß das Kind schon vor der Geburt ein eigenes Seelenleben besitzt, wurde erst dadurch möglich, als man begann, zwischen dem Bewußten und dem Unbewußten zu unterscheiden. So wie der Körper des Embryos die Mutter benötigt, braucht auch sein seelischer Teil den Schutz einer lebendigen, liebevollen Umwelt, in der alles darauf eingerichtet ist, sein Wachstum zu fördern, und nichts hindernd im Wege steht.

Nun gestaltet es sich schwierig, das vorgeburtliche Seelenleben wissenschaftlich zu erforschen, da der Embryo, der Säugling und das Kleinkind ihre Befindlichkeit und Erfahrungen nur in beschränktem Umfang artikulieren können. Die Methode der direkten Beobachtung ist nur begrenzt möglich, und Experimente schließen sich aus humanitären und ethischen Gründen aus. «Physiopathologische Untersuchungen der Schwangerschaft haben jedoch im Verlauf der letzten beiden Jahrzehnte die Beeinflußbarkeit des intrauterinen Lebens zunehmend erfaßt und präzisiert.»[14] So erkannte man, daß der Fötus schon sehr früh über mindestens drei Informationskanäle verfügt, die ihn über den Zustand seiner Mutter informieren: einmal über den Austausch von Körperflüssigkeit, dann über das Hören des Herzschlagrhythmus und anderer Geräusche und schließlich über die Wahrnehmung der Schwingungen des Fruchtwassers.

Allerdings hat der Embryo noch keine Regulations- und Abwehrmechanismen entwickelt, um die Wirkung eines Impulses abmildern oder abwenden zu können. Schlechte Ernährungsbedingungen, mangelhafte Sauerstoffzufuhr, hormonale oder enzymatische Disharmonien und anderes können daher Irritationen und Spannungen im Organismus des Fötus verursachen.[15] Darin liegt auch der Grund, warum die Emotionen der Mutter während der Schwangerschaft sich so tief in seine psychische Welt eingraben und warum sie auch im späteren Leben weiter so stark an ihm zerren. Die prägenden Persönlichkeitsmerkmale (z. B. eine optimistische oder melancholische Lebenseinstellung) eines jeden Menschen verändern sich nur selten. Im Embryo werden also tief verwurzelte Neigungen wie etwa das Gefühl von Sicherheit oder Selbstachtung angelegt. Von ihnen aus entwickeln sich später in der Kindheit die spezifischen Charaktermerkmale.

Zum größten Teil wird das, was die Mutter am häufigsten über ihr Kind denkt und fühlt, schließlich auch das Selbstbild des Kindes prägen und beeinflussen, was das Kind von sich hält. Deshalb sind die Gedanken einer Mutter über ihr Kind, die Einstellung ihm gegenüber, so wichtig, denn ihre Gefühle wie Liebe, Ablehnung oder innere Zerrissenheit bestimmen die Tiefe, Weite und den Schwung seiner emotionalen Fähigkeiten.[16]

Heutzutage ist nachgewiesen, daß häufige mütterliche Angst- und Erregungszustände, aber auch krisenhafte Ereignisse (z.B. Depressionen) über den Blutweg auf das Kind übertragen werden und im späteren Leben zu abnormen Verhaltensweisen, psychosomatischen Leiden und anderen Schäden führen können.[17]

So schließe ich mich Dr. Thomas Verny an: «In den neun Monaten war die Welt des Kindes [...] ganz erfüllt von der Mutter und von allem, was sie sagte, fühlte, dachte und erhoffte. Wie könnte es sein, daß das Kind nicht zutiefst von ihr beeinflußt wird?»[18]

Die Wirkung der mütterlichen Hormone auf das Ungeborene

Vor dem sechsten Monat kann der Fötus Streßerfahrungen kaum verarbeiten, da sein Gehirn und damit die kognitiven Leistungen noch nicht reif genug sind. Erst wenn das Kind die Botschaften der Mutter in Emotionen umsetzen kann (circa ab dem siebten Monat), wird es zunehmend durch den emotionalen Inhalt dieser Botschaften geprägt. Da sich seine Entwicklung im allgemeinen verfeinert, gelingt es ihm mit zunehmendem Erfahrungsschatz und wachsendem Erinnerungsvermögen, subtilere und komplexere Verbindungen herzustellen.

Vor allem die Hormone Östrogen und Progesteron sind im Blut einer Schwangeren enthalten und wirken stark auf Mutter und Kind. In welcher Menge beide vorkommen, hängt von einem komplexen Zusammenspiel verschiedener Signale zwischen dem zentralen und dem autonomen Nervensystem ab. Diese Signale und damit der Östrogen- und Progesteronspiegel werden, wie alle anderen Hormone, von den Gedanken, Gefühlen oder Handlungen der Mutter gesteuert.[19] Dabei trägt das Hormon Progesteron zur Entspannung der Mutter bei, setzt die nervöse Reizbarkeit des Uterus herab und dürfte gleichermaßen einen beruhigenden Einfluß auf den Fötus ausüben.[20]

Jeder Schwall mütterlicher Hormone rüttelt das Kind aus seinem normalen Zustand im Mutterleib auf und trägt zur Entwicklung seines Bewußtseins bei.

Doch eine Mutter, die sich über Alltagsbelange Sorgen macht, bringt ihr Ungeborenes bestimmt nicht in Gefahr, da bei solchen Anlässen die Hormonausschüttung zu geringfügig ist, um dem Kind wirklich etwas anhaben zu können. Für das Ungeborene sind deshalb kleine Probleme der Mutter unbedeutend, problematisch wird es dann, wenn es ständige Attacken von Angsthormonen ertragen muß.[21]

Ebenfalls haben Untersuchungen gezeigt, daß der Hypothalamus, unser körperliches Gefühlszentrum, beim Ungeborenen durch starke Probleme der Mutter ungünstig beeinflußt wird.

Im Hypothalamus befinden sich Zentren, welche die wichtigsten Regulationsvorgänge des Organismus wie Wärmeregulation, Wach- u. Schlafrhythmus, Blutdruck- und Atmungsregulation, Hunger- und Sättigungszentrum, Fett-

stoffwechsel, Wasserhaushalt, Sexualfunktion und Schweiß-
funktion koordinieren. Er reguliert biochemische Vorgänge
im Körper der Mutter, die sich durch den Blutkreislauf auch
dem Ungeborenen mitteilen.[22]

Das Immunsystem der Mutter wird während der
Schwangerschaft automatisch durch einen chemischen Stoff,
der im Körper abgesondert wird und zugleich schmerzlindernd wirkt, gestärkt, wobei es nur selten, wenn überhaupt,
zu schwerwiegenden psychischen Störungen einer schwangeren Frau kommt. Doch in der Zeit nach der Entbindung,
wenn der Progesterongehalt rapide absinkt, kann es zu psychischer Instabilität in mehr oder minderem Maße kommen.
Dieser Vorgang kann als Überlebensstrategie der Natur betrachtet werden. Er schützt die Gesundheit der Mutter, während sie ihr Kind austrägt, und garantiert diesem so die beste
Lebenschance.[23]

Die Wirkung des mütterlichen Herzschlags

Der gleichmäßige Herzschlag einer schwangeren Frau ist für
das Kind wichtig und hat eine beruhigende Wirkung. Der
unruhige Herzschlag einer nervösen, überreizten Mutter jedoch vermittelt dem Kind ein ständiges Gefühl von Bedrohung.

Der Rhythmus des mütterlichen Herzens bietet nach Ansicht einiger Forscher die Erklärung dafür, daß in aller Welt
die Kinderwörter für Mama und Papa aus Doppelsilben bestehen. Diese beiden Silben können in ihrem primitiven
Sprachrhythmus der akustische Nachvollzug der mütterlichen Herzschlagfolge sein.[24]

Beziehungseinflüsse auf den Fötus durch die Außenwelt

Die Bedeutungen, die Mutterschaft und Kind für Mutter, Vater, deren beiden Herkunftsfamilien, den Freundeskreis und die Gesellschaft haben, sind oft unausgesprochen, legen aber wichtige emotionale Einstellungen fest.

Die Sozialisation des Kindes beginnt auf diese Weise schon vor der Geburt durch die Mutter. Hinter den Eltern, ihrer Familienstruktur und ihrer Beziehung wie auch ihren Persönlichkeitseigenschaften stehen Klassen und Gruppen, die sich historisch gebildet und diese beiden Menschen geprägt haben.

Emotionales Erleben der Mutter

«Das Milieu, in welches der Fötus hineingeboren wird, übt bereits vor der Geburt formende Einflüsse auf ihn aus [...] Frauen, die unter ihrer Mutterschaft leiden, scheinen mit größerer Wahrscheinlichkeit ein Kind zu gebären, das von Beginn an irritiert ist (G. ROTTMANN 1974). Ihre latent-feindliche Haltung zeigt sich in ihrer Lebensweise, in Störungen des Schwangerschaftsverlaufes und der Geburt.»[25]

Wegweisend war eine Untersuchung von Dr. Gerhard Rottmann von der Universität Salzburg mit 141 Frauen in den 70er Jahren. Entsprechend ihrer Einstellung zur Schwangerschaft konnte er vier emotionale Kategorien bilden. Die Frauen, die Dr. Rottmann als «Ideal-Mütter» bezeichnete, da sie ihre ungeborenen Kinder bewußt und unbewußt bejahten, hatten die leichtesten Schwangerschaften, die komplikationslosesten Entbindungen und die physisch und emotional gesündesten Kinder. Die Kinder der ambivalenten Mütter mit zwiespältigen Gefühlen hatten nach der Geburt überdurchschnittlich Verhaltensauffälligkeiten und Magen-Darm-Störungen.

Frauen mit negativer Einstellung hatten insgesamt die ärgsten medizinischen Komplikationen während der Schwangerschaft und die höchste Rate von frühgeborenen, untergewichtigen und seelisch gestörten Kindern.[26]

Die medizinische Schwangerschaftsbetreuung erschwert ebenfalls oft der werdenden Mutter die Schwangerschaft, da sie sich nur nach dem jeweiligen Kenntnisstand der Medizin richtet und nur wenig, oft sogar gar nicht, auf die Wünsche und Bedürfnisse der Schwangeren eingeht.[27]

Der Einfluß des Vaters

Die Rolle des Vaters in der Schwangerschaft gewinnt – das belegt die neuste Forschung – an Bedeutung. Die gewichtigste Tatsache ist wohl, daß die Beziehung zu einem liebevollen und einfühlsamen Mann der Frau ständige emotionale Unterstützung sichert.[28] Eine Untersuchung an 1200 Kindern und ihren Familien zeigte, daß für eine Frau, die in einer gefühlsmäßig instabilen und stürmischen Ehe gefangen ist, das Risiko, ein psychisch oder physisch geschädigtes Kind zu bekommen, um 237 Prozent höher ist als für eine Frau in einer sicheren, geborgenen Beziehung.

Die Babys aus unglücklichen Ehen erwiesen sich als bedeutend ängstlicher und unruhiger als die Kinder aus glücklichen Beziehungen, und noch vier Jahre nach dieser Untersuchung waren überdurchschnittlich viele dieser ängstlichen Kinder klein, schüchtern und übermäßig abhängig von der Mutter.[29]

Bei einer finnischen Untersuchung zeigten Kinder, die ihren Vater während der Schwangerschaft verloren hatten, mehr psychische Störungen – wahrscheinlich als Folgeerscheinung des Streßzustandes der Mutter – als Kinder einer Kontrollgruppe, deren Väter im ersten Lebensjahr des Kindes gestorben waren.[30]

Das Rauchen

Bekannt ist die Tatsache, daß das Rauchen der Mutter dem Ungeborenen schadet. Nach einer Untersuchung an 17 000 britischen Kindern ist das Neugeborene einer starken Raucherin (täglich mehr als zehn Zigaretten) in einer schlechteren körperlichen Verfassung als das Neugeborene einer Nichtraucherin. Aber auch die soziale und emotionale Entwicklung des Kindes einer Raucherin ist beeinträchtigt. In der Schulzeit waren diese Kinder auffälliger und hatten mehr Leseschwierigkeiten.

Rauchen ist aber oft ein Indiz für und eine Nebenerscheinung von inneren Spannungen, und deshalb rauchen viele Menschen, wenn sie ängstlich oder bedrückt sind.[31]

Durch die enge Verbundenheit übertragen sich in der Schwangerschaft nicht nur Giftstoffe der Zigarette, sondern auch diese Gefühle der inneren Anspannung auf das Ungeborene.

Die gleiche negative Korrelation ist auch beim Alkoholkonsum während der Schwangerschaft festzustellen, dessen Wirkung auf das Kind jedoch weit verheerender ist als die von Nikotin.

Überdenken alter Konflikte

Schwangerschaft und Geburt werden in unserer Gesellschaft häufig idealisiert, doch das Annehmen der Schwangerschaft, das Hineinfinden in die neue Situation, bereitet vielen Frauen Probleme, mit denen sie vielfach allein gelassen werden. Wie die Frau ihre Schwangerschaft erlebt, hängt auch sehr stark von der Gesamtsituation ab, in der ein Kind erwartet wird.[32]

Während der Schwangerschaft fühlen sich Frauen verstärkt sensibel und unsicher, sie suchen eine passende Mutterrolle. Viele nützen diese Zeit, um frühere Lebenserfahrungen und -konflikte (zumeist mit der eigenen Mutter oder Familie) zu überdenken, die in Form einer Wiederholung früherer Verhaltensmuster, Einstellungen und Wünsche auftauchen und sich manifestieren. Ähnliche Dynamiken zeigen Väter, dort sind sie allerdings weniger spezifisch. Die Schwangerschaft kann also dabei behilflich sein, frühere Kindheitserwartungen in die altersgerechte Haltungen eines Erwachsenen umzuwandeln.

Die Beratung und das Therapieren von Schwangeren verlangen Takt, Zeit, Vorsicht und Erfahrung, doch sie haben eine große prophylaktische Bedeutung. Sie kann den Müttern (und Vätern) helfen, sich auf ihr Kind richtig einzustellen und es auch auf psychischer Ebene in sich heranreifen zu lassen.

Die Elternschaft, und mit ihr verbunden die Neustrukturierung der familiären Rollen und die Umschichtung von Werten und Bindungen, kann auf diese Weise zu innerem Wachstum führen, das größere Autonomie und engere partnerschaftliche Bindungen zuläßt.[33]

Das vorgeburtliche Bonding

Die mütterlichen Gefühle und Gedanken sind nur ein Element unter vielen, aber sie sind einzigartig, weil die Mutter sie zu einem Teil selbst bestimmen kann. Hierbei sollte sie nicht vergessen, daß gelegentlicher Zweifel, zwiespältige Gefühle und Angst zu einem gesunden Verlauf der Schwangerschaft dazugehören.

Das Bonding nach der Geburt ist nicht ein einzelnes Phänomen, sondern setzt einen Bindungsprozeß fort, der schon in der Schwangerschaft begonnen hat. Die mütterlichen und kindlichen Verhaltensweisen greifen wie Zahnräder paßgerecht sofort nach der Geburt ineinander, und beide bedienen sich eines Kommunikationssystems, das schon während der Schwangerschaft entstanden ist.

Die Gefühlsmuster, die vor der Geburt entstehen, sind langfristig und formen die Mutter-Kind-Beziehung ebenso entscheidend wie jene nach der Geburt.

Beide Bondings spielen sich in einem spezifischen zeitlichen Rahmen ab: Die Zeit für das extrauterine Bonding sind die ersten Stunden und Tage nach der Geburt, für das intrauterine Bonding sind es die letzten drei Schwangerschaftsmonate, wenn das Kind körperlich und geistig reif genug ist, um differenziertere Botschaften zu senden und zu empfangen.

Das vorgeburtliche Bonding erfordert Zeit, Liebe und Verständnis, und es lassen sich dadurch viele der seelischen Störungen, denen man im Alltag ausgesetzt ist, ausgleichen. Ein starkes vorgeburtliches Mutter-Kind-Band ist der beste Schutz gegen die Unsicherheiten und Gefahren der Außenwelt, und die Schutzwirkung hält über die vorgeburtliche Zeit an. Eine starke Mutter-Kind-Bindung kann sogar den Fötus bei einem sehr traumatischen Schock der Mutter beschützen.

Zwischen Mutter und Kind gibt es drei Verbindungswege, und alle drei Systeme können Botschaften vom Kind zur Mutter und umgekehrt austauschen. Unverzichtbar – und als einzige wirklich meßbar – ist die physiologische Verbindung; auch eine dem Kind gegenüber ablehnende Mutter versorgt dieses mit Nährstoffen.

Der zweite ist der über das Verhalten führende Weg zwischen Mutter und Kind. Dieser läßt sich leicht beobachten und erklären: Wenn zum Beispiel das Ungeborene strampelt, wenn es sich unwohl fühlt, Angst hat oder erschreckt wird; aber auch, wenn die Mutter tröstend den Bauch streichelt.

Die dritte Verbindung, die am schwersten faßbare, ist die empathische Kommunikation. Dabei ist die Mutter äußerst empfänglich für die Botschaften des Kindes und für ihre eigenen. Sie weiß intuitiv, wie sie mit ihrem Baby kommuniziert und auf es reagiert, denn es ist ein instinktives Verhalten, das nach der Geburt noch viel ausgeprägter einsetzt. Es enthält mit Sicherheit Elemente der beiden anderen Verbindungen, ist aber tiefer und umfassender, wie zum Beispiel das Gefühl der Liebe oder der Geborgenheit.[34]

Anmerkungen

1   Vgl. Montagu, Ashley: Körperkontakt. S. 7 f.
2   Vgl. Montagu, Ashley: Körperkontakt. S. 8.
3   Vgl. Bürgin, Dieter: Die pränatale Entwicklung, in: Battegay, Raymond/Rauchfleisch Udo (Hg.): Das Kind in seiner Welt. S. 16.
4   Vgl. Montagu, Ashley: Körperkontakt. S. 7.
5   Vgl. Hilsberg, Regina: Körpergefühl. S. 67 f.
6   Vgl. Chamberlain, David: Woran Babys sich erinnern. S. 112.
7   Vgl. Janov, Arthur: Das befreite Kind. S. 22.
8   Vgl. Bürgin, Dieter: Die pränatale Entwicklung, in: Battegay, Raymond/Rauchfleisch, Udo (Hg.): Das Kind in seiner Welt. S. 12.
9   Vgl. Verny, Thomas: Das Seelenleben des Ungeborenen. S. 15.
10   Vgl. Chamberlain, David: Woran Babys sich erinnern. S. 55 ff.
11   Vgl. Bürgin, Dieter: Die pränatale Entwicklung, in: Battegay, Raymond/Rauchfleisch, Udo (Hg.): Das Kind in seiner Welt. S. 16.
12   Bürgin, Dieter: Die pränatale Entwicklung, in: Battegay, Raymond/Rauchfleisch, Udo (Hg.): Das Kind in seiner Welt. S. 17 f.
13   Vgl. Bürgin, Dieter: Die pränatale Entwicklung, in: Battegay, Raymond/Rauchfleisch, Udo (Hg.): Das Kind in seiner Welt. S. 17 f.
14   Vgl. Bürgin, Dieter: Die pränatale Entwicklung, in: Battegay, Raymond/Rauchfleisch, Udo (Hg.): Das Kind in seiner Welt. S. 10.
15   Vgl. Bürgin, Dieter: Die pränatale Entwicklung, in: Battegay, Raymond/Rauchfleisch, Udo (Hg.): Das Kind in seiner Welt. S. 11.
16   Vgl. Verny, Thomas: Das Seelenleben des Ungeborenen. S. 18 ff.
17   Vgl. Tietze, Henry: Botschaften aus dem Mutterleib. S. 32.
18   Verny, Thomas: Das Seelenleben des Ungeborenen. S. 21.
19   Vgl. Verny, Thomas: Das Seelenleben des Ungeborenen. S. 49 ff.

20 Vgl. Tietze, Henry: Botschaften aus dem Mutterleib. S. 51.
21 Vgl. Tietze, Henry: Botschaften aus dem Mutterleib. S. 49 f.
22 Vgl. Verny, Thomas: Das Seelenleben des Ungeborenen. S. 47 ff.
23 Vgl. Janov, Arthur: Das befreite Kind. S. 29.
24 Vgl. Tietze, Henry: Botschaften aus dem Mutterleib. S. 29 ff.
25 Bürgin, Dieter: Die pränatale Entwicklung, in: Battegay, Ray-
    mond/Rauchfleisch, Udo (Hg.): Das Kind in seiner Welt. S. 22 f.
26 Vgl. Verny, Thomas: Das Seelenleben des Ungeborenen. S. 40 ff.
27 Vgl. Polinski, Liesel: Spiel und Bewegung mit Babys. S. 16.
28 Vgl. Verny, Thomas: Das Seelenleben des Ungeborenen. S. 12.
29 Vgl. Verny, Thomas: Das Seelenleben des Ungeborenen. S. 42 ff.
30 Vgl. Bürgin, Dieter: Die pränatale Entwicklung. In: Battegay, Ray-
    mond/Rauchfleisch, Udo (Hg.): Das Kind in seiner Welt. S. 21.
31 Vgl. Janov, Arthur: Das befreite Kind. S. 21.
32 Bürgin, Dieter: Die pränatale Entwicklung. In: Battegay, Ray-
    mond/Rauchfleisch, Udo (Hg.): Das Kind in seiner Welt. S. 23.
33 Vgl. Polinski, Liesel: Spiel und Bewegung mit Babys. S. 16.
34 Vgl. Verny, Thomas: Das Seelenleben des Ungeborenen. S. 68 ff.

2. Die Geburt

Die Geburt eines Kindes ist für die Eltern eine starke und vieles verändernde Erfahrung. Wie die Mutter sich während der Geburtsvorgangs fühlt, hat einen enormen Einfluß darauf, wie sie gebärt. Ist die Frau entspannt und zuversichtlich und freut sie sich auf die Geburt des Kindes, fördert das eine leichte und mühelose Entbindung. Plagen die Frau Zweifel und Sorgen, kann dies das Komplikationsrisiko erhöhen.

Dies bestätigte auch eine Untersuchung mit 50 Frauen an der Brown University, bei der die Forscher zwischen Frauen, die der Geburt mit Vorfreude entgegensahen, und werdenden Müttern, die sich Sorgen machten, unterschieden. Alle sorgenvollen Mütter hatten wenigstens eine Komplikation bei der Entbindung, von ziemlich geringfügigen bis zu schweren. Signifikant ist, daß keine einzige der positiv eingestellten Frauen bei der Entbindung Komplikationen oder Probleme hatte.[1]

Darüber hinaus gelingt es Müttern, die während der Geburt eine Umgebung haben, in der sie mit ihrem Körper im Einklang stehen, eher zu ihren Babys rasch eine innige Beziehung aufzubauen, als Müttern, deren Erfahrungen mit der Geburt von Furcht und Hilflosigkeit geprägt sind.[2]

Für das Neugeborene ist entscheidend, daß eine warme, beruhigende und menschliche Umgebung bereitgehalten wird, denn das Kind merkt sehr wohl, wie es geboren wird. Es spürt, ob es sanft, zart und liebevoll berührt wird, und reagiert darauf.

Ob die Geburt schmerzhaft oder leicht, sanft oder mit

Gewalt verbunden ist, beeinflußt die psychische Grundstruktur des späteren Menschen und die Art und Weise, wie dieser seine Umgebung wahrnimmt und auf sie reagiert; denn ein Teil seiner selbst wird die Welt immer mit den Augen des Neugeborenen sehen, das er einmal gewesen war. Darum hat Sigmund Freud die Wonnegefühle und den Schmerz, von denen die Geburt begleitet wird, «Urgefühle» genannt.[3]

In Dänemark hat ein Forschungsteam in einem großangelegten Projekt herausgefunden, daß 70 Prozent der von der Untersuchung erfaßten psychisch gestörten Kinder während der Schwangerschaft oder während der Geburt eine oder mehrere Komplikationen durchgemacht hatten.[4]

Man weiß heute, daß selbst winzige Details in der Erlebniswelt eines Menschen unauslöschliche Erinnerungsspuren hinterlassen können, obwohl man später kaum in der Lage sein wird, spontan diese Gedächtniseindrücke abzurufen. Da eben die Erinnerungen an die Geburtssituation normalerweise nicht zugänglich sind, mag es auch für viele Menschen unwahrscheinlich klingen, daß Mutterleibssituationen und auch Geburtserlebnisse erinnert und noch einmal durchlebt werden können.

Man vermutet, daß diese Amnesie (Gedächtnisverlust) durch das von der Mutter während der Wehen produzierte Hormon Oxytocin hervorgerufen wird. Untersuchungen an gebärenden Tieren weisen auf diesen Zusammenhang hin. Es ist durchaus denkbar, daß dieses Hormon dafür verantwortlich ist, daß sich so viele Geburtserinnerungen unserem bewußten Gedächtnis entziehen.[5]

Grundsätzlich gehört das Auf-die-Welt-Kommen genauso zur Lebensentwicklung wie das Laufenlernen, und die Vorstellung, daß der Fötus im Mutterleib ein idyllisches Leben führt und von dort gegen seinen Willen herausgerissen wird, stimmt nicht ohne weiteres. Die Geburt bedeutet für das Neugeborene selbst kein Trauma, solange sie natürlich und komplikationslos verläuft.[6]

Die Geschichte der Geburt

Vor der Jahrhundertwende wurden nur unverheiratete oder arme Frauen im Krankenhaus entbunden. In Chicago fanden um 1920 nicht einmal 10 Prozent der Geburten im Krankenhaus statt. Heute sind jedoch in allen westlichen Ländern, mit Ausnahme der Niederlande, die Krankenhausgeburten zur Regel geworden.

Ende der dreißiger Jahre waren die meisten Ärzte bestrebt, die Frauen im Krankenhaus zu entbinden, wegen der schlechten und oft schmutzigen Wohnverhältnisse in den Arbeiterwohnungen, der schlechten Lichtverhältnisse und der unzulänglichen Hilfe. Im Krankenhaus lag die frisch gebadete und eingekleidete Mutter in einem gut gelüfteten, desinfizierten Zimmer. Der Arzt verfügte über elektrisches Licht und über einen Stab von Assistenten.[7]

Doch dadurch ist das Familienereignis zum medizinischen Fall geworden, bei dem die psychologische Dimension der Geburt vergessen wurde oder zu kurz kam.[8]

Die Methoden der Geburtshilfe

Interesse für die emotionale Situation der Frauen während der Geburt zeigte erstmals **Grantly Dick-Read** in den dreißiger Jahren. Er hatte schon damals den Teufelskreis von Angst – Spannung – Schmerz – noch mehr Spannung – noch mehr Schmerz erkannt und durch Atem- und Entspannungsübungen zu durchbrechen versucht.

Fernand Lamaze hat ebenfalls Frauen durch gezielte Aktivitäten vom Geburtsschmerz abgelenkt, indem er genaue Atmungsmuster eintrainieren ließ, die sich von Geburtsphase zu Geburtsphase veränderten.

Sheila Kitzinger hat als erste die Veränderungen der Rollen, die mit Schwangerschaft und Geburt eines Kindes auf die Partner zukommen, und die subjektiven Erwartungen, die aus der jeweils individuellen Vergangenheit auf die Geburt einwirken, in die Geburtsvorbereitungen mit einbezogen. Als Anthropologin hatte sie in den siebziger Jahren die Geburtshilfe in anderen Kulturen erforscht und wußte daher um die große Vielfalt an verschiedenen Geburtsbräuchen. Sie machte sich auch Gedanken um die Gefühle des Babys während der Entbindung. Sie war es, die den Begriff «Natürliche Geburt» prägte.

Frédérick Leboyer konzentrierte sich vor allem auf das Baby. Er versuchte sich in die Erlebniswelt eines Säuglings einzufühlen und alle schreckenerregenden Dinge, die auf das Baby einstürmen, zu vermeiden.

Er empfängt das Baby mit gedämpftem Licht, im warmen Entbindungsraum herrscht Ruhe, und fremde Stimmen werden vermieden. Das Baby wird sofort der Mutter auf den Bauch gelegt, erst abgenabelt, wenn die Nabelschnur auspulsiert hat, und sanft massiert. Nach einer Weile wird das Kind im warmen Wasser gebadet, um das Gefühl des Getragenwerdens im Fruchtwasser wiederherzustellen.[9]

Das Abwaschen der Käseschmiere wird vermieden, da diese den Säugling vor Wärmeverlust und vor dem Eindringen von Kälte schützt.[10]

Das Baby erhält unmittelbar nach der Geburt den Sauerstoff aus zwei Quellen, der Nabelschnur und der Luft, bis sich das Ventil in der Herzwand schließt und das Lungensystem die Atmung übernimmt. Daher ist es wichtig, die Nabelschnur erst dann zu durchtrennen, wenn sie aufgehört hat zu pulsieren, so daß sich der Übergang von der Gebärmutter in die Welt, vom Abhängigsein zum selbständigen Atmen, langsam vollzieht. Babys schreien auch häufiger, wenn die Nabelschnur zu früh durchtrennt wird.[11]

Leboyer nannte diese Geburtsmethode «Sanfte Geburt», und seine Ideen wurden von den Schwangeren geradezu aufgesaugt, was allerdings zu einigen Widerständen der Schulmediziner in den Kreißsälen führte. Er wurde lange Zeit von den Ärzten nicht ernst genommen, sogar belächelt, und seine Methode wurde als Gefühlsduselei abgetan.

Daß diese Methode ganz im Gegenteil auch medizinisch sinnvoll und vorteilhaft ist, beweisen Zahlenmaterial und Untersuchungen. Die perinatale Sterblichkeit lag in den achtziger Jahren bei den nach Leboyer entbundenen Kindern weit unter dem französischen und dem bundesdeutschen Durchschnitt. Sie betrug nur 0,7 Prozent, obwohl diese Kinder nicht aus einer privilegierten sozialen Schicht stammen.

Zusätzlich lassen sich auch langfristig die positiven Wirkungen der «Sanften Geburt» belegen. So untersuchte die Psychologin Danielle Rapoport, die an einem Pariser Zentrum für die Behandlung und Erziehung von Kleinkindern arbeitet, über einige Jahre hinweg die Entwicklung von 120 Kindern, denen Leboyer nach der gewaltlosen Methode auf die Welt geholfen hatte.

Die Beobachtung der Kinder ergab vor allem einen sehr guten Verlauf der allgemeinen Entwicklung. Alle Kinder wurden von ihren Eltern als problemlos empfunden, sie hatten weder Schlaf- noch Ernährungsstörungen. Die größeren Kinder zeichneten sich durch besondere Aktivität und Geschicklichkeit bei gleichzeitiger Ausgeglichenheit im Verhalten aus. Die psychomotorische Entwicklung war bei diesen Kindern besonders gut ausgereift, wie sie auch gegenüber

ihrer Umgebung anpassungsfähig und harmonisch reagierten.

Daß alle diese Eltern dazu den Wunsch äußerten, daß
jedes weitere Kind unter den gleichen Bedingungen zur Welt
kommen möge, sagt sicher etwas Wichtiges über diese Art
der Entbindung und über die Geburtsumstände aus. Wahrscheinlich entsprechen sie einem tiefen Bedürfnis von Eltern
und Kindern, das sonst nicht genügend beachtet, wenn nicht
sogar geleugnet wird.[12]

Massage

Für viele Menschen ist es sehr angenehm und beruhigend, die
entspannende und heilende Kraft der Berührung durch einen
anderen Menschen zu spüren. Sie kann Liebe und Zuneigung
füreinander zum Ausdruck bringen und Schmerzen und unnötige Muskelverspannungen lindern.[13]

In Kombination mit Bewegung, Haltungen und Atmung
kann Massage während der Schwangerschaft und bei der
Geburt für die Gebärende von großem Nutzen sein, da die
Massage auch während der Wehen sehr oft für die Frauen als
schmerzlindernd empfunden wird.

Wenn man bestimmte Duftöle (z. B. Muskatellersalbei)
einmassiert, kann das noch zusätzlich Schmerzen lindern.
Sehr gute Massage- und Atmungstechniken beschreibt Janet Balaskas in ihrem Buch *Aktive Geburt*. Beobachtungen
zeigen, daß Mütter, die kurz vor und während der Wehen,
der Entbindung oder in der nachgeburtlichen Phase von
einem Menschen unterstützend körperlich berührt wurden,
selbst sehr viel geschickter mit dem Neugeborenen umgin-
gen. Wenn ihre eigenen physischen Berührungserlebnisse
dagegen distanziert und unpersönlich waren, verhielten sie
sich im Umgang mit ihrem Kind entsprechend zaghafter
und unsicherer. Das trifft sowohl auf Erstgebärende als

auch auf Mütter zu, die schon mehr als ein Kind zur Welt brachten.[14]

Die Frau kann sich auch nackt gegen den nackten Oberkörper ihres Mannes lehnen. Sie fühlt den anderen Körper, wie er sie unterstützt und ihr Halt gibt, was ihr durch die Haut vermittelt wird, während sie sich auf die Wehentätigkeit der Gebärmutter und den bewußten Druck ihrer Bauchmuskeln konzentriert.

Diese Geburten, hockend, umfangen von den Armen und dem Körper des Mannes, gibt es besonders bei den Papuas in Neuguinea, bei den Hindus und in Bali. Dort ist diese Form der innigen menschlichen Nähe nicht unsittlich, und die Frau ist während der Geburt nicht so einsam wie die Frauen im Kreißsaal der westlichen Kultur.[15]

In fast allen Krankenhäusern kann man diese Praktiken anwenden, man muß nur Mut haben, seine eigenen Wünsche und Ansichten zum Ausdruck zu bringen.

Die Gebärhaltung

Immer mehr Frauen und Fachkräfte der Geburtshilfe stellen die passive Rolle als «Patientin», die zumeist noch von Gebärenden auf Entbindungsstationen erwartet wird, in Frage. Kritisiert wird vor allem die fast ausschließlich liegende Haltung bei der Geburt. Es gibt ausreichende Beweise dafür, daß aufrechte Gebärhaltungen wie Knien, Sitzen, Stehen oder Hocken sowohl für die Mutter als auch für das Kind viele Vorteile haben.

Ganz unabhängig von Rasse oder Stammeszugehörigkeit, ob in Asien, Afrika, Amerika oder anderswo, es überwiegen immer aufrechte oder hockende Haltungen, um zu gebären. Frauen in «unzivilisierten» Gesellschaften nehmen sie ganz spontan ein und empfinden sie als natürlich. Von Historikern werden die Erkenntnisse der Ethnologen bestätigt, daß in allen Zeiten aufrechte oder hockende Haltungen bevorzugt wurden.[16]

Bei einer Untersuchung im Birmingham Maternity Hospital in England 1977 wurde eine Gruppe von Frauen, die während der Geburt umhergingen, mit einer Gruppe von Gebärenden verglichen, die während der meisten Zeit auf dem Rücken lagen.

In der beweglichen Gruppe ging die Geburt sehr viel schneller voran, die Frauen hatten weniger Schmerzen und benötigten weniger Schmerzmittel, auch war die Häufigkeit unregelmäßiger Herztöne des Kindes wesentlich geringer gegenüber den liegenden Frauen.

Die Vorteile einer Geburt in aufrechter Haltung für Mutter und Baby lassen sich aus konkreten Beobachtungen herleiten. Die Schwerkraft unterstützt die Gebärmutterkontraktionen und die Preßbemühungen; wenn sich die Frau aber zurücklehnt, muß die Gebärmutter mehr Kraft aufwenden, und ein Muskel, der gegen die Schwerkraft wirkt, ermüdet und schmerzt schneller.

Der Eintritt des kindlichen Kopfes in den Beckeneingang ist leichter, und die direkte Einwirkung auf den Muttermund wird unterstützt, dadurch erweitert er sich schneller.

Beim Liegen drückt aber die Gebärmutter auf die Hauptschlagader und senkt so den mütterlichen Blutdruck, was die Sauerstoffversorgung des Babys vermindert. Das Becken und das Kreuzbein sind beim Liegen nicht beweglich, und der Geburtsausgang wird dadurch bis zu 30 Prozent verschmälert. Die Kontraktionen sind schwächer, werden aber durch den Druck des Uterus auf die Wirbelsäule stärker empfunden. Die Folge ist ein verlängerter und mühsamer Geburtsprozeß, bei dem das Kind schlecht mit Sauerstoff versorgt wird.

In aufrechter Haltung kann sich das Dammgewebe

gleichmäßig dehnen, so daß das Risiko für einen Riß viel geringer ist und ein Dammschnitt für einen größeren Bekkenausgang meist nur im Notfall ausgeführt werden muß. Auch erleichtert sie eine spontane Plazentalösung und verringert die Notwendigkeit eines Zugs an der Nabelschnur sowie das Risiko von Wochenbettinfektionen und Blutungen.[17]

Die seelische Geburtsvorbereitung

Das Gebären war für die Frau fast immer auch eine Zeit der Angst, der Schmerzen, der Gewalt und oft der Einsamkeit, wobei die Psyche der Frau stark vernachlässigt wurde. In einer angemessenen Schwangerschaftsbegleitung geht es also darum, die Schwangeren seelisch zu unterstützen und möglichst angstfrei zu dem Geburtserlebnis hinzuführen. Frauen müßten verstärkt Gelegenheit haben, ihre Besorgnisse und Ängste offen auszusprechen.[18]

Man bräuchte eine neue Art von Betreuung vor der Geburt, welche die Würde, die Menschlichkeit und Natürlichkeit dieses Ereignisses betont und die genauso auf die psychologischen Bedürfnisse einer Frau eingeht wie auf ihre physischen und ihr ein Mitspracherecht in allen Entscheidungen zugesteht. Der werdenden Mutter sollte eine große Vielfalt medizinischer, psychologischer und sozialer Beratungsdienste zur Verfügung stehen.[19]

Die Hausgeburt

Die Entscheidung, wo sie ihr Kind bekommt, kann für eine Frau genauso bedeutend sein wie die von ihr gewählte Entbindungsart. Die Umgebung sollte wohltuend, entspannend und vertraut wirken, dem Geburtsakt angemessen sein und auch Sicherheit bieten.[20] Für viele ist die Entbindung in der Klinik eine nicht hinterfragte Selbstverständlichkeit. Da möchte ich zu bedenken geben: Auch wenn in den Kreißsälen Bilder aufgehängt werden, die Gebärenden über Walkmen ihre mitgebrachten Kassetten hören und ihre eigenen T-Shirts tragen dürfen, bleiben alle technischen Schikanen und das Spezialistentum in Entbindungsstationen bestehen. Das Argument, in den Kreißsälen habe sich in den letzten Jahren Grundsätzliches geändert, ist oft hohl, da es in vielen Krankenhäusern nur Äußerlichkeiten betrifft.

Anstatt die natürlichen Kräfte der Gebärenden und des Kindes zuzulassen und zu unterstützen, plädieren die Geburtshelfer für noch mehr Spezialistentum, für stärkere Überwachung, sprich für noch mehr Entmündigung von geburtsaktivem Kind und seiner Mutter.

Wir leben in einer Gesellschaft, in der über 95 Prozent der Babys in Entbindungsstationen von Kliniken zur Welt kommen. Die Alternative einer Hausgeburt wird meines Erachtens zu wenig berücksichtigt. Dabei hat die Geburt zu Hause für die Frau und ihren Partner sehr viele Vorteile:

* Man kann sich in einer vertrauten, heimischen Atmosphäre frei bewegen und bei einer sachte voranschreitenden Geburt angenehm beschäftigen, anstatt sich in einem sterilen Klinikzimmer zu langweilen.
* Die Frau kann essen und trinken und auch laut werden, wenn sie es möchte.
* Die Hebamme ist der Gebärenden schon vertraut, und diese kann sich ihr die ganze Zeit widmen.
* Die vaginalen Untersuchungen werden dem Empfinden der Frau angepaßt, und die Hebamme wird einen Dammschnitt möglichst vermeiden.
* Der Partner ist nicht nur «zugelassen», sondern seine Mitarbeit ist zwingend erforderlich.

- Die Einmaligkeit des Ereignisses für die Eltern wird nicht getrübt durch die alltägliche Routine, die es für das Krankenhauspersonal bedeutet.

Durch all diese Vorteile erlebt die Gebärende die Geburt harmonisch und mehr im Einklang mit sich und dem Kind.

Der Mann wird nach der Geburt nicht heimgeschickt, sondern im Gegenteil noch mehr einbezogen, da er sich um seine Familie kümmern muß.

Auch ältere Geschwister müssen die Mutter nicht für Tage entbehren und erleben das Baby von der ersten Stunde an, was ein unvergeßliches Erlebnis ist.[21]

Die Sicherheit von Hausgeburten

Die fehlende medizinische Sicherheit bei Hausgeburten wird oft als schärfster Einwand geäußert und verunsichert Frauen tief. Wie verhält es sich mit dem Risiko?

In den meisten Ländern wird seitens der Ärzte und in der Öffentlichkeit davon ausgegangen, daß eine Geburt ohne Klinik gefährlich sein muß. Denn wenn in der Klinik eine oder mehrere Komplikationen auftreten, ist man froh, doch in die Klinik gegangen zu sein. Doch diese Dinge haben vielleicht gerade wegen der Maßnahmen in der Klinik diesen Verlauf genommen.[22]

Sheila Kitzinger zitiert eine Mutter:
«Ich bekomme zu hören: Wie mutig du bist, daß du dein Kind zu Hause zur Welt bringen willst! So komme ich mir überhaupt nicht vor. Ich finde, daß sie die Mutigen sind, wenn sie in die Klinik gehen und sich auf das Risiko einlassen, all das mit ihnen machen zu lassen, was dort üblich ist.»[23]

Geburten, die ungeplant schon zu Hause passieren, werden oft in die Hausgeburtsstatistiken mit einbezogen, und das vermittelt einen völlig falschen Eindruck von den vergleichbaren Risiken der Hausgeburten gegenüber Klinikgeburten.

Das statistische Material liefert keinen Anhaltspunkt, daß die Geburt im Krankenhaus das sicherste für Mutter und Kind wäre. Es häuften sich vielmehr die Anzeichen dafür, daß die Wahrscheinlichkeit, im Krankenhaus bei der Geburt zu erkranken oder verletzt zu werden, größer ist.

Dies gilt auch für Früh- und Risikogeburten, denn sie weisen in einer Klinik eine höhere Sterblichkeit auf, wohingegen die Überlebenschancen für Risikokinder bei Hausgeburten in hohem Ausmaß vorhanden sind.

Bei einer Hausgeburt ist die Hebamme gezwungen, sich genau zu überlegen, ob ein Eingriff tatsächlich notwendig ist. In der Klinik erhöht sich das Risiko, schon allein durch die Bereitwilligkeit der Geburtshelfer, daß unnötige Eingriffe durchgeführt werden.

1985 bemühten sich Münchner Hebammen in Eigeninitiative mit Erfolg darum, gesondert in die «Bayerische Perinatal-Erhebung» aufgenommen zu werden. Es wurden geplante von ungeplanten Hausgeburten unterschieden, und eine Verlegung während der Geburt wurde kenntlich gemacht.

Für die Jahre 1986 bis 1988 existieren Auswertungen, die jeweils 148 (1986), 219 (1987) und 246 (1988) geplante Hausgeburten umfassen.

In diesen drei Jahren verstarb kein Kind, und die Verlegungsrate für Mütter und Kinder in ein Krankenhaus liegt unter fünf Prozent. 99 Prozent der Frauen kamen ohne Schmerzmittel aus, und die Kinder waren nach der Geburt sehr schnell in einem guten Zustand. Dies wird mit dem Apgar-Wert ausgedrückt, der Atmung, Muskelspannung, Reflexverhalten und Hautfarbe des Neugeborenen berücksichtigt. Kennzeichnend für die Hausgeburtshilfe ist auch die äußerst niedrige Dammschnittquote, die in allen drei Jahren unter vier Prozent lag.

In einer US-Studie in den neunziger Jahren wurden 1046 Frauen, die eine Hausgeburt planten, kurz vor der Geburt mit derselben Anzahl Schwangerer, die sich für die Klinikgeburt entschieden hatten, verglichen. Diese Frauen glichen sich in Alter, sozioökonomischer Status und in der geburtshilflichen Risikoeinstufung. Eine signifikant größere Zahl von Babys, die in der Klinik geboren waren, wiesen Geburtsverletzungen, durch die Geburt bedingte Komplikationen oder ein Atemnotsyndrom auf. Ebenfalls traten bei den in der Klinik Geborenen wesentlich häufiger Infektionen auf, doch in der Sterblichkeit gab es keinen Unterschied. Die Klinikgebärenden hatten neunmal so viele Dammschnitte, und trotzdem kam es häufiger zu Dammrissen zweiten, dritten und vierten Grades.[24]

In Großbritannien ist als erste Dr. Marjorie Tew der Frage nachgegangen, ob der Anstieg der Klinikgeburten wirklich in direktem Zusammenhang mit dem Sinken der Sterblichkeitsrate steht. Bei der Auswertung aller zugänglichen Daten stellte sie fest, «[...]daß die Mütter- und die Säuglingssterblichkeit in vergleichbaren Gruppen in der Klinik immer höher waren als bei einer Hausgeburt, egal, ob das vorhergesagte Risiko... hoch oder niedrig war.»[25]

Statistik der perinatalen Sterblichkeitsrate entsprechend der Risikoeinstufung der Frau[25a]		
Perinatale Sterblichkeitsrate pro 1000 Geburten		
Risiko	Klinik	Geburtshaus / Zu Hause
sehr niedrig	8,0	3,9
niedrig	17,9	5,2
mittel	32,2	3,8
hoch	53,2	15,5
sehr hoch	162,6	133,3
Anzahl der Geburten	11 000	5 200

Am Anfang war keine medizinische Fachzeitschrift bereit, diese Ergebnisse zu veröffentlichen; Ärzte begegneten ihr mit Herablassung, und Dr. Tew verlor ihre Stelle an der Medizinischen Fakultät der Universität Nottingham. Sie setzte jedoch ihre Arbeit fort und zog auch Statistiken aus den Niederlanden heran, wo noch 1986 38 Prozent der Babys zu Hause zur Welt kamen. (Siehe Tabelle unten.)

Perinatale Sterblichkeitsrate in den Niederlanden 1986[25b]		
	Klinik	Hausgeburt
Anzahl der Geburten	119 037	66 536
Todesfälle	1 653	149
Perinatale Säuglings-sterblichkeit pro 1000	13,9	2,2

Auch scheint das Risiko, daß ein Neugeborenes stirbt, sehr von seinem Geburtshelfer abzuhängen. Dies kann durchaus den Schluß nahelegen, daß die technische Überwachung und die Eingriffe in den Geburtsverlauf, die von Gynäkologen ausgeübt werden, sich schädigender auf das Neugeborene auswirken als der Faktor Klinik an sich. (Siehe Tabelle S. 44 oben.)

Die Niederlande 1986[25c]			
Perinatale Sterblichkeit in bezug auf Geburtsbetreuung und Ort			
Betreuung	Ort	Anzahl der Geburten	Perinatale Sterblichkeitsrate pro 1000 Geburten
Frauenarzt	Klinik	83 351	18,9
praktischer Arzt	zu Hause	21 653	4,5
Hebammen	Klinik	34 874	2,1
Hebammen	zu Hause	44 676	1,0

Auch die Erstgeburt gilt als ein gewisser Risikofaktor. Dennoch ist für diese Frauen die Geburt ebenfalls zu Hause sicherer. (Siehe Tabelle unten.)

Erstgeburten in den Niederlanden 1986[25d]		
	Frauenarzt in der Klinik	Hebamme zu Hause
Anzahl der Geburten	41 861	15 031
Perinatale Sterblichkeit, Rate pro 1000	20,2	1,5

Bei den Frühgeborenen (vor der 36. Woche) ist der Unterschied ebenfalls beträchtlich, obwohl ein größerer Anteil von äußerst frühzeitigen Geburten mit sehr hohem Risiko schon durch Frauenärzte betreut wurde. (Siehe Tabelle unten.)

Frühgeborene[25e]		
Frühgeborene Babys	Betreuung durch Frauenarzt	Betreuung durch Hebamme
Anteil aller Geburten vor der 37. Woche	7,6	1,8
Perinatale Sterblichkeitsrate pro 1000	85,7	30,1

Diese offiziellen Statistiken legte Dr. Marjorie Tew auf dem

2. Internationalen Kongreß *Gebären in Sicherheit und Geborgenheit* 1989 in Zürich vor.

Die Klinikgeburt

Die Geburt findet im Normalfall in der Klinik statt. Das bedeutet mit wenigen Ausnahmen, daß der Vater nur Zuschauer ist und die Mutter der Pflege von Ärzten und Schwestern überlassen wird. Monate vor der Geburt bereitet sich die Schwangere darauf vor, ihr Zuhause und ihre Familie zu verlassen, um einen fremden Ort aufzusuchen, wo sie mit unbekannten Frauen zusammenliegt und unter Fremden entbindet.[26]

Der «Nestbautrieb» der letzten Schwangerschaftswochen zielt darauf hin, eine gemütliche Umgebung zu schaffen, in der das Kind zur Welt kommen soll. Dies wird durch den Aufbruch in die Klinik, das Kofferpacken usw. unterbrochen.

Der Empfang in der Klinik schließlich greift noch stärker in das psychophysische Erleben der Frau ein. Sie kennt meistens die Hebamme und den Arzt nicht und muß noch während der Wehen die Zeit und Energie aufbringen, ihre Wünsche für die Geburt zu äußern – und wenn diese beim Fachpersonal nicht «ankommen», kann sie sich sehr schnell ausgeliefert fühlen.

Dann erfolgen die Untersuchungen durch mindestens zwei Fremde (Arzt und Hebamme), welche als schmerzhaft empfunden werden können, wenn sie während einer Wehe geschehen.[27]

Durch diesen Streß erzeugt der Körper der werdenden Mutter sogenannte Katecholamine (Adrenalin und Noradrenalin). Steigen diese Werte während der Geburt stark an, sind

45

die Wehen nicht mehr so geburtswirksam; sie werden schwächer und krampfartiger, daher auch schmerzhafter. Der Muttermund öffnet sich langsamer, und die Geburt dauert länger, ja, es kann sogar zu einem Wehenstillstand kommen, den sehr viele Frauen haben, sobald sie in der Klinik sind. Dadurch wird die Frau noch ängstlicher, der Körper noch mehr unter Streß gesetzt... ein Teufelskreis.

Unter normalen Geburtsumständen produziert auch das Kind Katecholamine, was die Sauerstoffaufnahme steigert; aber ein zu hoher Katecholaminspiegel der Frau während der Geburt hat zur Folge, daß dann weniger sauerstoffhaltiges Blut zur Gebärmutter und über die Plazenta zum Baby gelangt. Das Kind versucht, dies durch seine eigene Überproduktion von Katecholaminen wettzumachen, was aufgrund des Sauerstoffmangels zu unregelmäßigen Herztönen führt. Ebenfalls kann das Neugeborene bei zu hohen Katecholaminwerten Schwierigkeiten mit der Atmung und der Temperaturregulierung bekommen, letzteres kann dazu führen; daß es leichter auskühlt.[28]

Der Faktor Sympathie zwischen Gebärender und Hebamme ist keineswegs als reine Rührseligkeit abzutun, sondern sollte bei der Klinikgeburt berücksichtigt werden. Geburtsberichte zeigen immer wieder, daß sich eine Gebärende bei einer Hebamme oder Ärztin, die sie nicht einfühlsam behandelt, seelisch und körperlich verschließt. Das kann zur Folge haben, daß der Muttermund über Stunden nicht weiter aufgeht. Als problematisch erweisen sich auch Dienstwechsel, denn hat die Frau gerade Vertrauen zu einer Hebamme gewonnen, ist deren Dienst beendet, und die Gebärende muß sich wieder umstellen.

Für Babys, die am Wochenende oder in der Nacht zur Welt kommen, ist auch ein um 50 Prozent höheres Geburtsrisiko durch den Personalmangel gegeben gegenüber denen, die in der «normalen Dienstzeit» geboren werden.[29]

Kulturvergleiche zeigen klar, daß dort, wo die Geburt als medizinisches Problem aufgefaßt und entsprechend behandelt wird, die Chancen für Mutter und Kind schlechter stehen. In der westlichen Welt ist die Geburt eines Kindes ein technisiertes, gewinnträchtiges Unternehmen geworden. Wenn sich eine Frau diesem Klinikbetrieb nicht aussetzen will, erlebt sie nicht selten, daß man versucht, sie einzuschüchtern. Geburtsrisiko und mögliche Schäden von Mutter und Kind werden ihr in allen Versionen beschrieben. Einige Ärzte verbreiten geradezu Schauermärchen. Wenn man solchen Ärzten glauben wollte, dann wäre eine Geburt von Laien überhaupt nicht zu bewältigen. Das Gebären ist aber ein Akt des Lebens und der Hoffnung und kein pathologischer Zustand.[30]

Doch in Fällen, in denen Mütter oder Kinder in Gefahr sind, kann diese moderne Technologie wortwörtlich Leben oder Tod bedeuten. Für diese Notfälle war sie eben gedacht, doch unglücklicherweise setzen einige Geburtshelfer routinemäßig die ihnen verfügbare Technik auch bei Frauen ein, bei denen keine Notwendigkeit dafür besteht.

80 Prozent der amerikanischen Frauen erhalten während der Geburt wenigstens eine Art von Betäubung, 30 Prozent aller vaginal geborenen Kinder werden mit der Zange auf die Welt geholt, und fünfzehn Prozent aller Entbindungen werden per Kaiserschnitt durchgeführt.[31]

Ebenfalls zeigt die «Bayerische Perinatal-Erhebung» von 1988, daß 30 Prozent der Frauen Wehenmittel bekamen, jede dritte Frau erhielt Schmerzmittel, jede zehnte sogar eine Periduralanästhesie (eine Nervenbetäubung, die den gesamten Uterus betrifft). Ebenfalls wurde in der Austreibungsphase jeder fünften Frau eine spezielle Anästhesie verabreicht. Drei von vier Gebärenden erhielten einen Dammschnitt.

Sehr viele Kinder litten während der Geburt unter Sauerstoffnot, so daß jedem zehnten Neugeborenen im Kreißsaal Sauerstoff per Maske gegeben wurde.[32]

Die Zeit nach der Geburt können die Eltern auch nicht gestalten, wie sie wollen. Wieviel Zeit sie unmittelbar danach mit dem Baby verbringen können, hängt von den Räumlichkeiten ab, der Anzahl der Frauen im Kreißsaal, aber natürlich auch von dem Verständnis der Hebammen und der Ärzte.[33]

In vielen Kliniken bemühen sich jedoch Hebammen und Ärzte um eine menschlichere, rücksichtsvollere Geburtsumgebung und ein besseres Miteinander. Die meisten Krankenhäuser haben das Rasieren der Schamhaare und den routinemäßigen Einlauf oder Abführzäpfchen abgeschafft. Frauen werden dazu ermuntert, in der Eröffnungsphase umherzugehen, und Hebammen ermöglichen es den Frauen, in jeder ihnen angenehmen Haltung ihr Kind zur Welt zu bringen.

Dennoch bleiben Kliniken Institutionen, und oft sind das sehr große, komplexe, bürokratisch und hierarchisch organisierte Einrichtungen.[34]

Die ambulante Entbindung

Die ambulante Entbindung ist ein möglicher Kompromiß. Hierbei verläuft die Geburt wie eine normale Klinikgeburt, aber die Familie fährt nach einigen Stunden wieder nach Hause. Zu Hause werden sie dann von einer Hebamme betreut. Die Familie kann dadurch ihren eigenen Rhythmus finden und wird nicht im Wochenbett durch die Spitalsroutine gestört.[35]

Medizinische Vorsichtsmaßnahmen und Eingriffe

Die CTG-Überwachung
Bei allen Geburten wird sicherheitshalber eine kontinuierliche Herzton-Wehen-Überwachung durchgeführt. Entweder wird diese CTG-Überwachung (Cardiotokographie) vom Zeitpunkt der Ankunft in der Klinik bis zur Geburt gemacht, oder es werden – bei ganz unproblematischen Geburten – ungefähr jede Stunde für einige Minuten lang die Herztöne und die Wehen aufgezeichnet.

Es kann nicht nachgewiesen werden, daß durch diese Überwachung das Leben von Kindern gerettet wird. In den meisten Kliniken ist jedoch durch die Einführung der CTG-Überwachung die Kaiserschnittsrate um das Dreifache gestiegen.[36]

Die Statistik der «Hessischen Perinatalstudie» 1988 zeigt bei einer Analyse von 40 695 Geburten, daß bei 97,6 Prozent der Frauen eine Aufnahme-CTG-Überwachung angeordnet wurde, bei 68,8 Prozent erfolgte eine Dauerüberwachung, und davon waren 40 Prozent an einer internen CTG-Anlage angeschlossen (dazu muß die Fruchtblase geplatzt sein – was oft künstlich herbeigeführt wird –, und dann wird die Elektrode dem Kind an die Kopfschwarte angesetzt). Nur bei 3,4 Prozent wurde keine CTG-Überwachung gemacht, dies waren aber Frauen, die erst während der Preßwehen ins Krankenhaus kamen.

Der Vorteil der internen CTG ist, daß sich die Frau in einem Umkreis von circa 500 Metern relativ frei bewegen kann und nicht im Bett liegen bleiben muß.

Die interne CTG-Überwachung hat aber sehr viele Nachteile, da die Fruchtblase zum Platzen gebracht wird und dies dem kindlichen Kopf das Wasserkissen nimmt, das die Wehen dämpft. Die Frau empfindet dadurch die Wehen

schmerzhafter, so daß der Griff zum Schmerzmittel nahe-
liegt. Auch dem Kind wird durch das Anbringen der Elektrode eine Verletzung zugefügt, die es wahrscheinlich als
schmerzhaft empfindet. Die meisten Kinder zeigen dabei
nämlich durch Herztonveränderungen Fluchtreaktionen
oder Streß an. (Was im übrigen öfter falsch interpretiert
wird, im Sinne von: «Wie gut, daß wir die interne CTG-
Überwachung ableiten, sonst hätten wir diese Veränderungen gar nicht bemerkt.») Ferner können sich an der Einstich-
stelle der kindlichen Kopfhaut Abszesse und Blutergüsse bilden, und bei der Mutter kann eine Infektion der Gebärmutter
entstehen.[37]

Die Schmerzen

Für die Mutter gibt es vor allem zwei Schmerzursachen während der Geburt: die Anspannung des Uterus und die Tendenz zu verkrampfen, anstatt sich zu öffnen.

Wenn Frauen das Bedürfnis haben, während der Geburt
zu schreien, und dies auch können, vermindern sich körperliche und innere Spannungen. Statt dessen werden Frauen
oftmals noch aufgefordert, sich tapfer und ihrem Alter entsprechend zu verhalten. So gerät die Frau in eine Zwangsla-
ge, da sie ihre Schmerzen durch Schreien ausdrücken will und
es ihr gleichzeitig Schmerzen bereitet, diese Äußerung zu unterdrücken. Diese Unterdrückung verstärkt die Spannung
und intensiviert das Geburtstrauma, da Schmerzensschreie
Entspannung und Erleichterung verschaffen.[38]

Henry Tietze schreibt:
«Jede menschliche Geburt hingegen ist ein *kultur- oder zivilisa-
tionsorientierter* Vorgang. Die Frau ist so konditioniert, daß sie
gegenüber Schwangerschaft, Wehen und Geburt eine bestimmte
Haltung einnimmt, die sie bestimmte Erfahrungen erwarten und

entsprechend den jeweiligen Traditionen ihrer Gesellschaft und Kultur reagieren läßt. Dies war schon immer so. In einer neurotischen Gesellschaft gebären daher in der Regel neurotische Frauen unter neurotischen Schmerzen neurotische Kinder.»[39]

Wehen- und Schmerzmittel

Fast keines der in der Geburtshilfe verwendeten Medikamente ist einer wissenschaftlichen Auswertung unterzogen und dann als sicher befunden worden, was die Wirkung auf das Baby, den Geburtsvorgang und die Langzeitwirkungen betrifft. Die bisher vorliegenden Forschungsergebnisse weisen jedoch deutlich darauf hin, daß viele Medikamente schädlich für Mutter und Kind und für die Bindungsphase unmittelbar nach der Geburt sein können.

Deshalb sollte nur im Notfall darauf zurückgegriffen werden, und keinesfalls sollten Medikamente ein Bestandteil der routinemäßigen, normalen Geburt sein.[40]

Die Geburt eines Kindes ist ein rhythmischer Prozeß; und die Bewegung des Kindes durch den Geburtskanal in die Außenwelt Teil eines geordneten Geschehnisablaufs, sofern die Frau die Geburt auf ihren Körperrhythmus abstimmt. Frauen, die unter konflikthaften Spannungen leiden, empfinden die Geburt häufig als einen «unnatürlichen» Vorgang, da die Dinge nicht mehr «im Fluß sind», und die Entbindung verläuft nicht ruhig, glatt und fließend, sondern quälend.

Die Frau ist dann nicht in der Lage, ihren Körper einzusetzen, um dem Neugeborenen dabei zu helfen, durch den Geburtskanal zu gelangen. Deshalb werden ihr Medikamente verabreicht, und das Kind muß häufig mit Hilfe von Instrumenten herausgezogen werden.

All diese Unterbrechungen verspürt der Fötus im Geburtskanal und ist bereits aus seinem natürlichen Ablauf gebracht worden, noch ehe er das Licht der Welt erblickt. Das

Kind wird daran gehindert, es selbst zu sein, sich seinem eigenen natürlichen Zeitgefühl gemäß zu entwickeln. Es muß sich dem durcheinandergeratenen Rhythmus seiner Mutter anpassen.[41]

Frauen verlangen meistens Schmerzmittel, entweder bei einer sehr langwierigen Entbindung, oder wenn sie Angst bekommen, bevor die Geburt richtig begonnen hat.[42] Gerade diese Frauen könnte man mit einer vorausgehenden psychischen und physischen Geburtsvorbereitung helfen.

Außerdem haben viele Frauen eine sehr große Toleranz gegenüber Medikamenten, da sie nur begrenzt gelernt haben, ihren Körper zu lieben und ihm zu vertrauen. Sie schlucken Monat für Monat die Pille, nehmen Abführmittel und Appetithemmer, aber auch Kopfschmerztabletten, Schlafmittel und Antidepressiva, um die Symptome eines unbefriedigenden Hausfrauendaseins oder der Dreifachbelastung zu ertragen.[43]

Zur Geburtseinleitung oder -beschleunigung kann ein Wehentropf verwendet werden. Dieser enthält entweder das Hormon Oxytocin, als intravenöse Infusion, oder Prostaglandin, in Form von Scheidenzäpfchen, Gel oder Tabletten. Sobald der Tropf zu wirken beginnt, kommen die Wehen sehr stark und sind sehr schmerzhaft, dadurch nehmen diese Gebärenden häufiger Schmerzmittel. Aber auch die Sauerstoffversorgung des Babys ist dadurch insgesamt geringer und ein schlechter Zustand des Babys wahrscheinlicher.

Wurde der Wehentropf eingesetzt, erhöht sich die Gefahr, daß das Neugeborene an Gelbsucht erkrankt. Prostaglandine können Nebenwirkungen im Herz-Kreislauf-System und an den Bronchien hervorrufen sowie Herzrasen, Herzrhythmusstörungen, Asthma, Blutdruckabfall, Zittern und Schweißausbrüche auslösen.[44]

Außerdem ist eine solche Geburt sowohl für die Mutter

als auch für das Kind in höchstem Maße unbefriedigend, beiden werden die Wehen aufgezwungen, obwohl sie körperlich noch nicht vorbereitet sind. Die Mutter befindet sich nicht im Einklang mit ihrem Körper und somit nicht in Harmonie mit ihrem Baby. Beide sind nicht in der Lage, beim Geburtsvorgang zusammenzuarbeiten; Untersuchungsergebnisse lassen die Schlußfolgerung zu, daß dieser Mangel an Übereinstimmung während der Geburt eine Bindung zwischen Mutter und Kind verzögern oder erschweren kann.[45]

Die Untersuchung durch mehrere fremde Personen wie auch das Liegen, das künstliche Zerplatzen der Fruchtblase, wehenfördernde Mittel, Angst und Streß der Gebärenden – alle diese Einflüsse verstärken die Wehenschmerzen. Da aber im Krankenhaus eine Menge Schmerzmittel verfügbar sind, werden diese auch häufig, und ohne nachzudenken, angewandt.

Dabei weiß man heute: Alle Medikamente und Anästhesien, die heute zur Geburtserleichterung verwendet werden, haben Nebenwirkungen, besonders für das Kind, und sie beeinflussen die Bereitschaft zur Kontaktaufnahme bei Mutter und Kind negativ.

Das am häufigsten verwendete Mittel ist das *Dolantin*. Es wirkt schmerzlindernd, verursacht Benommenheit und hat einen atemhemmenden Effekt. Dies hat eine gewisse Wehenhemmung zur Folge, wodurch die Geburt länger dauert.

Wenn dieses Medikament zu spät verabreicht wird, zu einem Zeitpunkt, wenn der Muttermund mehr als sieben Zentimeter geöffnet ist, ist die Frau nicht mehr in der Lage, sich auf das Mitschieben und Pressen zu konzentrieren, und eventuell muß das Baby mit der Saugglocke geholt werden.

Durch das Schmerzmittel kann der Atemreflex des Babys unterdrückt werden, und es erleidet einen Sauerstoffmangel und muß in vielen Fällen beatmet werden. Nach der Geburt

ist der erste Kontakt von Mutter und Kind gestört, da beide
sehr schläfrig sind. Auch kann der Saugreflex des Babys beeinträchtigt sein, was zur Folge hat, daß das Stillen oft wochenlang nicht richtig in Gang kommt und dadurch schließlich ganz aufgegeben wird.

Zusätzlich finden *Tranquilizer* (Valium, Librium) in der
Geburtshilfe häufig Verwendung. Diese können Benommenheit, Verwirrungszustände sowie Schwankungen des Blut-
drucks und der Pulsfrequenz hervorrufen. Aber auch insgesamt kann die Persönlichkeit beeinträchtigt werden, die Frau
ist geistig nicht voll aufnahmefähig, und es breitet sich das
Gefühl der Gleichgültigkeit in ihr aus.[46]

Diese Tranquilizer gehen auch schnell in den Blutkreislauf des Babys über und können Veränderungen der kindlichen Herztöne verursachen. Nach der Geburt kann es bei
Babys mit diesem Medikament im Kreislauf zu Problemen
mit der Atmung und dem Saugreflex kommen, auch häufiger
zu Gelbsucht; ein verminderter Muskeltonus und mangelnde
Wachheit lassen sich bei den Neugeborenen beobachten.[47]

Im Rahmen einer Untersuchung zum Collaborative Peri-
natal Project in den USA wurden 3500 normal geborene
Säuglinge beobachtet, und es stellte sich heraus, daß jene,
deren Mütter während der Geburt Schmerz- oder Beruhigungsmittel bekommen hatten, im Durchschnitt wesentlich
länger brauchten, bis sie lernten, aufrecht zu sitzen oder zu
krabbeln. Bei Kummer ließen sich diese Kinder nur schwer
trösten. Hatte die Mutter während der Geburt unter starker
Medikamenteneinwirkung gestanden (meist in Form von
Narkotika per Inhalation), konnte man manche Unterschiede zwischen den Kindern noch im siebten Lebensjahr erkennen.[48]

Es ist nicht nur ein Vorteil für die werdende Mutter, wenn
sie ihr Kind bei vollem Bewußtsein zur Welt bringen kann,

sondern auch für die Kinder, die geboren werden, denn sie haben ein Anrecht darauf, die eigene Geburt völlig bewußt und gesund zu erleben.[49]

Der Dammschnitt

Die meisten Kliniken führen den Dammschnitt, besonders bei Erstgebärenden, routinemäßig aus. Nach Stoppard (1986) ist der Dammschnitt die häufigste Operation in der westlichen Welt. Es dürfte lediglich eine Dammschnittrate von bis zu 20 Prozent theoretisch gerechtfertigt sein, doch die «Bayerische Perinatal-Erhebung» bspw. weist eine Dammschnittquote von 75 Prozent in den Kliniken auf.

Die Perinatalgruppe der WHO stellte 1987 fest, daß nach wissenschaftlichen Ergebnissen die unerwünschten Nebenwirkungen (Schmerzen, sexuelle Probleme) des Einschnitts größer sein können als die des natürlichen Risses. Denn beim Schneiden wird das Gewebe auch gequetscht, was zu Blutergüssen, Schwellungen und einem langsamen Heilungsprozeß führt.[50]

Es gibt auch keine Beweise, daß der Dammschnitt Risse verhindert, sondern Untersuchungen zeigten sogar das Gegenteil. So ist ein Dammschnitt im allgemeinen unnötig, da ein natürlicher Riß besser heilt und weniger psychische und körperliche Probleme mit sich bringt als ein Schnitt. Dazu kommt noch, daß dieser verbreitetste geburtshilfliche Eingriff oft ohne Zustimmung der Frau vorgenommen wird.[51]

Massiert man in den letzten sechs Schwangerschaftswochen den Damm mit Olivenöl, macht das die Haut geschmeidig und schützt so besser vor Dammschnitten und Rissen. Während der Geburt kann man warme, mit Duftöl (z. B. Lavendel) kombinierte Kompressen auf den Damm legen. Hilfreich ist es immer, wenn die Gebärhaltung mit der Schwerkraft im Einklang steht.

Die Frühgeburt und der Kaiserschnitt

Die Frühgeburt

Eine Frühgeburt hat stets zahlreiche gesundheitsschädliche Folgen, doch selten wird das psychische Trauma eines solchen Ereignisses berücksichtigt.

Schon 1939 veröffentlichte Dr. Mary Shirley die Ergebnisse einer Untersuchung, die das Harvard Child Study Center in Boston bei zu früh geborenen Kindern in Säuglings- und Kinderheimen durchgeführt hatte. Sie fand heraus, daß Frühgeburten erst spät Darm- und Blasenschließmuskeln kontrollieren können. Die Kinder litten unter Konzentrationsschwierigkeiten, waren leicht erregbar, nervös, furchtsam und häufig schüchtern. Die Frühgeborenen zeigten auch mehr Verhaltensstörungen als Neunmonatskinder, wie übersteigerte Aktivität, Bettnässen, eine enorm leichte Ablenkbarkeit, Daumenlutschen und eine Überempfindlichkeit gegenüber Geräuschen. Dr. Shirley fand mehrere mögliche Ursachen für das Frühgeburtssyndrom: Das zu früh geborene Kind neigt zu einem höheren Grad nervöser Reizbarkeit als das voll ausgetragene Kind, ausgelöst durch ungünstige pränatale Bedingungen oder durch das Fehlen gewisser intrauteriner Einflüsse; durch einen überhasteten Geburtsvorgang, Verletzungen bei der Geburt, oder durch eine Kombination all dieser Faktoren.[52]

Für viele der emotionalen Störungen dürfte oft weniger die frühe Geburt verantwortlich sein als die Tatsache, daß das frühgeborene Kind in den Brutkasten gelegt wird und folglich einen Teil der für seine Entwicklung notwendigen Stimulierung, Wärme und Körperkontakt entbehren muß. In diesem Zusammenhang sollte man sich vor Augen halten, daß Frühgeborene in jeder Hinsicht noch Föten sind, die all die vom Mutterleib ausgehenden Stimulierungen weiterhin benötigen.[53]

Schon Anfang der 60er Jahre versuchten die Wissenschaftler Sokoloff, Yaffe, Weintraub und Blase den möglichen nachteiligen Wirkungen nachzugehen, denen zu früh geborene Kinder in der genau kontrollierten, monotonen Umgebung des Brutkastens ausgesetzt sind, wo sie wochenlang nur wenig körperliche und seelische Anregung erfahren. Eine Gruppe von Frühgeborenen wurde zehn Tage lang täglich fünf Minuten pro Stunde gestreichelt, während man den Kindern der Kontrollgruppe die übliche Säuglingspflege zukommen ließ. Die Kinder, die man mit der Hand berührt hatte, erwiesen sich als aktiver, erlangten rascher ihr ursprüngliches Geburtsgewicht, schrien weniger und zeigten selbst nach sieben Monaten eine gesündere Wachstums- und Bewegungsentwicklung.[54]

Um dem Mangel an körperlicher Stimulierung entgegenzuwirken, kann man das Baby mit leichten Schmetterlingsberührungen auch massieren (siehe Kap. 5) und die Känguruh-Methode (siehe S. 58 ff.) anwenden.

Viele Krankenhäuser arbeiten in diesem Bereich schon fortschrittlich und bieten eine intensive Versorgung von Frühgeborenen mit sanften Mitteln an (siehe S. 58 f.); es ist als Eltern allerdings wichtig, diese Maßnahmen deutlich zu fordern. In den meisten Krankenhäusern ist man immer noch auf ein bestimmtes Entlassungsgewicht fixiert (das zwischen 2 und 2,5 kg liegt). Doch wenn das Baby gesund ist und «nur» noch zu wachsen braucht, könnten die Eltern mit den Ärzten besprechen, das Kind auch bei einem Gewicht unter 2 kg mit nach Hause zu nehmen. Daheim, in ruhiger und vertrauter Atmosphäre, können sich Vater und Mutter am besten dem Kind widmen, es tragen, stillen; so erfährt es Liebe und Geborgenheit.

Frühgeborene schätzen es besonders, ausgiebig getragen zu werden (im Tragetuch), fehlen ihnen die letzten Wochen im Unterleib einfach.

Die Känguruh-Methode[55]

Hier möchte ich das Beispiel der Universitäts-Kinderklinik Köln einfließen lassen, wo Frau Dr. Waltraud Stening mit ihrem Kollegen Prof. Dr. Bernhard Roth Mitte 1991 nach langer Anlaufzeit und nach vielen Gesprächen mit den Schwestern der Intensiv- und Frühgeborenenstation die Känguruh-Methode eingeführt hat.

Frau Dr. Stening hat mir freundlicherweise ihre Veröffentlichungen über die Känguruh-Methode bei Frühgeborenen an der Universitäts-Kinderklinik Köln zur Verfügung gestellt, und auf ihre praktischen Erfahrungen stütze ich mich im folgenden.

Die Känguruh-Methode ist auf der Kölner Station ein fester Bestandteil eines umfassenden «sanften» Versorgungskonzeptes von Frühgeborenen. Dabei werden die Kinder ein bis mehrere Stunden täglich nackt auf die unbekleidete Brust der Eltern gelegt und mit einem weichen Tuch oder Fell zugedeckt. Die Eltern befinden sich in halb sitzender Position, und das Kind bleibt weiterhin mit den nötigen Monitoren und Infusionen versehen. Kinder unter 1000 g erhalten zusätzlich ein Mützchen auf den Kopf.

Neben der Känguruh-Methode sind es verschiedene Massnahmen, die außer der körperlichen auch die psychosoziale Entwicklung fördern sollen:

«So steht also auf der einen Seite die zurückhaltende und gezielte Anwendung von Maßnahmen wie maschinelle Beatmung, Blutabnahmen oder Sondonernährung. Auf der anderen Seite wurden die Stationen für Eltern und andere Angehörige geöffnet, die Besuchszeiten ausgeweitet, das Stillen sowie die Muttermilchernährung unterstützt und die Räume abgedunkelt.»[56]

Außerdem stehen Walkmen für die auditive Stimulation

zur Verfügung. In einzelnen Fällen liegen die Babys in Hängematten in den Inkubatoren.

Durch die Känguruh-Methode hat sich die Atmosphäre auf der Station entscheidend verändert. Die Schwestern sind entspannter, setzen andere Prioritäten, die Ärzte sind ebenfalls stolz auf diese Neuerung.

Insgesamt werden die Eltern jetzt viel früher in die Pflege ihrer Kinder einbezogen und sind deshalb weitaus selbständiger. Das Team dieser Station ist der Ansicht, daß die emotionale Entwicklung der Kinder und die Eltern-Kind-Beziehung durch diese Neuerungen deutlich positiv beeinflußt werden.

Mit diesen Erfahrungen würden sie einige Untersuchungsergebnisse über zu frühe Mutter-Kind-Trennungen stützen, die äußern, daß dieses Trauma durch eine entsprechende Betreuung nach der Trennung (zum Teil zumindest) wieder aufgehoben werden kann.

«Eine Frühgeburt führt zwangsläufig zu einer solchen traumatisch frühen Trennung. Die Känguruh-Methode scheint den Müttern eine Möglichkeit zu bieten, den abgebrochenen Körperkontakt wiederaufzunehmen. Sie wandelt ihre passive Angsthaltung in eine aktive Rolle um.»[57]

Der Ursprung der Känguruh-Methode

Die Känguruh-Methode stammt aus Kolumbien. Wegen eines Mangels an Inkubatoren entschlossen sich die Kinderärzte Rey und Martinez 1979, die Mutterwärme auszunutzen, um die Kinder vor der Auskühlung zu schützen. Da häufig mehrere Kinder in einem Inkubator oder Wärmebett untergebracht werden mußten, kam es anfangs zu einer hohen Infektions- und Sterblichkeitsrate. In Bogotá wurden die Kinder der Mutter aufrecht vor die Brust gebunden und selbst kleinste Frühgeborene unter 1000 g Geburtsgewicht nach Hause entlassen. Durch das Vorbild in der Tierwelt wurde dieses Vorgehen

«Känguruh-Methode» genannt. Die Mütter kamen täglich in eine eigens für sie eingerichtete Ambulanz und konnten sich dort auch zwischenzeitlich Rat holen. Alle Kinder wurden gestillt. War der Saugreflex noch nicht stark genug ausgebildet, so entleerten die Mütter die Milch direkt in den Mund des Kindes. In der Gruppe der Kinder mit einem Geburtsgewicht von 501 bis 1000 g gaben die Ärzte eine Steigerung der Überlebensrate von 0 % auf 72 % und bei Kindern mit einem Geburtsgewicht von 1001 bis 1500 g von 27 % auf 89 % an. Allerdings weiß man heute durch vergleichbare Untersuchungen, daß diese Zahlen mit Vorbehalt zu betrachten sind.

In Guatemala und Südafrika arbeiten Mütter ebenfalls sofort an der Pflege ihrer frühgeborenen Kinder mit. Die Infektionsraten waren keineswegs vermehrt, und die Überlebensrate war hoch.

Die Känguruh-Methode scheint vier Funktionen auf ideale Weise zu vereinen

1. Die Sinne der Kinder werden stimuliert:
   - das sensitive System der Haut durch das Streicheln,
   - das akustische System durch die Stimme, den Herzschlag oder andere Körpergeräusche,
   - das Geruchssystem durch den Körpergeruch, und schließlich
   - das kinästhetische System durch die Bewegung der Eltern.
2. Der Körperkontakt fördert die Eltern-Kind-Beziehung.
3. Das Selbstvertrauen und das Selbstwertgefühl der Eltern werden in dem Maß gefördert, daß eine Übernahme der Verantwortung für das Kind möglich ist.
4. Die Känguruh-Methode unterstützt die Kommunikation zwischen dem Pflegepersonal und den Eltern.

Obwohl jede einzelne Funktion auch durch andere Maßnahmen erfüllt werden könnte, ist es der Känguruh-Pflege eigen, alle Ziele ökonomisch sinnvoll und wenig zeitaufwendig zu vereinen. Daß zunächst von den Schwestern mehr Engagement gefordert wird, wird ziemlich rasch durch die Kompetenz der Eltern und die Übernahme von Aufgaben wie Wickeln und Füttern durch sie bei weitem ausgeglichen.[58]

Biologische Effekte bei der Anwendung der Känguruh-Methode
Der physiologische Nutzen ist nicht durchgehend nachweisbar, und die vorliegenden Untersuchungsergebnisse sind z. T. widersprüchlich. Die Känguruh-Methode erscheint aber als eine praktikable und sichere Methode der Frühchen-Versorgung, die keine negativen Auswirkungen auf den körperlichen Zustand hat.

1991 veröffentlichte Richard de Leeuw aus Amsterdam eine Studie über die physiologischen Auswirkungen der Känguruh-Methode auf sehr kleine Frühgeborene. Die Resultate waren eindeutig: Kinder mit geringem Geburtsgewicht hatten durch die Känguruh-Methode eine bessere Atmung, und das Auftreten von Atempausen (Apnoe) war signifikant reduziert.

Eindeutig positiv unterstützt die Känguruh-Methode die Stilldauer und die Menge der Muttermilch. Liegt das Kind direkt auf der nackten Haut der Mutter, so ist die Wahrscheinlichkeit, daß das Kind an der Brust der Mutter trinkt und damit die Milchproduktion anregt, weitaus größer.

Die Känguruh-Methode kommt auch den meisten beatmeten Frühgeborenen zugute.

Psychosoziale Effekte
Durch die Beobachtung von Eltern und Kindern während der Känguruh-Methode wurde schnell deutlich, daß der psychosoziale Nutzen der Methode nicht in Frage zu stellen ist.

So fand z. B. Ludington-Hoe, daß die Kinder während der Känguruh-Methode, sowohl mit der Mutter als auch mit dem Vater, viel weniger Aktivität zeigen, also entspannter sind. Der Anteil an aktivem Schlaf sinkt zugunsten des ruhigen Schlafs signifikant.

Rey und Martinez berichteten, daß nach Einführung der Methode in ihrem Krankenhaus in Bogotá weitaus weniger Kinder von ihren Müttern verlassen wurden.

Affonso, Wahlberg und Persson führten in Schweden eine Studie über das mütterliche Befinden durch. Die Mütter, die die Känguruh-Methode angewandt hatten, erschienen hier viel zufriedener und hoffnungsvoller. Sie hatten ein größeres Vertrauen in die eigenen Fähigkeiten und in die Möglichkeiten des Kindes, mit der Situation fertig zu werden.

«Wenn auch der somatische Nutzen durch die laufende Forschung letzlich noch nicht geklärt ist, so wird doch deutlich, daß Eltern und Kind das Beisammensein genießen und einen emotionalen Vorteil daraus ziehen.»[59]

Erfahrungen und Untersuchungsergebnisse in der Universitäts-Kinderklinik Köln

In den Jahren 1993/94 führte die Universitäts-Kinderklinik Köln eine Verträglichkeitsstudie zur Känguruh-Methode durch. Ziel war es herauszufinden, ob bei sehr kleinen Frühgeborenen durch die Känguruh-Methode Streßreaktionen ausgelöst werden, was durch einen Anstieg der Herzfrequenz und einen Abfall der Sauerstoffsättigung erkennbar ist.

Bei dieser Untersuchung ließen sich keine nachteiligen Auswirkungen der Känguruh-Methode auf die Frühgeborenen beobachten. Die Körpertemperatur der Kinder stieg während der Känguruh-Methode leicht an, aber sowohl die Herzfrequenz als auch die Sauerstoffsättigung blieben konstant.

Es zeigte sich, daß Eltern auch emotional im Umgang mit den frühgeborenen Kindern Betreuung brauchten, denn nicht immer gestaltet sich der erste Kontakt zum Kind leicht und selbstverständlich. So kommt es vor, dass Eltern aus Unsicherheit und Angst sich weigern, ihr Kind anzunehmen. Um die individuelle Geschichte der Eltern zu verstehen, die zu solch einer Abwehr führt, ist eine intensive Kommunikation unerläßlich. Somit wird auf der Station auch eine zeitaufwendige und liebevolle Aufklärung gepflegt. Denn erfahrungsgemäß profitieren auch die Eltern von dem Körperkontakt mit ihrem Kind, die zunächst eine größere Angst zeigten.

Reaktionen der Schwestern

Bei den Schwestern gab es vor Einführung der Känguruh-Methode viele Einwände, die vor allem die Platzprobleme und den erhöhten Arbeitsaufwand betrafen.

Innerhalb einer Woche haben die Schwestern die Methode jedoch routinemäßig angewandt. Sie beobachteten, daß die Eltern viel selbständiger sind und sich mehr zutrauen. Es wurde zu ihrer Aufgabe, die zart entstehenden Mutter-Kind-Beziehungen zu schützen. Diese Ruhe und die häufige positive Resonanz von den Eltern wirkte sich auf die Zufriedenheit der Schwestern aus.

Heute ist die Känguruh-Methode auf den Stationen eine Selbstverständlichkeit.

Reaktionen der Mütter und Väter

Die Mütter empfinden die Känguruh-Methode als eine Möglichkeit, dem Kind die vorzeitig entzogene Wärme und Ruhe wiederzugeben.

Sie können sich dadurch sehr früh ein Bild über die Persönlichkeit ihres Kindes machen und reagieren stärker auf die Reize des Kindes. So steigt die Wahrscheinlichkeit, daß sich aus dem Säugling ein «sicher gebundenes Kind» entwickelt.

Die Väter spielen im Leben der meisten Frühgeborenen eine besondere Rolle. Viele Mütter sind nach der Geburt, die meist durch Kaiserschnitt erfolgte, noch nicht in der Lage, zu ihrem Kind auf die Station zu gehen. So stellen die Väter den ersten Kontakt her und wirken damit als Bindeglied zwischen Mutter und Kind. Dies ruft bei vielen Vätern einen besonderen Stolz und eine besondere Nähe zum Kind hervor. Häufig sind die Väter auch die ersten, die bei den Kindern die Känguruh-Methode anwenden.

Beobachtungen zeigen, daß die Kinder durchaus unterschiedlich auf den Körperkontakt zur Mutter oder zum Vater reagieren.

Einige Kinder, die sich bei der Mutter stets gut entwickelten, waren beim Vater sehr unruhig. Dies erklärt man zum einen mit der größeren Angst, die die Väter im Zusammensein mit ihren Kindern häufig begleitet. Zum anderen mögen der mütterliche Herzschlag und die mütterliche Stimme einen besonders beruhigenden Effekt haben, vielleicht deshalb, weil die Kinder diese Laute mit dem vorgeburtlichen Zustand der Zufriedenheit, Bedürfnisbefriedigung und Wärme assoziieren.

Trotz alledem ist es wichtig, daß auch die Väter die Känguruh-Methode anwenden können. Auch sind die Väter, entgegen früherer Meinung, sehr wohl in der Lage, ebenso sensitiv die Signale der Kinder zu erfassen und adäquat darauf zu reagieren.

Die Mütter beurteilen sich nach dem Kontakt zu ihrem Kind als wesentlich entspannter, weniger nervös und ängstlich, weniger müde, statt dessen aktiver. Diese Beruhigung der Mutter wirkt sich wiederum kräftigend auf die Mutter-Kind-Beziehung und auf das Kind aus.[60]

Der Kaiserschnitt

«In den USA endet etwa jede vierte Geburt mit einem Kaiser-schnitt, das bedeutet einen Anstieg von 400 Prozent in den letzten 20 Jahren.»[61]

Das ist ein alarmierender Anstieg, gerade da sich alle Ex-perten einig sind, daß eine Geburt ohne chirurgischen Ein-griff besser und sicherer ist. Ein auslösender Faktor dafür war die Einführung des Herzton-Wehenschreibers (CTG).

Eine Kaiserschnittgeburt beraubt Mutter und Kind eines zutiefst sinnlichen Ereignisses, das sowohl Schmerz als auch Momente höchster Wonne einschließt. Diese sinnlichen Ge-fühle sind Vorläufer des Sexuallebens der Erwachsenen, und so vermutet Thomas Verny, daß ein chirurgisch entbundener Mensch vielleicht nie über diesen Erlebnisverlust hinweg-kommen wird. Es unterscheidet sich oft das Sexualverhalten und sogar das Körpergebaren gegenüber dem vaginal Ent-bundenen. So haben die Kaiserschnitt-Geborenen oft ein hef-tiges Verlangen nach jeglicher Art von Körperkontakt.[62]

Kaiserschnitt-Kinder sind in mancher Hinsicht vom er-sten Augenblick ihres Daseins an in einer ungünstigeren Lage, da ihnen die körperliche Stimulierung während der Geburt fehlte. Tatsache ist, daß die Sterblichkeitsziffer zwei-bis dreimal so hoch liegt wie die von vaginal entbundenen Kindern. Die Erkrankung der Atemwege tritt rund zehnmal so häufig auf, außerdem neigen solche Kinder verstärkt zu Sprachschwierigkeiten.

Diese Kinder sind oft ängstlich und unruhig; sie neigen dazu, auf Reize passiver zu reagieren, und leiden unter ande-ren nicht genau zu bestimmenden Persönlichkeitsschwierig-keiten als normal geborene Kinder.

Es ist anzunehmen, daß diese Schwierigkeiten weitgehend durch den Mangel an Hautstimulierung verursacht werden. Natürlich ist es gewagt, diese Unterschiede auf einen einzigen

Entwicklungsfaktor dieser Kinder zurückzuführen. Allerdings belegen mehrere Untersuchungen, daß der Mangel an kutaner (auf die Haut bezogener) Stimulierung während der perinatalen Periode, das heißt kurz vor, während und kurz nach der Geburt, einer der wesentlichen Faktoren ist.[63]

Eltern können diesem Mangel wieder entgegenwirken, indem sie ihr Neugeborenes häufig mit Schmetterlingsberührungen (siehe Kap. 5) massieren.

Bei der vaginalen Geburt bedeutet die Bewegung im Geburtskanal eine intensive Massage, mit deren Hilfe das gesamte Nervensystem, die Atmung und die Reflexe besser in Gang kommen. Das Fruchtwasser wird dadurch aus den Lungen gepreßt, so daß nur ein Schleimrest in den oberen Atemwegen zurückbleibt, den das Baby leicht ausniesen kann. Kaiserschnittkinder müssen dagegen tief und gründlich abgesaugt werden. Außerdem produziert der mütterliche Körper noch während der Geburt Hormone, die die Reifung der kindlichen Niere und Leber fördern. Dies entfällt ebenfalls beim Kaiserschnitt.[64]

So ist eine typische, schwere Komplikation bei Kaiserschnittneugeborenen das Atemnotsyndrom, da die Massage im Geburtskanal wegfällt. Das Atemnotsyndrom war in der «Bayerischen Perinatalerhebung» 1986–1988 auch das zweithäufigste Risiko, das den Tod in der ersten Lebenswoche bedingte. Die Perinatalgruppe der WHO schätzt, daß bei bis zu 30 Prozent der Fälle von Atemnotsyndrom diese als Folge einer nicht sachgerechten Geburtshilfe anzusehen ist, die schließlich per Kaiserschnitt geendet hat.[65]

Die Vollnarkose verhindert, daß die Mutter das Baby nach der Geburt sofort an die Brust legen kann, zudem fühlen sich die meisten Frauen den ganzen Tag hindurch in ihrer Aufmerksamkeit und Reaktionsbereitschaft leicht gedämpft. Heutzutage gibt es in fast allen Krankenhäusern die Möglichkeit, eine Kaiserschnittgeburt nur mit einer Kreuzstich-Betäubung (Periduralanästhesie) durchzuführen. Dabei bleibt die Mutter hellwach, doch der gesamte Unterleibsbereich wird betäubt. Ein Vorhang im Brustbereich verhindert die Sicht auf den Unterleib.

Diese Methode läßt für Mutter und Vater (der an der Kopfseite der Frau nahe sein kann) ein bewußtes Miterleben der Geburt zu; das Kind kann sofort saugen und beginnen, mit der Mutter vertraut zu werden.

Der Vater

Ab dem Zweiten Weltkrieg bis Ende der sechziger Jahre fanden immer mehr Geburten im Krankenhaus statt. Dadurch wurden nicht nur die freien Hebammen zum aussterbenden Berufsstand, sondern auch den Vätern wurde die Anwesenheit bei der Geburt durch die Ärzte verboten. Paradoxerweise ging die Vorherrschaft der Männer in der Geburtshilfe damit einher, daß andere Männer – nämlich die Väter – von der Geburt ausgeschlossen wurden.

Die Tatsache, daß heute die Väter bei der Geburt anwesend sein dürfen, sagt aber noch wenig darüber aus, wie sich diese Anwesenheit konkret gestaltet. So ist es in einigen Kliniken noch üblich, daß der Vater nur an der Bettoberkante bei seiner Frau stehen kann oder daß der Mann erst bei den Preßwehen in den Kreißsaal kommen darf. Nur vereinzelt gibt es für die Väter die Möglichkeit, wenn sie dies wollen, auch bei einer Kaiserschnittoperation anwesend zu sein.

Dabei kann der Vater z. B. sehr gut die Interessen seiner Frau während der Geburt vertreten und ihr als Vertrauensperson zur Seite stehen, wenn sie sich während der Geburtsarbeit nur noch beschränkt artikulieren und durchsetzen kann.

Die Angst zu versagen und Unruhe und Nervosität zu verbreiten, tritt bei Klinikgeburten wesentlich häufiger auf als bei Hausgeburten und kann so stark sein, daß der werdende Vater die Frau im Kreißsaal allein zurückläßt, da er dem medizinischen Personal zur Last fällt.[66]

Das Gefühl, daß die Klinikmaschinerie alles in die Hand genommen hat, läßt den Vater bei der Unterstützung seiner Frau leichter aufgeben; wenn sich neben dem Bett ein Tropf und ein Wehenschreiber befinden, die mit einem Gürtel um ihren Bauch festgezogen sind, macht dies es rein physisch schon schwieriger, nahe an die Frau heranzukommen.[67]

Läßt sich der Mann aber intensiv auf das Erlebnis von Schwangerschaft und Geburt ein, dann möchte er auch aktiv werden und nicht zum passiven Teilnehmer verdammt sein. Deswegen drängen einige Väter auf eine Hausgeburt, da hier der Kompetenzbereich des werdenden Vaters sehr viel umfangreicher und verantwortungsvoller ist. Für die werdenden Eltern bestehen bei einer Geburt zu Hause sehr viel größere Chancen, diese entsprechend ihren ureigensten Wünschen und spontanen Bedürfnissen zu erleben und zu gestalten.[68]

Hanny Lothrop beschreibt das sehr anschaulich:

> «Wirklich unterstützen kann ein Mann seine Frau bei der Geburtsarbeit, indem er sich mit seinem Körper und seinem Atem ganz auf die Rhythmen der Frau einstellt. Dies ist um so leichter, je besser sich die beiden körperlich kennen, je vertrauter sie miteinander umgehen können, je erfüllter ihre sexuelle Beziehung ist.
>
> Denn Lust und Liebe haben das Kind hineingebracht und werden es auch wieder hinausbringen. Schmusen, Kuscheln, Streicheln und sinnliches Berühren können, besonders zu Beginn der Geburtsarbeit, Wunder der Entspannung vollbringen.»[69]

Nach der Geburt im Krankenhaus muß der frischgebackene Vater Abschied nehmen von der Mutter und dem neugeborenen Kind, und er bleibt sich und seinen Gefühlen selbst überlassen – außer das Paar hat sich für die ambulante Entbindung entschieden.

Bleibt die Mutter noch mehrere Tage mit dem Kind im Krankenhaus, fühlt sich der Vater häufig aus der Beziehung zwischen Mutter und Kind ausgeschlossen und auf die Rolle des Besuchers reduziert, und der «Babyschock», den das nächtliche Aufstehen, das Herumtragen und das permanente Eingehen auf die Bedürfnisse des Kindes darstellen, trifft ihn um so härter. Denn gerade die Vater-Kind-Beziehung ist gegen Störungen von außen anfälliger als die Mutter-Kind-Beziehung. Väter sind anfangs vorsichtiger und unsicherer; erst mit einer gewissen Verzögerung kann der Mann selbstverständlich und sicher mit dem Säugling umgehen.[70]

Die Geburt als körperliche Stimulierung des Säuglings

Normalerweise haben die Uteruskontraktionen den Zweck, die Haut des Kindes zu stimulieren. Tiere lecken nach der Geburt die Haut oder das Fell des Neugeborenen und regen damit die peripheren sensorischen Nerven der Haut an. Würde dies eine Tiermutter nicht tun, würde das Junge wahrscheinlich sterben, da es nicht fähig ist, seine Blase und seinen Darm zu entleeren.

Der Kopf des ausgetragenen menschlichen Fötus liegt nach unten im engsten Teil des Uterus, daher ist die Stimulierung durch die Kontraktionen, die sich auf Gesicht, Nase, Lippen und den übrigen Teil des Kopfes beziehen, erheblich. Diese Anregung des Gesichtsbereichs entspricht dem Lecken der Schnauze und der oralen Region durch die Tiermutter und bewirkt wahrscheinlich dasselbe, nämlich den Eintritt sensorischer Energieimpulse in das Zentralnervensystem, und aktiviert das Atmungssystem.[71]

Für das Kind ist die Geburtsarbeit ein Zustand zunehmender Enge und die Geburt schließlich eine Explosion in einen grenzenlosen Raum. Deshalb braucht es Hände, die es halten und ganz langsam am Rücken massieren.

Für das Neugeborene ist alles neu, und es hat sehr große Angst. Es braucht jetzt ganz besonders seine Mutter, ihre Rhythmen, ihre Stimme und ihre Energie. Denn die Mutter ist dem Kind vertraut, sie ist seine ganze Vergangenheit, und sie bleibt, auch wenn sich sonst alles verändert hat.[72]

Das Schreien eines Babys bei der Geburt ist ein Notsignal und ein Flehen um Hilfe. Doch in einer friedlichen Umgebung bleibt das Kind ruhig und wach, mit weit geöffneten Augen. Diese ersten intensiven und innigen Blickkontakte stellen starke Familienbande her zwischen allen, die daran teilnehmen, auch dem Vater und den Geschwistern.[73]

Ashley Montagu schreibt dazu:

«Innerhalb der Gebärmutter ist der Fötus umschlossen und lebt in der Begrenzung des ihn schützenden Uterus. Das ist eine tröstliche, Sicherheit vermittelnde Erfahrung. Mit der Geburt aber gelangt der Säugling mehr oder weniger in die Außenwelt; er muß es lernen, sich selbst den kleinsten Änderungen seiner Umgebung anzupassen. Bis zu den letzten Tagen seiner nachgeburtlichen Existenz ist die beängstigendste und gefühlsmäßig erschreckendste Erfahrung, die einem Menschen widerfahren kann, die plötzliche Entziehung der Stütze. Die einzige instinktive Reaktion des Menschen, von seiner Reaktion auf ein plötzliches lautes Geräusch abgesehen, ist die auf eine unerwartete Entziehung ‹des Bodens, auf dem er steht›.

Das Ungeborene, das von Fruchtwasser gewiegt, geschützt und von Wärme umgeben war, braucht als Neugeborenes die

Umarmung der Mutter, es muß in ihren Armen gewiegt, im engen Kontakt mit ihrem Körper Kolostrum und Muttermilch in sich aufnehmen. Die Arme seiner Mutter sollten es umschließen, an ihrer warmen Haut sollte es geborgen sein, denn der Säugling ist unter anderem sehr empfindlich gegen Temperaturänderungen, und eine der Gefahren, denen er in Krankenhäusern am meisten ausgesetzt wird, ist die kühle, ungleichmäßige Luft der meist mit einer Klimaanlage versehenen Entbindungsräume.

Die professionell übliche Art, eine Schädigung zu vermeiden, ist, das Kind in ein gewärmtes Bettchen zu legen – aber das ist ein sehr unzulänglicher Ausgleich für die wärmende Nähe des schützenden mütterlichen Körpers.»[74]

Das Hauptorgan der Empfindungen in dieser Lebensphase ist die Haut, die Quelle des ersten Lebensgefühls.

Anmerkungen

1   Vgl. Verny, Thomas: Das Seelenleben des Ungeborenen. S. 92 ff.
2   Vgl. Sears, William: Schlafen und Wachen. S. 3.
3   Vgl. Verny, Thomas: Das Seelenleben des Ungeborenen. S. 84.
4   Vgl. Janov, Arthur: Das befreite Kind. S. 80.
5   Vgl. Tietze, Henry: Botschaften aus dem Mutterleib. S. 126.
6   Vgl. Janov, Arthur: Das befreite Kind. S. 40.
7   Vgl. Shorter, Edward: Der weibliche Körper als Schicksal. S. 180 ff.
8   Vgl. Chamberlain, David: Woran Babys sich erinnern. S. 27.
9   Vgl. Hilsberg, Regina: Schwangerschaft, Geburt und erstes Lebensjahr. S. 127 ff.
10 Vgl. Montagu, Ashley: Körperkontakt. S. 71.
11 Vgl. Auckett, Amelia: Wie man ein Baby glücklich macht. S. 19 ff.
12 Vgl. Zimmer, Katharina: Das einsame Kind. S. 42 f./S. 47.
13 Vgl. Balaskas, Janet: Aktive Geburt. S. 135.
14 Vgl. Rubins, Reva, zitiert in: Montagu, Ashley: Körperkontakt. S. 88.
15 Vgl. Jungjohann, Eugen: Kinder klagen an. S. 29.

16 Vgl. Balaskas, Janet: Aktive Geburt. S. 303.

17 Vgl. Balaskas, Janet: Aktive Geburt. S. 34 ff.

18 Vgl. Zimmer, Katharina: Das einsame Kind. S. 43.

19 Vgl. Verny, Thomas: Das Seelenleben des Ungeborenen. S. 188.

20 Vgl. Verny, Thomas: Das Seelenleben des Ungeborenen. S. 130.

21 Vgl. Kelm-Kahl, Inge: Hausgeburt – besser für Mutter und Kind. S. 9 ff.

22 Vgl. Kitzinger, Sheila: Hausgeburt. S. 41.

23 Kitzinger, Sheila. Hausgeburt. S. 38.

24 Vgl. Kelm-Kahl, Inge: Hausgeburt – besser für Mutter und Kind. S. 74 ff.

25 Tew, Marjorie, zitiert in: Kitzinger, Sheila: Hausgeburt. S. 42.

25a Chamberlain, R. u. a. (1975), zitiert in: Kitzinger, Sheila: Hausgeburt. S. 43.

25b Tew, Marjorie (1990), zitiert in: Kitzinger, Sheila: Hausgeburt, S. 43.

25c Tew, Marjorie (1990), zitiert in: ebd. S. 44.

25d Tew, Marjorie (1990), zitiert in: edd. S. 44.

25e Tew, Marjorie (1990), zitiert in: ebd. S. 45.

26 Vgl. Mead, Margaret: Mann und Weib. S. 228.

27 Vgl. Kelm-Kahl, Inge: Hausgeburt – besser für Mutter und Kind. S. 91 ff.

28 Vgl. Kitzinger, Sheila: Hausgeburt. S. 18 ff.

29 Vgl. Kelm-Kahl, Inge: Hausgeburt – besser für Mutter und Kind. S. 93 ff.

30 Vgl. Tietze, Henry: Botschaften aus dem Mutterleib. S. 85 ff.

31 Vgl. Verny, Thomas: Das Seelenleben des Ungeborenen. S. 95

32 Vgl. Kelm-Kahl, Inge: Hausgeburt – besser für Mutter und Kind. S. 90.

33 Vgl. Hilsberg, Regina: Schwangerschaft, Geburt und erstes Lebensjahr. S. 123.

34 Vgl. Kitzinger, Sheila: Hausgeburt. S. 16 ff.

35 Vgl. Lothrop, Hanny: Das Stillbuch. S. 75 f.

36 Vgl. Kitzinger, Sheila: Hausgeburt. S. 23 ff.

37 Vgl. Kelm-Kahl, Inge: Hausgeburt – besser für Mutter und Kind. S. 96 ff.

38 Vgl. Janov, Arthur: Das befreite Kind. S. 41.

39 Tietze, Henry: Botschaften aus dem Mutterleib. S. 67 f.

40 Vgl. Balaskas, Janet: Aktive Geburt. S. 247.

41 Vgl. Janov, Arthur: Das befreite Kind. S. 35 ff.

42 Vgl. Kitzinger, Sheila: Natürliche Geburt. S. 216.

43 Vgl. Kelm-Kahl, Inge: Hausgeburt – besser für Mutter und Kind. S. 102.

44 Vgl. Kelm-Kahl, Inge: Hausgeburt – besser für Mutter und Kind. S. 100.

45 Vgl. Verny, Thomas: Das Seelenleben des Ungeborenen. S. 105.

46 Vgl. Kelm-Kahl, Inge: Hausgeburt – besser für Mutter und Kind. S. 102 ff.

47 Vgl. Balaskas, Janet: Aktive Geburt. S. 249.

48 Vgl. Packard, Vance: Verlust der Geborgenheit. S. 54 ff.

49 Vgl. Tietze, Henry: Botschaften aus dem Mutterleib. S. 133 ff.
50 Vgl. Kelm-Kahl, Inge: Hausgeburt – besser für Mutter und Kind.
    S. 106 ff.
51 Vgl. Balaskas, Janet: Aktive Geburt. S. 243.
52 Vgl. Tietze, Henry: Botschaften aus dem Mutterleib. S. 130.
53 Vgl. Janov, Arthur: Das befreite Kind. S. 25 ff.
54 Vgl. Montagu, Ashley: Körperkontakt. S. 105.
55 Vgl. Stening, Waltraud/Roth, Bernhard u. a.: Känguruhmethode bei Früh-
    geborenen, in: Monatsschrift Kinderheilkunde (1996). S. 930–937
56 Stening, W., Roth, B. u. a.: Känguruhmethode bei Frühgeborenen, in:
    Monatsschrift Kinderheilkunde 144 (1996), S. 930.
57 Ebd. S. 930
58 Vgl. Stening, W./Roth, B. u. a.: Känguruhmethode bei Frühgeborenen,
    in: Monatsschrift Kinderheilkunde 144 (1996), S. 933.
59 Stening, W.: Die Känguruh-Methode (Haut-zu-Haut-Kontakt) bei Früh-
    geborenen. In: Penaten-Infothek. – Dialog und Service (1996), S. 13.
60 Vgl. Stening, Waltraud/Roth, Bernhard u. a.: Känguruhmethode bei Früh-
    geborenen, in: Monatsschrift Kinderheilkunde 144 (1996), S. 934–936.
61 Balaskas, Janet: Aktive Geburt. S. 23.
62 Vgl. Verny, Thomas: Das Seelenleben des Ungeborenen. S. 88 ff.
63 Vgl. Montagu, Ashley: Körperkontakt. S. 48 ff.
64 Vgl. Hilsberg, Regina: Schwangerschaft, Geburt und erstes Lebensjahr.
    S. 167 ff.
65 Vgl. Kelm-Kahl, Inge: Hausgeburt – besser für Mutter und Kind. S. 110.
66 Vgl. Bullinger, Hermann: Wenn Männer Väter werden. S. 111 ff.
67 Vgl. Kitzinger, Sheila: Natürliche Geburt. S. 199.
68 Vgl. Bullinger, Hermann: Wenn Männer Väter werden. S. 146.
69 Lothrop, Hanny: Das Stillbuch. S. 69.
70 Vgl. Bullinger, Hermann: Wenn Männer Väter werden. S. 86 ff.
71 Vgl. Montagu, Ashley: Körperkontakt. S. 51.
72 Vgl. Lothrop, Hanny: Das Stillbuch. S. 70.
73 Vgl. Chamberlain, David: Woran Babys sich erinnern. S. 114.
74 Montagu, Ashley: Körperkontakt. S. 171.

3. Das extrauterine Bonding

Die Frühgeburt Mensch

Das ungeborene Kind ist durch drei Bereiche beeinflußt und gestaltet worden, die es einzigartig werden ließen:

«1. Ererbte Ausstattung, bestimmt durch Gene, Chromosomen, DNS, RNS usw.,

2. intrauterine Einflüsse während der Schwangerschaft,

3. Einflüsse, die während des Geburtsvorgangs wirksam werden.»[1]

Bei der Geburt des Menschen ist die Entwicklungsperiode noch nicht beendet, sondern sie setzt sich außerhalb der Gebärmutter fort und wird deshalb Exterogestation genannt. Diese dauert ebenfalls wie die Uterogestation nochmals ca. neun Monate, also bis das Kind krabbeln kann und laufen zu lernen beginnt. Das Kind wird schon nach neun Monaten geboren, da der Kopf zu dem Zeitpunkt gerade eben so groß ist, daß er den Geburtskanal noch passieren kann. Auf diesem Hintergrund wird einsichtig, weshalb sich der Entwicklungsprozeß fortsetzt und man dem Kind noch nach der Geburt Bedingungen gewähren sollte, die denen im Mutterleib ähnlich sind.

Das Kind lebt symbiotisch mit der Mutter verbunden, und die wechselhafte Bezogenheit wird nach der Geburt sogar sehr viel funktioneller und umfassender als während der Entwicklung im Uterus. Dabei ist die Haut das erste und zentralste Kommunikationsmedium.[2]

Die Mutter-Kind-Bindung

Schon während der Schwangerschaft fand zwischen der Mutter und dem Kind eine emphatische Kommunikation statt, doch sie findet einen ersten Höhepunkt gleich nach der Geburt. Wenn das Kind und die Mutter nicht durch Medikamente betäubt sind, sind beide zu diesem Zeitpunkt in einem sehr wachen und aufnahmebereiten Zustand.

Mütter, die nach der Entbindung ausgiebig Gelegenheit haben, sich mit ihrem Kind zu beschäftigen, bauen wesentlich schneller ein inniges Verhältnis auf als Mütter, die von ihren Kindern getrennt werden.[3]

Die ersten Minuten und Stunden nach der Geburt sind eine komplexe, sensible Phase, die entscheidend ist für den weiteren Aufbau einer intensiven Mutter-Kind-Beziehung. Von dieser Urbindung hängt aber auch die spätere Bindungsfähigkeit ab, und die Erinnerungen daran – auch wenn sie unbewußt bleiben – beeinflussen noch Jahre später das Gefühl emotionaler Sicherheit.[4]

Die ursprüngliche Mutter-Kind-Beziehung ist die Keimzelle für alle späteren emotionalen Bindungen des Kindes, die es im Verlauf seines weiteren Lebens aufnehmen und unterhalten wird, und sie ist die formende Beziehung, in deren Verlauf das Kind sein Selbstgefühl entwickelt. Unter einer «Bindung» kann man eine in ihrer jeweiligen Art einmalige Beziehung zwischen zwei Menschen verstehen, die nicht austauschbar ist und eine gewisse Dauerhaftigkeit besitzt.

Küssen, Umarmen, Liebkosen und verlängerter Blickkontakt sind Ausdruck einer solchen Bindung und dienen dazu, sowohl den Kontakt zu einer bestimmten Person aufrechtzuerhalten, als auch ihr seine Zuneigung zu zeigen. Eine enge Bindung überdauert lange zeitliche und große räumliche Trennungen, auch wenn zeitweise keine sichtbaren Zeichen ihr Vorhandensein bezeugen.[5]

Eine solche Bindung (Bonding) ist eine starke physische und emotionale Verbindung, deshalb brauchen Mütter, Väter und Babys unmittelbar nach der Geburt Zeit, um die Bindung durch nahen Haut- und Körperkontakt zu entwikkeln.[6]

In dieser Zeit treten die Eltern in eine einzigartige Phase ein, die nach H. M. Klaus und J. H. Kennell die «sensible Phase der Mutterschaft» genannt wird und die für die Bindung der Mutter an den Säugling grundlegend ist. Die komplexen Interaktionen, die zwischen den beiden stattfinden, helfen, diese Bindung zu «verschweißen».[7]

Die Geburt ist für Mutter und Kind anstrengend; beide brauchen danach die tröstende Gegenwart des anderen, um sich gegenseitig anschauen und berühren zu können. Schließlich wird auch eine Mutter geboren, wenn ein Kind auf die Welt kommt.[8]

Nach der Geburt öffnen viele Babys für längere Zeit ihre Augen, mit denen sie schon sehen können; sie wenden den Kopf in die Richtung, aus der sie eine Stimme hören, und sie sind lebhaft und wach. Dies geschieht alles in der ersten Stunde nach der Geburt danach schlummert das Kind ein und schläft mehrere Stunden lang tief. Der Säugling ist genau in dieser Stunde nach der Geburt in einer idealen Verfassung, um mit den Eltern den wichtigen ersten Kontakt herzustellen, der später nicht mehr nachholbar ist.[9]

Diese Wachheit des Neugeborenen steht im Einklang mit der Bereitschaft der Mutter, die ein überwältigendes Glücksgefühl spürt, wenn sie das Kind in seiner ersten Lebensstunde in den Armen hält, es spürt und mit ihm Blickkontakt hat.[10]

Die Mutter wird während der Schwangerschaft in jeder

Weise darauf vorbereitet, die Verbindung zwischen dem Kind und sich aufzunehmen und seine Bedürfnisse zu erfüllen. Die biologische Gemeinschaft, die Symbiose, die zwischen Mutter und Fötus besteht, hört bei der Geburt nicht auf, sondern die gegenseitige Abhängigkeit wird sogar noch stärker.

Welche Befriedigung könnte für das neugeborene Kind größer sein als die Umarmung der Mutter und das Saugen an ihrer Brust? Die kutane Stimulation, die der Säugling durch ihre Nähe, ihre Wärme erfährt, darüber hinaus aber vor allem die periorale Stimulation – die während des Saugens erlebte Anregung des Gesichtsbereiches, der Lippen, der Nase, der Zunge und des Mundes – spielen eine bedeutende Rolle für die Atmung und damit die Sauerstoffanreicherung des Blutes. Da die anderen Wahrnehmungsorgane des Säuglings noch wenig entwickelt sind, ist er generell vom Tastsinn abhängig.[11]

Daniel Stern beschreibt es so:

«Die erste Berührung des Kleinkindes mit der Menschenwelt besteht einfach im Erleben dessen, was seine Mutter mit ihrem Gesicht, ihrer Stimme, ihrem Körper und ihren Händen tut. Der sich fortsetzende Strom ihrer Handlungen sorgt dafür, daß das Kleinkind mit dem Stoff, aus dem menschliche Kommunikationen und Beziehungen sind, Bekanntschaft macht.»[12]

Die erste Zwiesprache des Menschen ist wortlos, sie findet über die Körper von Mutter und Kind statt, auch der suchende Blickkontakt des Säuglings ist ein weiteres Anzeichen für sein Verlangen nach menschlicher Kommunikation.

Zum Zeitpunkt der Geburt ist das psychische Bedürfnis der Mutter nach dem Baby bereits ebenso heftig wie das physische Bedürfnis des Babys nach ihr. Sein verletzliches Erscheinungsbild erweckt in der Mutter den Wunsch, es zu halten und zu pflegen. Vielfältige Körperbewegungen und eine lebhafte Mimik des Neugeborenen fördern Zärtlichkeit und Körperkontakt zwischen ihm und der Mutter, so daß sich ihre Körper aufeinander einstimmen.

Das erste Zusammensein, die Gesten und Körperbewegungen des anderen laden Mutter und Kind mit Energie auf. Der Körper der Mutter gibt dem Neugeborenen nach seiner Trennung vom innersten Raum des Mutterleibs Orientierung, und die Mutter hat das Gefühl, die Energien des Neugeborenen würden sie aufladen, erfüllen und vervollständigen. Je besser die Mutter ihr Kind kennenlernt, desto besser kann sie ihm die Welt als Wirklichkeit vermitteln, und je besser das Baby die Mutter kennenlernt, desto besser wird es auf das psychische Einssein mit ihr vorbereitet.[13]

Nach der Geburt wird das Kind von einer Fülle von neuartigen Reizen und Sinneseindrücken überflutet. Dazu gehören optische und akustische Reize, Hungergefühl, Schmerzempfindungen, Temperaturschwankungen und schließlich die gesamte physiologische Umstellung nach der Entbindung. Dem Neugeborenen ist das alles fremd, bis auf die unmittelbare Nähe, den Körperkontakt mit der Mutter und die Nahrungsaufnahme. Je heftiger die Reize oder die Reizschwankungen sind, desto befremdender werden sie vom Kind erlebt.

Die Brust zu suchen ist die erste aktive Zuwendung des Kindes nach außen, und das allmähliche Gefühl der Sättigung stellt das erste Bekanntheitserlebnis des Kindes dar.

Auch der Körperkontakt wird als innen befindlich, als erstes primitives Ich-Gefühl vom Kind erlebt. Es kann noch nicht unterscheiden zwischen innen und außen, zwischen dem realen eigenen Körper und der Umwelt, somit wird die Mutter zumindest teilweise als Teil von sich selbst erlebt.

Ein wirkliches Gefühl von Geborgenheit und Vertrauen

kann das Kind nur erfahren, wenn die gesamten neuartigen Umweltreize nicht als bedrohlich und unheimlich erlebt werden. Dazu muß es sich aber in Körperkontakt mit der Mutter befinden, die eine gewisse «Erdung» für alle neuartigen Erlebnisse garantiert.[14]

Für die Mutter bedeutet die Entbindung einen Teilverlust des eigenen Selbst, sowohl in körperlicher als auch in seelischer Hinsicht. Der Körperkontakt und das Bemuttern helfen, die körperliche Einheit mit ihm wiederherzustellen und ihre Liebe von dem «inneren» auf den «äußeren» Säugling zu übertragen.[15]

Dr. Michael Daly, Leiter der Geburtsklinik an der Temple University, stellte aufgrund einer Reihe von Erhebungen fest, daß Säuglinge, die die ersten beiden Stunden im direkten Körperkontakt mit der Mutter verbrachten, sich überdurchschnittlich gut entwickelten. Sie nahmen schneller zu und verfügten als Zweijährige über einen reicheren Wortschatz als Säuglinge, die nach der Geburt von der Mutter getrennt wurden.[16]

Die Schlußfolgerungen aus den vorliegenden Ergebnissen sind, daß das Neugeborene im Grunde nur drei Dinge benötigt, die ihm eine optimale körperliche und seelische Verfassung garantieren und damit die Basis zum Glücklichsein legen: eine natürliche Geburt, ein ruhiges Entbindungszimmer und keine Trennung von der Mutter nach der Geburt.[17]

M. H. Klaus und J. H. Kennell schreiben:

«Die Untersuchungen, die wir selbst im Lauf der vergangenen zwölf Jahre angestellt haben, haben uns zur Formulierung von Gesetzmäßigkeiten geführt, die für die Bindung der Mutter zu ihrem Säugling bestimmend sind. [...]

Zum gegenwärtigen Zeitpunkt glauben wir jedoch, mit diesen

sieben Gesetzmäßigkeiten grundlegende Momente des Prozesses der Entstehung von Mutter-Kind-Bindungen erfaßt zu haben.

1. Es gibt eine die ersten Minuten und Stunden nach der Geburt umfassende sensible Phase, während derer es im Interesse einer optimalen späteren Entwicklung erforderlich ist, daß die Mutter bzw. der Vater engen körperlichen Kontakt mit dem Säugling halten.

2. Es scheint beim Menschen artspezifische Reaktionen zu geben, die bei Müttern und Vätern auftreten, wenn sie zum ersten Mal in Kontakt mit ihrem Säugling kommen.

3. Der Prozeß, in dem die Bindungen entstehen, ist so strukturiert, daß Mütter und Väter niemals zu mehr als einem Säugling gleichzeitig eine optimale Bindung entwickeln können. Bowlby (1958) hat diese Gesetzmäßigkeit des Bindungsverhaltens bereits, wenn auch aus der umgekehrten Richtung, formuliert und als ‹Monotropie› bezeichnet.

4. Während sich die Bindung der Mutter zu ihrem Säugling entwickelt, ist es forderlich, daß das Kind mit irgendwelchen Signalen wie Körper- und Augenbewegungen auf die Mutter reagiert. Wir drücken dies manchmal mit dem Satz aus: ‹Man kann keinen Spüllappen lieben.›

5. Bei Menschen, die den Geburtsvorgang miterleben, entsteht eine starke Bindung zum Säugling.

6. Manchen Erwachsenen fällt es schwer, gleichzeitig zwei entgegengesetzte Bindungsprozesse durchzumachen, das heißt, eine Bindung an eine Person aufzubauen, während zugleich der drohende oder reale Verlust derselben oder einer anderen Person betrauert wird.

7. Manche Ereignisse der ersten Lebensphase haben langfristig wirksame Folgen. Befürchtungen über das Wohlergehen eines Säuglings, bei dem sich am ersten Tag eine vorübergehende Störung zeigt, können zu überdauernden Besorgnissen führen, die von großer Tragweite sind und die Entwicklung des Kindes nachteilig beeinflussen können (Kennell und Rolnick 1960).»[18]

Die Bedeutung der Mutter

Die Fähigkeit des Säuglings, die körperlichen und emotionalen Zustände der Mutter wahrzunehmen, ist groß und darf
nicht unterschätzt werden, genausowenig wie die Auswirkungen, die diese auf seine Entwicklung haben können.

Deshalb möchte ich nun das Wechselspiel betrachten
zwischen den bedeutendsten Körpersignalen der Mutter und
wie diese auf das Wohlbefinden der Babys wirken.

Der Herzschlag

Dr. Lee Salk ließ 1973 einer Anzahl von Säuglingen im Kinderzimmer einer Klinik ein Tonband mit 72 normalen, au-
thentischen parallelen Herzschlägen vorspielen, da er an-
nahm, daß das Geräusch des normalen Herzschlags dem
Neugeborenen die Kontinuität von etwas Vertrautem, Be-
schwichtigendem vermitteln werde.

Die Wirkung war beeindruckend: 69,6 Prozent der Säuglinge legten in den ersten 24 Stunden an Gewicht zu, dagegen
konnte in der Kontrollgruppe, die keinen Herzschlag zu hören bekam, nur bei 33 Prozent der Säuglinge eine Gewichtszunahme festgestellt werden.

Konnten die Babys den Herzschlag vernehmen, war der
Anteil der Schreiphasen wesentlich verringert.

Die Säuglinge, die das Herzklopfen hörten, atmeten tiefer
und gleichmäßiger als die der Kontrollgruppe. Auch nahmen
Atmungs- und Verdauungsschwierigkeiten während dieser
Phase ab.

Auch andere Untersuchungen und Studien bestätigen nur
die Vorteile des mütterlichen Herzschlags für das Neugeborene. Das Geräusch eines normalen Herzschlags verhilft dem
Neugeborenen zu einer besseren emotionalen Anpassung.
Das Pulsieren des Herzens ist das Geräusch, das am stärksten

Sicherheit vermittelt, denn es ist der erste Laut, den das Kind in der innigsten Verbundenheit im Mutterleib hört, und später beruhigt es das Kind noch, wenn nichts anderes es beruhigen kann.[19]

Doch Krankenhäuser wenden dieses so simple Verfahren, trotz weitverbreiteten und gut dokumentierten Wissens, noch nicht selbstverständlich an. Wieso?

Der Geruch

Im Zuge von Untersuchungen stellte man fest, daß auf das Neugeborene mindestens vier Gerüche einen starken Eindruck machen. Das sind Lakritze, Knoblauch, Essig und der Geruch seiner Mutter.

In einem Experiment zeigte Frau Dr. Aidan MacFarlane 1975, daß der Säugling nach fünf Tagen schon die getragene Stilleinlage seiner Mutter am Geruch erkennt und von benutzten Stilleinlagen anderer Frauen unterscheiden kann.[20] Zwei Wochen alte Babys, die gestillt wurden, konnten allein aufgrund des Unterarmgeruchs ihre eigenen Mütter unter anderen herausfinden. Den Babys, die Flaschennahrung bekamen, ist dies nicht gelungen.

In einer Studie an der Universität Genf bat man Frauen, neugeborene Babys im Dunkeln auf den Arm zu nehmen und keinen Ton von sich zu geben. Die Babys waren entspannter und schmiegten sich enger an, wenn sie von ihren eigenen Müttern hochgehoben wurden. Also erkannten sie auch ohne visuelle und akustische Anhaltspunkte ihre eigenen Mütter nur am Geruch.[21]

Die Stimme

Da das Baby schon im Mutterleib die Stimme der Mutter hört und sie ab dem fünften Monat erkennt, wird sie nach der Geburt zu einem wichtigen Bindeglied. Tests nach der

Geburt zeigen: Babys fühlen sich besonders zu der Stimme der Mutter hingezogen; selbst zwei Tage alte Babys haben keine Probleme, die Stimme ihrer Mutter aus anderen Männer- und Frauenstimmen herauszuhören. Der Psychologe Anthony DeCasper und seine Kollegen richteten in Frankreich und den USA folgende Versuchsanordnung ein: Sie gaben Neugeborenen die Möglichkeit, unterschiedliche Geräusche und Stimmen zu hören, wenn sie verschieden schnell an einem Spezialsauger nuckelten. Die Forscher, die die Sekunden zwischen zwei Saugphasen maßen, fanden heraus, daß die Babys sich jedem Tempo anpassten, um die Stimme ihrer Mutter zu hören, denn ihr gaben sie den Vorzug.[22]

Die Temperatur

Die Körpertemperatur des Neugeborenen ist in äußerster Feinabstimmung mit der Körperwärme der Mutter verbunden. Selbst bei gleichbleibender Umgebungstemperatur gelingt es nicht, die Haut- und Körpertemperatur der Säuglinge, die in Wärmebettchen liegen, gleichmäßig zu halten – wie es bei Babys, die Haut an Haut an der Brust der Mutter liegen, geschieht.

Durch diesen engen Kontakt wird die Körpertemperatur des Neugeborenen am besten gesteuert. Hier schwitzen oder keuchen die Babys nicht, um übermäßige Hitze loszuwerden, sondern ihre Haut rötet sich, sie werden weniger aktiv, schlafen ein oder strecken sich aus; das alles hilft ihnen, ihren Körper abzukühlen.

Mütter regulieren durch die körperliche Nähe nicht nur die Temperatur ihres Neugeborenen, sondern auch seinen Hormonspiegel, seine Enzymproduktion, seine Atmung und seinen Herzschlag.[23]

Abschließend möchte ich betonen, daß die Wahrnehmung all jener Prozesse im Baby ein tiefes Gefühl der Sicherheit erzeugt und ihm Geborgenheit vermittelt. Das Verhalten der Mutter und ihre emotionale Ausgeglichenheit wirken prägend auf das Neugeborene. Das Mutterverhalten ist durch ganz unterschiedliche Faktoren bestimmt.

«Es ist nicht leicht, die Faktoren zu verstehen, die das Interaktions- und Mutterverhalten eines erwachsenen Menschen bestimmen, der 20 bis 30 Lebensjahre hinter sich hat. Das Verhalten einer Mutter oder eines Vaters zu ihrem Säugling ergibt sich aus einer komplexen Kombination von Elementen: aus den mitgebrachten Anlagen der Eltern selbst, den Reaktionen des Säuglings auf diese, aus einer langen Geschichte interpersoneller Beziehungen der Elternteile zu ihrer eigenen Familie sowie untereinander, aus gemachten Erfahrungen mit der jetzigen oder mit früheren Schwangerschaften, der Übernahme der Praktiken und Werte ihrer Kultur und – der wahrscheinlich wichtigste Faktor – aus der Art und Weise, wie jeder Elternteil selbst von seinen Eltern erzogen wurde.

Das Mutter- bzw. Vaterverhalten einer jeden Frau und eines jeden Mannes, die Fähigkeit jedes einzelnen, Streß zu ertragen, und die Bedürfnisse nach besonderer Zuwendung, die jeder hat, dies alles ist von Person zu Person sehr verschieden und hängt vom Zusammenwirken der genannten Faktoren ab.»[24]

David Chamberlain schreibt dazu:

«Was die Mütter im Innersten empfinden, was sie zu ihren Babys sagen und wie sie sich ihnen gegenüber verhalten, ist von entscheidender Bedeutung. Fehlt den Müttern emotionaler Rückhalt, können sie ihren Babys womöglich selbst wenig geben: wenig Liebe, wenig Milch und wenig mütterliche Fürsorge.»[25]

Feststehend:
1. Erfahrungen mit der eigenen Mutter in der eigenen Kindheit
2. Von der Mutter mitbekommene oder ererbte Eigenschaften
3. Kulturelle Normen
4. Verhältnis zu Familie und Ehemann
5. Erfahrungen mit vorausgegangenen Schwangerschaften
6. Persönliche Perspektiven und Ereignisse während der Schwangerschaft

Veränderlich:
1. Verhalten von Ärzten, Schwestern und anderem Klinikpersonal
2. Erste Lebenstage, Trennung von Mutter und Neugeborenem
3. Krankenhausübliche Praktiken

Eltern   **Neugeborenes**

Adäquate Betreuung und Bindung

Schwere Störungen:
1. Entwicklungshemmung ohne organische Ursache
2. Kindesmißhandlung

Störungen:
1. Syndrom des empfindlichen und kränklichen Kindes
2. Gestörte Mutter-Kind-Beziehungen
3. Unfälle
4. Entwicklungsbezogene und emotionale Probleme bei Kindern mit Risikogeburt
5. Verhaltensprobleme bei adoptierten Kindern

Ein hypothetisches Ordnungsschema, das die bedeutsamsten Einflußfaktoren des Mutterverhaltens und die möglichen resultierenden Störungen auflistet. Durchgezogene Linien repräsentieren weitgehend unveränderliche Determinanten; gestrichelte Linien repräsentieren veränderliche Determinanten.[26]

Die Umgebung

Die ersten zaghaften Rooming-in-Erfahrungen in Kliniken rückten die Bedeutung des physischen Kontakts während der nachgeburtlichen Phase in das Bewußtsein:

An der Duke-University wurde nach der Einführung des Rooming-in eine Zunahme an stillenden Mütter sowie ein Rückgang der Telefonanrufe ängstlicher Mütter festgestellt (1951).

In einer schwedischen Untersuchung von 1973 zeigten Mütter mit Rooming-in-Erfahrung größere Zuversicht. Sie fühlten sich in der Säuglingspflege kompetenter und waren dem Geschrei ihres Säuglings gegenüber sensibler als Mütter, die ohne Rooming-in entbanden.[27]

Die Eltern brauchen gerade am Anfang eine unbegrenzte, gemeinsame Zeit mit ihrem Kind in einer Umgebung, in der sie sich spontan verhalten können und nicht aufgrund fremder Erwartungen und Theorien befangen sind. Sie machen sich mit ihrem Neugeborenen vertraut und lernen auf die Signale des Kindes zu reagieren; außerdem kann die Mutter auf ihre Weise und nach ihrem Zeitgefühl mit dem Stillen beginnen.

Wenn man das Wochenbett zu Hause genießt, geht das sehr leicht, doch solche Bedingungen sind in Kliniken unmöglich bzw. nur sehr schwer verwirklichbar, da die Mutter von allen ihr nahestehenden Personen getrennt ist. Viele Kliniken scheinen von der Überlegung auszugehen, daß die Mutter vor allem Ruhe brauchte und nachts ungestört durchschlafen solle.[28]

Früher trennte man in den großen Krankenhäusern Wöchnerinnen- und Säuglingsabteilungen aus Furcht vor Infektionsquellen. Da der Feind «Bazillus» hieß, wurden Eltern und andere Familienmitglieder ausgesperrt. Schon 1948 fand man bei einer Untersuchung in England allerdings heraus, daß die Sterblichkeit bei zu Hause gepflegten Frühgeborenen nur geringfügig höher war als bei einer Kontrollgruppe, die in der Klinik versorgt wurde.[29]

Es wird häufig stillschweigend von der Voraussetzung ausgegangen, daß die Schwestern auf den Säuglingsstationen von der Mutterrolle weit mehr verstehen als die Mutter selbst, besonders bei Erstgebärenden. Aber im Gegensatz zu einer Krankenschwester verfügt eine frischgebackene Mutter über eine erhöhte Hormonkonzentration, die beste Voraussetzung, liebevoll und einfühlsam auf ein Kind zu reagieren.[30]

Besonders für Babys, die eine schwierige Geburt hatten und mit ernsthaften gesundheitlichen Problemen zu kämpfen haben, ist die Säuglingsstation ein beängstigender Ort, denn diese Babys brauchen erst recht die Sicherheit ihrer Mutter.[31] Heutzutage dürfen wenigstens alle Eltern in der Frühgeborenenstation ihr Baby berühren, doch noch 1970 zeigte eine Untersuchung von Barnett und Mitarbeitern, daß nur 30 Prozent der Krankenhäuser den Müttern Zutritt zu den Frühgeborenenstationen gewährten und es den Müttern in nur 40 Prozent dieser Fälle gestattet war, ihr Neugeborenes anzufassen.[32]

Die Trennung von Mutter und Kind und ihre Auswirkungen

Im Normalfall werden in vielen Krankenhäusern das Kind und die Mutter nach der Geburt getrennt, und zum Bonding gibt es nur wenig Gelegenheit. Das Kind erfährt einen Schock, da ihm nach der aufreibenden Geburt die Sicherheit und Wärme der Gebärmutter fehlen und es sich allein in der Leere seines Bettchens wiederfindet. Der lebenswichtige Kontakt zu seiner Mutter wird ihm versagt.[33] Obwohl Mutter und Kind einander gerade in dieser Periode so dringend brauchen wie nie zuvor und nachher in ihrem Leben, können sie die Symbiose, in der sie aufeinander bezogen sein sollten und die für die Entwicklung beider so ungeheuer wichtig ist, nicht fortsetzen.[34]

Die Entfernung des Neugeborenen von seiner Mutter kann bereits einen entscheidenden Faktor bei der Neurosenentstehung darstellen.

Das von seiner Mutter getrennte Kind findet sich im Kinderzimmer wieder, wo noch andere schreiende und verängstigte Kinder untergebracht sind. Es ist nicht in der Lage zu verstehen, was mit ihm vor sich geht, ausgenommen, daß es das primitivste aller Notsignale hört: das Schreien (der anderen Säuglinge). Dadurch wird das neugeborene Kind in Erregung versetzt und fängt auch an zu weinen, falls es nicht schon vorher geweint hat. Auf Säuglingsstationen kann man immer wieder beobachten, daß, wenn ein Kind zu weinen anfängt, ein ganzer Chor (aus Angst) in das Wehgeschrei mit einstimmt.[35]

In Gesellschaften, in denen nach der Geburt ein Mutter-Kind-Kontakt selbstverständlich ist, hört man nur selten schreiende Babys. Eine absurde Situation: Gesunde Babys schreien nach ihren gesunden Müttern.[36]

Franz Renggli begriff das kindliche Schreien als direkten Ausdruck von Todesangst:

> «... bin ich der Ansicht, daß die Furcht- und Schreckreaktionen und damit das Schreien des Kindes in der unmittelbar ersten Zeit nach der Geburt die intensivsten Angsterlebnisse in seinem ganzen Leben überhaupt sind. Dabei muß es sich um existentielle, das heißt direkte Todesängste handeln, die von schweren Unheimlichkeitsgefühlen begleitet sind.»[37]

Die seelischen Folgen eines solchen frühkindlichen Trennungstraumas werden oft erst spät ersichtlich und sind manchmal nicht reversibel, auch dann nicht, wenn die Mutter das Kind nach einiger Zeit wiederbekommt. Fehlt der mütterliche Kontakt über längere Zeit, so hat das neben den seelischen auch unabsehbare Konsequenzen für die Immunabwehr.[38]

Eine gut funktionierende Mutterliebe beruht in erster Linie darauf, daß eine Mutter, indem sie ihr Kind liebt, einen Teil ihrer selbst liebt. Wenn jedoch der Säugling von ihr körperlich getrennt wird, muß die Mutter sich, da sie ihre Liebe nicht übertragen kann, mit Hilfe psychischer Mechanismen von jenem Teil ihres Selbst – und damit vom Säugling – distanzieren; ein Prozeß, der mit dem des Trauerns verwandt ist.

Wird ihr später das Baby zurückgegeben, kann es sein, daß ihre psychische Distanzierung ein Ausmaß erreicht hat, das ihre Fähigkeit, das Kind wieder als einen Teil ihrer selbst zu akzeptieren, beeinträchtigt. So wird sie den Säugling wahrscheinlich als ein fremdes Wesen empfinden oder ihn sogar mißhandeln, weil seine Forderungen ihr bei der Erfüllung der eigenen Bedürfnisse in die Quere kommen.[39]

Natürlich gibt es Frauen, die trotz Trennung während der sensiblen Phase liebevolle, einfühlsame Mütter werden. Aber es kann bei Frauen, die vorgeprägt sind durch negative Lebenserfahrungen oder schlechte soziale Lebensbedingungen und die dazu neigen, Schwierigkeiten mit ihrer Mutterschaft zu haben, dieser erste Kontakt wesentlich dazu beitragen, eine liebevolle Bindung zum Kind herzustellen.[40]

Je inniger sich Eltern mit dem Säugling verbunden fühlen, desto mehr werden Schmerzen, Ängste und Nöte des Kindes als eigene empfunden. Trennungen von dem Kind werden abgelehnt, und sind sie notwendig, erzeugen sie bei den Eltern tiefen Gram.[41]

Die Trennungen, die den Klinikaufenthalt in den ersten Tagen bestimmen, gestatten der Mutter nicht, daß sie ihr Baby ausreichend kennenlernt und es ihr vertraut wird. Deshalb bezeichnen viele Mütter die ersten Tage nach der Entlassung als die Hölle oder als die schwersten Tage ihres Lebens.

Untersuchungen zeigen immer wieder, daß Mütter, die von ihren Kindern getrennt wurden, hinterher mit sichtlichem Zögern und Ungeschick ihre Mutterrolle übernehmen. Die Überempfindlichkeit rührt natürlich teilweise von der Befürchtung der Mutter her, daß sie nicht fähig sei, ihrem Kind eine angemessene mütterliche Fürsorge zu gewähren. Doch zweifelhaft ist, ob sie in dieser Hinsicht so große Bedenken und Befürchtungen hätte, wenn sie in ständigem Kontakt mit ihrem Säugling gewesen wäre.

In Dänemark, wo die Mütter ihre Kinder in häuslich eingerichteten, heimeligen Klinikräumen, voll und ganz selbst pflegen und betreuen, fühlen sie sich schon sechs Stunden nach der Entbindung in der Lage, dieses Pensum zu bewältigen.

Auch das Auftreten der sogenannten «Wochenbettdepression» könnte damit in Zusammenhang stehen. Auffallend ist, daß Wochenbettdepressionen bei ambulanten Geburten oder Hausgeburten viel seltener auftreten als in der Klinik. Man kennt die Ursachen der nachgeburtlichen Depression nicht, aber Beobachtungen legen verschiedene Gründe nahe: die Trennung der Mutter vom Säugling, die erzwungene Abtretung der meisten Aufgaben der Säuglingspflege an «Experten», die Besorgnis hinsichtlich der eigenen Fähigkeit, dem Neugeborenen zu Hause eine gute Mutter zu sein, und die Einschränkung der Besuchsmöglichkeiten.[42]

Forschungen zum Mutter-Kind-Bonding

Wie schon erwähnt, prägt die frühe Bindung zwischen Frau und Kind zu einem wesentlichen Teil das Verhaltensmuster und die grundsätzliche Selbsteinschätzung. Mütter, die früh die Bindung herstellen können, unterscheiden sich in ihrem Verhalten deutlich von Müttern, denen das nicht gelingt. Eine Untersuchung nach der anderen hat diese Unterschiede aufgezeigt, egal aus welchen Ländern, von welcher Rasse und aus welchem sozialen Milieu die Versuchspersonen stammten.

Ein, zwei und drei Jahre später zeigen sich Mütter mit früher Bindung immer noch aufmerksamer, begeisterter und fürsorglicher. Sie reden auch viel rücksichtsvoller mit ihren Kindern, sie erteilen fast nie Befehle und schreien kaum. Schon allein an der Art der Ansprache merken diese Kinder, daß sie geliebt werden und erwünscht sind. Diese Kinder sind fast immer körperlich gesünder, psychisch stabiler und intellektuell aufgeschlossener als solche, die ihren Müttern nach der Geburt fortgenommen wurden.[43]

Die Psychologin Marcelle Geber beobachtete bei einer Forschungsreise nach Uganda, daß die Kinder, die zu Hause von der Mutter allein zur Welt gebracht und in den folgenden Tagen und Monaten niemals von ihr getrennt wurden, den höchsten Entwicklungsstand aufwiesen. Bereits am vierten Tag lächelten diese Kinder, ihre sensomotorische und geistige Entwicklung vollzog sich innerhalb der ersten vier Jahre außergewöhnlich schnell, und sie weinten fast nie.

Die Mütter trugen diese Kinder in einem breiten Gurt ständig an ihrem nackten Körper, erspürten und erfüllten ihren Babys jeden Wunsch. Sie beobachtete dort auch die Kinder der Reichen, die nach amerikanischem Vorbild in modernen Entbindungsstationen zur Welt gebracht werden. Diese Kinder unterschieden sich in ihrer Entwicklung kaum von amerikanischen und europäischen Kindern. Sie lächelten erst sehr viel später, wenn sie wach waren, weinten sie oft, und die Gesundheit war weniger robust als die der anderen Kinder.[44]

In den USA hat man anhand von Videoaufnahmen und fünf Jahre andauernden Folgeuntersuchungen versucht herauszufinden, ob es bei Müttern tatsächlich eine sensible Phase gibt.

Es wurden zwei Gruppen von Müttern verglichen: solche, die nach der Geburt von ihrem Kind getrennt wurden und es nur zu den Fütterungszeiten sahen, und solche, die nach der Geburt ausgedehnten körperlichen Kontakt zu ihrem nackten Neugeborenen hatten und während des Klinikaufenthaltes 16 Stunden länger als üblich mit ihm zusammen waren. Selbst nach Jahren war noch ein Unterschied zwischen den beiden Gruppen bemerkbar:

Bei den Müttern mit körperlichem Kontakt schien ein innigeres Verhältnis zu ihren Kindern zu bestehen, sie zeigten größere Anteilnahme, sie nahmen mehr Augenkontakt auf, redeten öfter mit den Kindern, streichelten sie öfter und erteilten seltener Befehle.

Diese Kinder hatten auch mit fünf Jahren einen deutlich höheren Intelligenzquotienten, was sicher auch damit zusammenhing, daß sich die Mütter intensiver mit ihnen beschäftigten und sie auch in ihrer sprachlichen und seelischen Entwicklung besser förderten.[45]

Bei einer schwedischen Untersuchung (De Chateau 1976) fiel auf, daß die Mütter, die frühen Hautkontakt zum Kind gehabt hatten, bedeutend längere Zeit eine En-face-Position einnahmen (bei dieser Haltung sind sich Mutter und Kind ganz zugewandt, der Blickkontakt ist äußerst intensiv) und ihr Neugeborenes häufiger küßten. Die Mütter der Kontrollgruppe dagegen berichteten mehr über Probleme beim nächtlichen Füttern, säuberten ihre Kinder häufiger und legten sie fleißiger trocken. Die Kinder der Körperkontaktgruppe weinten auch weniger und lächelten mehr als die der Kontrollgruppe.

Zusätzlich fiel die Stillzeit unterschiedlich lang aus. Die Mütter der Experimentalgruppe stillten durchschnittlich 175 Tage, während die Kontrollgruppe nur durchschnittlich 108 Tage stillte.[46]

Eine weitere Untersuchung versuchte zum ersten Mal, die sensible Phase zeitlich einzugrenzen (Hales u. a. 1975). Sie wurde mit drei Müttergruppen zu je 20 Frauen durchgeführt. Die erste Gruppe hatte nach der Geburt 45 Minuten lang einen intimen Hautkontakt mit ihrem Neugeborenen. Die Mütter der zweiten Gruppe wurden nach der Entbindung von ihrem Kind getrennt, erhielten aber zwölf Stunden nach der Geburt eine Möglichkeit zum Kontakt, die mit dem der ersten Gruppe identisch war. Die dritte Gruppe wurde ebenfalls gleich nach der Entbindung vom Kind getrennt, und diese Mütter erhielten ihr Kind zwar zwölf Stunden nach der Geburt, ohne aber Gelegenheit zu intimem, unbeobachtetem Hautkontakt zu haben.

Das Verhalten der Mütter aller drei Gruppen wurde zwei Tage nach der Niederkunft durch ein Mitglied des Forscherteams beobachtet, das nichts über die vorausgegangenen Erfahrungen der Mütter wußte.

Die Mütter, die unmittelbar nach der Geburt mit ihrem Baby Hautkontakt hatten, zeigten ein deutlich ausgeprägteres Bindungsverhalten (mehr Blickkontakte, Liebkosungen, Lächeln und häufigeres Ansprechen des Babys) als die Mütter der zweiten und die der dritten Gruppe.

Im Vergleich der drei Gruppen ließ sich eine stufenweise Abnahme des Bindungsverhaltens beobachten.[47]

3. Das extrauterine Bonding

Anmerkungen

1 Spitz, René A.: Vom Säugling zum Kleinkind. S. 30.
2 Vgl. Montagu, Ashley: Körperkontakt: S. 40 ff.
3 Vgl. Hilsberg, Regina: Körpergefühl. S. 73 ff.
4 Vgl. Packard, Vance: Verlust der Geborgenheit. S. 59.
5 Vgl. Klaus, Marshall H./Kennell, John H.: Mutter-Kind-Bindung. S. 18.
6 Vgl. Auckett, Amelia D.: Wie man Babys glücklich macht. S. 20.
7 Vgl. Klaus, Marshall H./Kennell, John H.: Mutter-Kind-Bindung. S. 80 f.
8 Vgl. Lothrop, Hanny: Das Stillbuch. S. 85.
9 Vgl. Klaus, Marshall H./Kennell, John H.: Mutter-Kind-Bindung. S. 101.
10 Vgl. Hassenstein, Bernhard: Verhaltensbiologie des Kindes. S. 47 ff.
11 Vgl. Montagu, Ashley: Körperkontakt. S. 54 ff.
12 Stern, Daniel: Mutter und Kind – Die erste Beziehung. S. 16.
13 Vgl. Kaplan, Louise J.: Die zweite Geburt. S. 56 ff.
14 Vgl. Renggli, Franz: Angst und Geborgenheit. S. 83 ff.
15 Vgl. Klaus, Marshall H./Kennell, John H.: Mutter-Kind-Bindung. S. 82.
16 Vgl. Packard, Vance: Verlust der Geborgenheit. S. 59.
17 Vgl. Verny, Thomas: Das Seelenleben des Ungeborenen. S. 100.
18 Klaus, Marshall H./Kennell, John H.: Mutter-Kind-Bindung. S. 33 ff.
19 Vgl. Montagu, Ashley: Körperkontakt. S. 108 ff.
20 Vgl. Verny, Thomas: Das Seelenleben des Ungeborenen. S. 152.
21 Vgl. Chamberlain, David: Woran Babys sich erinnern. S. 63, 76.
22 Vgl. Chamberlain, David: Woran Babys sich erinnern. S. 107 ff.
23 Vgl. Chamberlain, David: Woran Babys sich erinnern. S. 50, 129.
24 Klaus, Marshall H./Kennell, John H.: Mutter-Kind-Bindung. S. 30 f.
25 Chamberlain, David: Woran Babys sich erinnern. S. 193.
26 Klaus, Marshall H./Kennell, John H.: Mutter-Kind-Bindung. S. 32.
27 Vgl. Klaus, Marshall H./Kennell, John H.: Mutter-Kind-Bindung.
   S. 83.
28 Vgl. Kitzinger, Sheila: Hausgeburt. S. 184 ff.
29 Vgl. Klaus, Marshall H./Kennell, John H.: Mutter-Kind-Bindung. S. 23 ff.
30 Vgl. Packard, Vance: Verlust der Geborgenheit. S. 57.
31 Vgl. Chamberlain, David: Woran Babys sich erinnern. S. 186 ff.
32 Vgl. Klaus, Marshall H./Kennell, John H.: Mutter-Kind-Bindung. S. 24.
33 Vgl. Auckett, Amelia: Wie man Babys glücklich macht. S. 21 ff.
34 Vgl. Montagu, Ashley: Körperkontakt. S. 54.
35 Vgl. Janov, Arthur: Das befreite Kind. S. 94 ff.
36 Vgl. Zimmer, Katharina: Das einsame Kind. S. 23.
37 Renggli, Franz: Angst und Geborgenheit. S. 85.
38 Vgl. Tietze, Henry G.: Botschaften aus dem Mutterleib. S. 104.

39 Furmann, Erna, zitiert in: Klaus, Marshall H./Kennell, John H.: Mutter-Kind-Bindung. S. 82.

40 Vgl. Lothrop, Hanny: Das Stillbuch. S. 79 f.

41 Vgl. Hassenstein, Bernhard: Verhaltensbiologie des Kindes. S. 49 f.

42 Vgl. Klaus, Marshall H./Kennell, John H.: Mutter-Kind-Bindung. S. 134 ff.

43 Vgl. Verny, Thomas: Das Seelenleben des Ungeborenen. S. 135 ff.

44 Vgl. Zimmer, Katharina: Das einsame Kind. S. 23 ff.

45 Vgl. Lothrop, Hanny: Das Stillbuch. S. 86.

46 Vgl. Klaus, Marshall H./Kennell, John H.: Mutter-Kind-Bindung. S. 96 ff.

47 Vgl. Klaus, Marshall H./Kennell, John H.: Mutter-Kind-Bindung. S. 98 f.

4. Der Körperkontakt bei Säuglingen

Das Sinnesorgan Haut

Es gibt kaum ein Organsystem in unserem Körper, das zur gleichen Zeit so viele Funktionen ausübt, wie die Haut. Als äußere Schicht umhüllt sie unseren Körper. Aber sie schließt keineswegs hermetisch ab, sondern ist selektiv durchlässig; dabei nimmt sie Informationen von außen auf und spiegelt gleichzeitig innere Prozesse wider. Die Haut ist an vielen Vorgängen des Körpers beteiligt: an der Atmung, an Stoffwechsel und Kreislauf; sie hilft, die Körpertemperatur zu regulieren, und scheidet Flüssigkeit und toxische Substanzen aus.

Als Teil des Immunsystems wehrt sie schädliche Reize ab. Sie trägt mit dazu bei, den ganzen Körper in der Homöostase, im Fließgleichgewicht, zu halten.

Über eine halbe Million Sinnesrezeptoren vermitteln uns Empfindungen von Druck, Temperatur oder Schmerz. Am dichtesten von Rezeptoren besiedelt sind die Lippen, am wenigsten dicht ist ihre Konzentration am Rückenbereich. Auch die zentrale Windung der Großhirnrinde, die den Lippen zugeordnet ist, ist im Vergleich zu denen, die andere damit verbundene Strukturen repräsentieren, unverhältnismäßig groß. Das trifft auch für alle Finger zu; ein Umstand, der uns vergegenwärtigt, welch wichtige Rolle die Hände und die Finger bei der Entwicklung des Tastgefühls und der gesamten Psychomotorik spielen.

Wahrnehmungen der Haut bleiben keineswegs oberflächlich und dringen tief ins Innere des Menschen ein;

gleichzeitig bringt die Haut eine Vielzahl von emotionalen Reizen sichtbar zum Ausdruck: die «Gänsehaut» vor Schreck oder Erregung, die Gesichtsröte aus Verlegenheit oder Scham, der «Angstschweiß» – in solchen Situationen ist die Haut auch Kommunikationsmittel.

In besonders streßvollen Situationen bekommen manche Menschen Hautausschläge oder Ekzeme.[1]

Die Haut selbst hat zwar kein «Denkvermögen», aber sie ist sehr empfindsam und in hohem Maße imstande, Signale aufzunehmen und weiterzugeben. Sie ist nach dem Gehirn das Organ, das am unmittelbarsten auf Reize und Signale reagiert. Je nachdem, welche Perspektive man einnimmt, kann man sagen, daß die Haut die äußere Oberfläche des Gehirns ist, oder daß das Gehirn die tiefste Schicht der Haut ist.

Die hohe Empfindungsfähigkeit kann allerdings sehr herabgesetzt werden, wenn sie nicht die für ihre Entwicklung notwendige anregende Berührung erhält. Hierbei spielen übrigens Familien-, Klassen- und Kultureinflüsse eine große Rolle.

Dadurch, daß das Kind von frühester Jugend an Kleider trägt, kann die Haut nicht die volle Empfindsamkeit entwikkeln. Man kann zum Beispiel beobachten, daß bei Naturvölkern die Haut sehr viel feiner auf Reize reagiert als bei Europäern.

Das Kind spürt sehr genau, wie man es anfaßt und hält, und die Gefühle, die ihm auf diese Art entgegengebracht werden. Die Stimmung des Tragenden nimmt das Kind im wesentlichen durch dessen Muskeltonus (Muskelspannung) wahr.

So reagiert das Kind ähnlich wie ein Erwachsener, der beispielsweise aus der Art des Händeschüttelns seine Schlüsse über das Wesen dessen zieht, der ihm die Hand reicht.

Jedem Kind ist solch ein kinästhetisches Gefühl angeboren, und die Beweise, die durch Experimente, Beobachtungen und Erfahrungen vorliegen, unterstützen die Ansicht, daß wir so sprechen, wie wir angesprochen werden, und genau so reagieren, wie unsere frühen Erfahrungen uns geformt haben.[2]

Die Berührung

Eines der fundamentalen Prinzipien jedes lebenden Organismus ist der Kontakt. Er ist Bedingung für den lebensnotwendigen Stoffwechsel, für den Austausch von Informationen in Form von Materie und Energie. Schon bei der Befruchtung nehmen zwei Zellen mit unterschiedlichen genetischen Informationen miteinander Kontakt auf. Die Berührung ist daher ein lebenswichtiges Element der menschlichen Existenz, denn während ich berühre, werde ich zugleich berührt.[3]

Die Berührung bestätigt uns das Vorhandensein eines anderen außerhalb von uns und versichert uns gleichzeitig unserer subjektiven Existenz. Durch die Berührung fühlt man also gleichzeitig das andere und das eigene Selbst. Keine Worte und keine Gesten können den Gefühlen von Liebe, Sexualität, Zuneigung, Trost und praktischer Unterstützung so eindeutig Ausdruck verleihen wie die Berührung.

Wenn zwei Menschen sich verliebt umarmen, wird die Haut weich wie Samt. Sie kann sich bei einer unerwünschten Berührung aber geradezu in einen Panzer verwandeln.

Schon im Säuglingsalter vermittelt die Berührung einem Menschen die konkrete Erfahrung von Mitwelt, Nähe und Miteinander. Gerade das Neugeborene ist vollständig vom Tastsinn abhängig, also von dem, was seine Lippen, sein Körper und seine Hände vermitteln, da die anderen Wahrnehmungsorgane noch wenig entwickelt sind.[4]

Die empfindsame Berührung regt das Wachstum von Säuglingen ebenso an, wie sie das drohende Schwinden des Lebenswillens von isolierten alten Menschen aufhalten kann.

Selbst Menschen, die unansprechbar im Koma liegen, reagieren auf berührenden Kontakt, was die veränderte Frequenz ihres Herzschlags anzeigt.

Berichte zeigen immer wieder, daß man durch Körperkontakt Zugang zu einem Schizophrenen finden kann, der jahrelang auf keine andere therapeutische Maßnahme reagierte. Auch bei autistischen und schizophrenen Kindern sind Erfolge mit Streichel- und Massagetherapien erzielt worden.

Mit Berührung erzielte man bereits Erfolge bei Patienten, die an Asthma litten und als Behandlung massiert wurden. Vielleicht läßt sich manche Störung, wie beispielsweise Asthma, dadurch erklären, daß die Patienten als Kinder an einem Mangel an kutaner Stimulierung gelitten haben; somit könnte man durch regelmäßige kutane Anregung ihr Leiden mindern oder ganz beheben.[5]

In Gesellschaften wie der unseren, in denen die Möglichkeit und Erfahrung von liebevoller und vertrauter körperlicher Berührung für immer mehr Menschen schwierig oder unmöglich wird, kann sich leicht eine erhöhte Empfindlichkeit und Reizbarkeit entwickeln.

«Ulrich Beck und Elisabeth Beck-Gernsheim [...] weisen für die Industriegesellschaften eine soziale Dynamik nach, die einerseits von zunehmend notwendiger individueller Mobilität, Flexibilität und Individualisierung und andererseits von einer wachsenden Suche nach individueller Geborgenheit im Rahmen kleiner Beziehungs- oder Familieneinheiten geprägt ist. In den Industriegesellschaften hat sich eine Situation entwickelt, in der die Menschen paradoxerweise den körperlichen Kontakt um so notwendiger brauchen, je sorgfältiger sie ihn zu vermeiden suchen.»[6]

Je mehr eine Kultur dazu neigt, Menschen zu isolieren, eine Distanz zwischen ihnen zu errichten, spontane Annäherung zu verhindern und den natürlichen Ausdruck zu unterdrükken, desto mehr werden die Menschen ihre Empfindungen nach Nähe in sexuellen Beziehungen unterdrücken oder in zwischenmenschlichen Verbindungen unter ein Tabu stellen.

Der Säugling – biologisch ein Tragling

Die Forschungen in der Verhaltensbiologie in den 70er Jahren drehten sich u. a. um die Frage, ob das Bedürfnis nach Körperkontakt angeboren, d. h. genetisch vererbt ist. Um dies zu klären, stützte man sich auf Verhaltensbeobachtungen von Menschenaffen und verglich sie mit denen bei Menschen.

Das Tierjunge

Grundsätzlich lassen sich bei den Jungtieren drei Gruppen unterscheiden: Nesthocker, Nestflüchter und «Traglinge» (Hassenstein 1970). Beim Nesthocker sind zur Zeit der Geburt noch die Augenlider und die Gehörgänge geschlossen. Ihre Beine und deren Muskeln lassen noch keine selbständige Fortbewegung zu.

Der Nestflüchter hingegen kann schon als Neugeborenes stehen und laufen, denn er muß dem Muttertier bei einer etwaigen Flucht selbständig nachlaufen können. Deshalb sind Augen, Ohren, Behaarung und Beine bereits bei der Geburt voll entwickelt.

Bei den Traglingen (Affen, Beuteltiere, Fledermäuse) sind die Jungen zwar bei der Geburt noch nicht voll entwickelt, doch sie kommen in kein Nest, sondern bleiben am Körper der Mutter und werden herumgetragen. Alle diese Jungtiere sind in ihrer ersten Lebensperiode noch unfähig, dem Muttertier aus eigener Kraft zu folgen, und daher auf das Getragenwerden angewiesen.

Die meisten «Traglinge» (ausgenommen Beuteltiere) können sich gleich von Geburt an mit eigener Kraft am Haarpelz des Muttertieres festhalten. Das Neugeborene klammert sich zwar an, doch es hat in den ersten Monaten noch nicht die Kraft, sich lange Zeit allein festzuhalten. Infolgedessen wird die Nähe zum Kind einige Monate lang ausschließlich durch die Unterstützung der Mutter, durch ihre Hand, aufrechterhalten.[7]

Das Menschenkind

Auch das neugeborene Menschenkind zeigt einen starken Greif- und Anklammerungsreflex. Viele Säuglinge können, nur mit der Hand angeklammert, die Last ihres frei schwebenden Körpers tragen. (Auch der Moro- oder Schreckreflex des Neugeborenen, der einsetzt, wenn sich die Unterlage, auf der sich der Säugling befindet, plötzlich verändert, läßt sich einleuchtend erklären: Eine abrupte Bewegung führt zu verstärktem Anklammern.)

Ein verängstigtes Kind wird versuchen, an seiner Mutter anzuklammern, was dem Verhalten eines Traglings entspricht; denn stände das Menschenkind dem Typus des Nesthockers näher, so würde man von ihm nicht den Klammerreflex, sondern eher die Tragestarre erwarten. Für diese gibt es beim menschlichen Säugling keinerlei Anzeichen.

Mit seinen Beinen nimmt der Säugling bevorzugt die Haltung ein, die typisch für Traglingsjungen ist, nämlich, daß er sich auch mit den Füßen festzuklammern versucht.

Im Zusammenhang mit dem Greifreflex ist erwähnenswert, daß die Hand des Kindes in den ersten zwei, drei Monaten dauernd zu einer Faust geschlossen ist. Erst nach ca. drei Monaten wird der Handgriff lockerer, und die Finger öffnen sich häufig. In der ersten Zeit ist die Hand des Kindes somit auf eine dauernde Klammersituation ausgerichtet.

Besonders fest schließt der kindliche Klammergriff beim heftigen Saugen, also in der Situation, in der die gesamte Aufmerksamkeit auf die Nahrungsaufnahme gerichtet ist und die Gefahr, herunterzufallen, größer wird. Auch wenn das Kind müde ist und einschlafen möchte, wird der Klammerreflex intensiver. Beides sind archaische Verhaltensweisen aus einer früheren Traglingszeit.[8]

Aber noch weitere Verhaltensmerkmale des Säuglings sind bis heute erhalten geblieben. Dies gilt besonders für die auffällige Tatsache, daß das Bewegtwerden den Säugling beruhigt. Bewegtwerden versichert ihm, nicht verlassen zu sein. Der Körperkontakt stellt deshalb in der ersten Zeit nach der Geburt für alle Kleinkinder das universelle Beruhigungsmittel dar.

Es ist immer wieder zu beobachten, daß Säuglinge, die von ihren Müttern – während diese körperlich arbeiten – auf dem Rücken getragen werden, nicht weinen, auch wenn sie durch die körperliche Arbeit der Mutter heftigsten Bewegungen ausgesetzt sind. Sie wachen davon nicht einmal auf. Was ruhende Erwachsene sofort aufweckt und aufs empfindlichste stört, nämlich eine Bewegung ihres Ruheplatzes, gibt also dem Tragling gerade das Gegenteil, nämlich Sicherheit und Beruhigung.

Völlige Ruhe ängstigt einen Säugling, denn dies bedeutet, von seiner Mutter, die allein sein Überleben garantiert, getrennt zu sein.[9]

«Körperkontaktverlustangst»

Franz Renggli schloß aus dem ähnlichen Sozialverhalten von Mensch und Menschenaffen, daß das Anklammern zwei Aspekte hat: Einmal sichert es die Nähe der Mutter als

Schutz- und Nahrungsquelle, zweitens stellt es die innere Bindung zwischen Mutter und Kind her.

So wird verständlich, weshalb das Baby, das von der Mutter getrennt wird, sich in dieser Situation des Verlassenseins mit aller verfügbaren Energie darauf konzentriert, durch Weinen die Mutter wieder herbeizuholen. Das ist nicht nur bei allen kleinen Kindern, sondern auch bei Affenbabys zu beobachten. Schon wenn die Affenmutter das Kind von ihrem Körper ablöst, um es beispielsweise zu reinigen oder zu untersuchen, oder wenn es seinen Klammergriff verliert, beginnt das Kind sofort zu wimmern oder zu schreien. Dabei ist dieses Schreien nicht nur ein Zeichen von Ungeborgenheit und höchster Unsicherheit, sondern es drückt tödliches Bedrohtsein aus. Renggli hat diese erste Angstform als «Körperkontaktverlustangst» definiert. Für die innere Bindung ist wichtig, daß die Mutter prompt auf dieses Schreien reagiert.

Das Schreien des ganz jungen Menschenbabys ist also nicht so sehr ein Kontaktruf nach der Mutter, sondern stellt vielmehr einen Notruf in höchster Lebensgefahr dar. Dadurch wird erklärbar, weshalb die Anklammerungstendenz des Kindes noch immer so stark ausgebildet ist, obwohl dieser Klammergriff seit der Haarlosigkeit der Menschenmutter sinnlos geworden ist. Früher war er für die direkte Überlebenschance des Menschenkindes von zentraler Bedeutung.

Renggli schließt daraus, daß noch heute die Mutter ihr Kind ständig mit sich – in Körperkontakt – herumtragen müßte, bis es sich von der Mutter spontan ablösen kann, das heißt, aus eigenen Kräften von ihr wegkriechen will. Genau das ist noch bei den meisten Naturvölkern der Fall.[10]

Bei uns ist es allein die Sache der Mutter geworden, den Zusammenhalt zwischen ihr und dem Kind zu sichern, doch das Bedürfnis, getragen zu werden, ist für das Baby trotzdem noch stark und eindringlich.[11]

Das Bindungssystem

Die Natur war sehr einfallsreich bei ihrem Entwurf eines Bindungssystems, das den Bedürfnissen des Neugeborenen genau gerecht wird. Es bewirkt nicht nur eine dramatische Verhaltensänderung bei der frischgebackenen Mutter, sondern paßt sich sogar in der Art und Weise und der Zeitdauer so an, daß es dem Baby am besten gerecht wird.

Um gefühlsmäßig, geistig und körperlich zu gedeihen, braucht das Kind in den ersten zwei bis drei Lebensjahren, was in etwa die Zeitdauer der intensivsten Phase der Eltern-Kind-Bindung ist, stetig Liebe und Zuneigung.

Das Kind ist darauf vorbereitet, und in seinem innersten Gefühl ist der Körper der Mutter, nach der Geburt und für die nächsten Monate, sein erwarteter Platz. Hier werden seine momentanen Bedürfnisse erfüllt, und seine Entwicklung wird auf die richtige Weise gefördert.

In diesem ausgeklügelten System ist auch das Baby bereit, seinen Teil zur Bindung beizutragen. Der Liebreiz von Babys übt eine machtvolle Anziehungskraft aus – notwendigerweise. Die Signale, die Babys auslösen und mit denen sie zärtliche Gefühle hervorrufen, sind so stark, daß sie über alle kulturellen und ethnischen Grenzen hinweg verstanden werden.

Ein Neugeborenes erweckt in allen – Männern, Frauen und Kindern – mütterliche Gefühle. Man möchte es beschützen, umsorgen und in den Arm nehmen. Seine Hilflosigkeit, sein Aussehen, seine Unfähigkeit, sich selbst zu ernähren, zu kleiden und zu beschützen, seine Laute, mit denen es sich mitteilt, rufen besondere Reaktionen des Lieben- und Behütenwollens hervor.[12]

Das Saugen und Sichfesthalten sind instinktiv angelegt, wohingegen die Reaktionen Schreien und Lächeln auf die Mutter bezogen sind, um sie auf sich aufmerksam zu machen.

Das Kind ist vom Erwachsenen abhängig, denn dieser muß die Bewegungen, die Gestik und die Laute des Babys verstehen und auch selbst fähig sein, sich dem Kind durch seine Hände, seine Haut, seine Bewegungen und den Ton seiner Sprache mitzuteilen.[13]

Ich bin, so wie Jean Liedloff, auch aus eigener Erfahrung, davon überzeugt: Eine Mutter mit unnatürlichem und kulturell anerzogenem Verhalten kann durch das Tragen ihres Babys wieder mit ihren natürlichen Triebkräften vereint werden und dadurch instinktiver auf die Bedürfnisse des Babys richtig eingehen.

Jean Liedloff schreibt:

> «Sie [die Mutter] wird ihr Baby nicht irgendwohin legen wollen. Wenn es weint, wird das Signal direkt ihr Herz ansprechen, unverwirrt durch irgendwelche Denkrichtungen über Kinderaufzucht. Das Gefühl der Richtigkeit, das die Mutter verspürt, wenn sie sich in Übereinstimmung mit der Natur verhält, wird viel mehr dazu beitragen, das Kontinuum in ihr wiedereinzusetzen. [...]»[14]

Die Erfahrung des Körperkontakts für den Säugling

> «Das Bedürfnis nach peripherer Hautstimulation und Kontakt dauert so lange wie das Menschenleben, aber es ist am intensivsten und wesentlichsten in der frühen Phase der reflektiven Verbindung. Das Nervensystem braucht in dieser frühen Periode eine Art Ernährung durch Anregung. In dieser Phase bedarf das kleine Kind einer optimalen Befriedigung seiner sinnlichen – oralen und taktilen – Nöte.
> Darum sind die Jahre, in denen das Kind noch nicht spricht, als eine kritische Periode innerhalb des taktilen Lernens zu betrachten. Von diesem Zeitpunkt an nehmen die taktilen Kon-

taktbedürfnisse ab, trotzdem aber muß diese Stimulation, dem Alter und den sich entwickelnden Bedürfnissen entsprechend, weiterbestehen.»[15]

Die Wissenschaftler Tapp und Markowitz haben festgestellt, daß körperlicher Kontakt im Frühleben sich unmittelbar auf die Gehirnentwicklung auswirkt. Es besteht zwischen der stimulierten Körperzone und dem Wachstum des entsprechenden Gehirnareals eine direkte Beziehung.

Wenn ein Kind in der ersten Zeit seines Lebens keinen ausreichenden Körperkontakt erhält, dürften diese Entbehrungen sich auf seine spätere Lernfähigkeit tiefgreifender auswirken als jede formale Erziehung und Bildung. Deshalb sollte man sich klarmachen, daß es nicht darauf ankommt, wie man die Köpfe der Kinder mit Wissen füllt, sondern wie man ihre Bedürfnisse befriedigt.[16]

Die frühe Hautstimulation stärkt das Kind auch in seiner Immunabwehr und macht es gegenüber Infektionen und anderen Erkrankungen widerstandsfähiger.[17]

Das Streicheln, Hätscheln und Umarmen sind die Hauptinformationsquellen eines Säuglings; er bildet davon ausgehend Urteile über den anderen Menschen und über dessen Gefühle zu ihm. Das Kind spürt, ob jemand sich auf eine kühle, desinteressierte, beklemmende Art und Weise nähert, oder ob es herzlich und fürsorglich in den Arm genommen wird, und dementsprechend reagiert das Baby.[18]

Der Säugling begreift die Gegenwart als absolut, er lebt in einem ewigen Jetzt. So fühlt er sich auch im Getragenwerden in diesem Moment einfach richtig und ist in einem Zustand der Glückseligkeit, denn er erlebt sich mit der Mutter verschmolzen, sie sind eins. Er verspürt die Lust zu saugen und genießt die spontane Befriedigung des Saugreizes. Daher hat er nur selten das Bedürfnis, durch Weinen etwas zu signalisieren.

Das Baby kann sich durch die Erfahrung des Getragenwerdens dem Kommenden, der Welt jenseits der Mutter,
freudig zuwenden und ist dabei voller Selbstvertrauen.[19]

«Wenn in gewissen Kulturen das Kind auf dem Leibe der Mutter mitgetragen wird, so stellt dieses Mittragen eben nicht nur
eine passive Symbiose dar, sondern auch ein körperliches und
gefühlsmäßiges Mittragen des Kindes. Das Bedeutsame daran
dürfte die durch den Hautsinn vermittelte Wärme sein, die dem
Kind Sicherheit und Urvertrauen in die mitmenschliche Präsenz vermittelt, ihm andererseits aber auch unbewußt aufzeigt,
daß es gegenüber der Umwelt – durch die Haut – abgegrenzt
und eigenständig ist.
Das menschliche Mitsein, die Teilnahme an der kindlichen Existenz, aber auch die Anerkennung seiner Besonderheit, ist es,
die das junge Menschenkind hautnah erfahren muß, soll es sich
in dieser sozialen Welt geborgen und nicht einsam oder sogar
verloren fühlen.»[20]

Das Kind hat am Körper seiner Mutter auch unendlich mehr
Möglichkeiten, ihren Körper zu erforschen. Arme, Brust,
Haare, Gesicht, Schultern sind ständig in der Nähe und können betrachtet und angefaßt werden. Die Mutter blickt
manchmal das Kind an, und dann schaut sie wieder weg.
Hier kommt es immer wieder zu Trennung und Vereinigung,
doch durch die ständige körperliche Versicherung ist das
Kind nicht beunruhigt. Das Kind kann vom Körper des Erwachsenen aus die Einzelheiten der Welt betrachten, ohne
gleichzeitig das Gefühl der Isolierung verarbeiten zu müssen.

Liegt das Kind auf einer Decke, empfindet es die Mutter
entweder als vollständig abwesend – hier genügen schon einige Schritte Entfernung – oder als ganz präsent, wenn es mit
der Mutter Blickkontakt hat und sie es in den Arm nimmt.

Die Art der Körpererfahrung, die das ältere Kind alleine
auf der Decke macht, ist sicher aktiver als das Sichfühlen im

Kontakt mit einem anderen Körper. Doch es ist auch einsamer, da sein Ich-Erlebnis nicht gekoppelt ist mit dem Erlebnis des Du.[21]

Ein Baby kann nicht fühlen, daß die Mutter gleich wieder dasein wird, wenn sie es verläßt. Die Welt ist plötzlich falsch geworden, und es beginnt vielleicht zu weinen. In solchen Momenten lassen sich die meisten Säuglinge beruhigen, wenn der Körperkontakt wiederhergestellt ist und sie auf den Armen hin- und hergewiegt werden. Die Wirkung rhythmischer Bewegungen scheint so tief in der Natur verankert zu sein, daß sie auch dann erhalten bleibt, wenn die Bewegung mechanisch ausgeführt wird, durch die Wiege oder die Hängematte. Beim Frühgeborenen fördert das Bewegtwerden die Gesundheit, und man sollte rhythmisch bewegte Brutkästen oder kleine Hängematten in den Brutkästen verwenden.[22]

Wenn die Mutter zuverlässig und konstant auf das freundliche Kontaktsuchen oder das Schreien des Babys reagiert, kann sich beim Kind aus dieser Erfahrung der eigenen Wirkung ein erstes primitives Machtgefühl entwickeln. Dieses erste Machtgefühl, das heißt das Kennenlernen seiner eigenen Wirkung und die parallel dazu sich entwickelnde Unterscheidungsfähigkeit zwischen innen und außen durch das Erforschen des Körpers, ist die Grundlage des ersten realen Ich-Bewußtseins des Kindes.

Je besser die Mutter auf die Äußerungen und die Bedürfnisse ihres Säuglings reagiert, desto ausgeprägter ist sein erstes Machtgefühl und desto stärker wird seine Bindung an die Mutter.

Antwortet dagegen die Mutter nur unzureichend, entsteht beim Kind, statt eines Machtgefühls, ein Ohnmachtsgefühl, und die Bindung an die Mutter ist zwiespältig oder schwach. Je sicherer sich das Kind im Besitz seiner Mutter weiß, desto sicherer und vertrauensvoller wird es diesen Besitz aufgeben und loslassen.[23]

Wird das Sicherheitsbedürfnis nicht befriedigt, mangelt es einem Menschen oft an Vertrauen, an Selbstgefühl, an Spontaneität und Würde. Ältere Kinder, die nie ihre Mutter voll in Besitz nehmen durften, können ständig Angst haben, den wenigen Besitz, den sie beanspruchen durften, auch noch zu verlieren. Solche Kinder bleiben meistens an der Mutter kleben und können sich nicht lustvoll ablösen.

Vielleicht soll der krankhaft übersteigerte Besitzanspruch in unserer Kultur die frustrierende Erfahrung kompensieren, daß wir unsere eigene Mutter als Kleinkind nie vollkommen und adäquat in Besitz nehmen durften.[24]

Je mehr an Körperkontakt das Kind erhält, desto weniger wird es später fordern, denn eine geglückte Loslösung setzt immer voraus, daß die Bindung befriedigend war. Der Mangel an Befriedigung ist es, der zum konfliktträchtigen Sich-nicht-lösen-Können führt.

«Eine Verwöhnung im frühesten Kindesalter ist nicht möglich. Die Meinung, daß das Baby alles, was ihm jetzt gegeben wird, unermüdlich weiter fordern wird, ist ein Aberglaube.

Die größte Gefahr in diesem Alter ist wohl die Nichterfüllung der Sehnsucht des Kindes nach Zuwendung, die zu einem immer größer werdenden Bedürfnis und schließlich im Extrem zur Unersättlichkeit führt, wie die neurotischen Bedürfnisse von Erwachsenen. Mit anderen Worten, der vorzeitige Versuch, die Kraft zur Selbständigkeit des Kindes zu fördern, kann genau die gegenteilige Wirkung haben. [...]

Der intensiven Zuwendung zum Kind entspringen starke Bindungen. Vielleicht schrecken manche Erwachsene vor einer so intimen Beziehung – selbst zu einem Baby [...] – zurück und fürchten sich vor der unbekannten Macht der begleitenden Gefühle und zögern aus diesem Grunde, dem Baby ein volles Maß an ‹Zuwendung› zu gewähren.»[25]

In der freudigen Phase seines Lebens, dem Getragenwerden, ist der Säugling noch nicht in der Lage zu begreifen, daß er und die Mutter getrennte Wesen sind. Seine Heiterkeit beruht zum Teil auf der Illusion, daß die Welt seine Mutter sei. Erst wenn das Kind etwa achtzehn Monate alt ist, wird es vollständige Klarheit darüber erlangen, daß die Mutter eine von seiner eigenen unabhängige Existenz führt. Im Laufe der nächsten zwei Jahre wird das Kind dann lernen, daß es möglich ist, ein eigenständiges Selbst zu sein, ohne das Gefühl von Wohlsein und Ganzheit zu verlieren, und daß es einen eigenen Geist und einen eigenen Körper besitzt.

Danach kann es das positive Gefühl seiner Mutter bewahren, auch wenn es zeitweise von ihr getrennt ist.

Das Wohlgefühl des Kleinkindes erwächst daraus, daß es innerlich genügend Erfahrung von einer guten Mutter und einem guten Selbst aufgebaut hat, um als eigenständiges Selbst auch dann funktionieren zu können, wenn es wütende Gedanken sich selbst oder seinen Eltern gegenüber empfindet. Dadurch kann es von diesen negativen Gefühlen nicht überwältigt werden und muß weder dem Bild eines vollkommenen Kindes entsprechen noch die Eltern vor der eigenen Schlechtigkeit schützen.[26]

Die Mutter hat die schwierige Aufgabe, einerseits die Verselbständigung des Kindes zu fördern und andererseits es immer wieder bergend aufzunehmen.[27] Später verleiht die Orientierung durch das Hören und Sehen, die dem Kind die Nähe der Mutter vergewissert, ebenfalls das Gefühl der Sicherheit. Doch das Kind bleibt auch dann noch vom Hautkontakt abhängig, da es ihm nicht immer gelingt, Sehen und Hören als Mittel der Orientierung und des Kontakts zu benützen.[28]

Das Kind wehrt sich gegen den Körperkontakt

Beim Säugling, der in ständigem Kontakt mit der Mutter ist, verschmilzt seine Energie mit der ihrigen, aber nur die Mutter kann überschüssige Energie durch ihre Beschäftigungen und Körperbewegungen entladen. Das ermöglicht es dem Säugling, entspannt zu bleiben, frei von sich ansammelnder Spannung, da seine überschüssige Energie in die der Mutter einfließt. Diese Kinder sind weich und schmiegen sich die meiste Zeit beim Tragen an den Körper der Mutter an.

In manchen Fällen kann der Energieaustausch zwischen Mutter und Kind gestört sein; so beispielsweise bei zu wenig Körperkontakt, so daß sich die Energie aufgestaut und keine Möglichkeit zum Abfließen hat. Diese Säuglinge stoßen oft die Beine steif von sich, wedeln heftig mit den Armen und versteifen den Rücken zu einem angespannten Bogen, wenn man sie hochnehmen möchte. Sie versuchen die angestaute Spannung zu lindern, dabei stoßen sie häufig schrille Schreie aus und winden sich.[29]

Mit heftigen Umkehrreaktionen leiten sie einen Teil der überschüssigen Energie ab. Mütter, die den Körperkontakt mit ihrem Baby vermeiden, um sich beispielsweise selbst zu schützen, bewirken im Kind durch den Verlauf der Entwicklung ebenfalls eine Ablehnung gegenüber Kontakt.[30] Das Baby fühlt natürlich diese inneren Spannungen der Mutter, während es bei einer anderen Bezugsperson, beispielsweise dem Vater oder der Großmutter, den Körperkontakt genießen kann. Die Mutter sollte dann zumindest versuchen, das Kind in dieser Zeit herumzutragen, wenn sie sich in einer guten Verfassung befindet.

Denn Tatsache ist, daß auch diese Babys Körperkontakt brauchen. Der Körper und die Gegenwart der Mutter dienen immer noch als wichtiges Orientierungszeichen für den Säugling, der die nichtmenschliche Umwelt erforscht.

Einige nichtanschmiegsame Babys bleiben zu sehr sich selbst überlassen, was später zu einer unsystematischen, desorientierten Erforschung der Welt führen kann. Diesen Kindern fehlen die sinnlichen Körperkontakterlebnisse, die ihre Kenntnis von der Welt bereichern und erweitern. Einem solchen Menschen werden in seinem späteren Leben voraussichtlich die grundlegende Form von Selbstvertrauen und die positive Einstellung zum eigenen Körper fehlen. Die Verherrlichung des Intellekts überdeckt dabei die Freuden der Sinnlichkeit.[31]

Alexander Lowen schreibt dazu:

«Die physische Intimität zwischen Mutter und Kind spiegelt das Empfinden der Mutter wider, das sie gegenüber der Intimität des Geschlechtslebens hat. Wenn es für sie ein Erlebnis voll Ekel ist, wird für sie jeder intime physische Kontakt damit befleckt.

Wenn eine Frau sich ihres Körpers schämt, ist es ihr nicht möglich, dem Säugling mit Zärtlichkeit und Liebe die Brust zu reichen. Wenn der untere Teil ihres Körpers sie mit Abscheu erfüllt, wird sie den ihres Kindes auch mit Ekel waschen oder anfassen. Jede Berührung, die das Kind erfährt, kann ihm ein Erleben der Freude und Nähe sein oder ein Zurückstoßen in Scham und Furcht vor dem Kontakt. Wenn eine Mutter vor der Nähe zurückschreckt, empfindet das Kind ihre Furcht als Ablehnung. Das Kind einer Mutter, die sich vor der Nähe scheut, schämt sich mit großer Wahrscheinlichkeit des eigenen Körpers.»[32]

4. Der Körperkontakt bei Säuglingen

Anmerkungen

1 Vgl. Milz, Helmut: Der wiederentdeckte Körper. S. 31 ff.
2 Vgl. Montagu, Ashley: Körperkontakt. S. 72, 169.
3 Vgl. Milz, Helmut: Der wiederentdeckte Körper, S. 28.
4 Vgl. Montagu, Ashley: Körperkontakt. S. 84 ff.
5 Vgl. Montagu, Ashley: Körperkontakt. S. 164 ff., 183.
6 Milz, Helmut: Der wiederentdeckte Körper. S. 28.
7 Vgl. Renggli, Franz: Angst und Geborgenheit. S. 57 ff.
8 Vgl. Renggli, Franz: Angst und Geborgenheit. S. 57 f.
9 Vgl. Hassenstein, Bernhard: Verhaltensbiologie des Kindes. S. 70 ff.
10 Vgl. Renggli, Franz: Angst und Geborgenheit. S. 58 ff.
11 Vgl. Liedloff, Jean: Auf der Suche nach dem verlorenen Glück. S. 54.
12 Vgl. Verny, Thomas: Das Seelenleben des Ungeborenen. S. 138.
13 Vgl. Jungjohann, Eugen: Kinder klagen an. S. 35.
14 Liedloff, Jean: Auf der Suche nach dem verlorenen Glück. S. 201.
15 Montagu, Ashley: Körperkontakt. S. 145.
16 Vgl. Janov, Arthur: Das befreite Kind. S. 137.
17 Vgl. Montagu, Ashley: Körperkontakt. S. 142 ff.
18 Vgl. Verny, Thomas: Das Seelenleben des Ungeborenen. S. 142.
19 Vgl. Liedloff, Jean: Auf der Suche nach dem verlorenen Glück. S. 44 ff.
20 Battegay, Raymond: Psychoanalytische Aspekte der kindlichen Entwicklung, in: Battegay, Raymond/Rauchfleisch, Udo (Hg.): Das Kind in seiner Welt. S. 34.
21 Vgl. Hilsberg, Regina: Körpergefühl. S. 88 ff.
22 Vgl. Hassenstein, Bernhard: Verhaltensbiologie des Kindes. S. 46.
23 Vgl. Liedloff, Jean: Auf der Suche nach dem verlorenen Glück. S. 71.
24 Vgl. Renggli, Franz: Angst und Geborgenheit. S. 89 ff.
25 Stone, J./Church, J., in: Sichtermann, Barbara: Leben mit einem Neugeborenen. S. 81 f.
26 Vgl. Kaplan, Louise J.: Die zweite Geburt. S. 14 ff.
27 Vgl. Battegay, Raymond/Rauchfleisch, Udo (Hg.): Das Kind in seiner Welt. S. 33.
28 Vgl. Montagu, Ashley: Körperkontakt. S. 152.
29 Vgl. Liedloff, Jean: Auf der Suche nach dem verlorenen Glück. S. 193.
30 Vgl. Dornes, Martin: Der kompetente Säugling. S. 209.
31 Vgl. Kaplan, Louise J.: Die zweite Geburt. S. 66.
32 Lowen, Alexander, in: Montagu, Ashley: Körperkontakt. S. 133 f.

5. Die Bedürfnisse des Säuglings

Das Stillen

Für den Beginn der Stillbeziehung sind die ersten Minuten nach der Geburt der beste Zeitpunkt. Der Saugreflex bei Babys ist 20 bis 30 Minuten nach der Geburt am stärksten, danach wird er langsam wieder schwächer und nimmt erst nach zwei bis drei Tagen wieder an Intensität zu. Wenn man diesen natürlichen Rhythmus des Kindes nicht akzeptiert und das Stillen zum ersten Mal versucht, wenn das Kind gerade in seiner trinkfaulen Phase ist, kann es sein, daß es wenig Interesse zeigt und dies für die Mutter eine erhebliche Mehrarbeit bedeutet.

Für die Mutter ist das Stillen direkt nach der Geburt ein Erfolgserlebnis, da es meistens auf Anhieb gelingt, und dadurch kann sie Selbstbewußtsein und Vertrauen in die eigene Stillfähigkeit entwickeln.[1]

Ein unvorteilhafter Start beeinträchtigt bei einigen Babys den Saugreflex. Ursachen dafür sind beispielsweise: Die Geburt war sehr lang und schwierig, das Baby ist eine Frühgeburt, und sein Nervensystem ist noch nicht genügend ausgereift, es steht unter dem Einfluß von Betäubungsmitteln, die man der Mutter während der Geburt gegeben hat, oder das Kind hat an Sauerstoffmangel gelitten.[2]

Das Stillen befriedigt die Bedürfnisse von Mutter und Kind, und die gesamte seelische und körperliche Situation von beiden wird dadurch harmonisiert und stabilisiert.[3]

Die körperliche Nähe der Mutter, ihre Wärme, vor allem

aber die während des Saugens erlebte Stimulation der Lippen, der Nase, der Zunge und des Mundes spielen eine bedeutende Rolle für die Atmung des Säuglings und dadurch auch für die Sauerstoffanreicherung des Blutes.[4]

Das Stillen fördert eine innige Beziehung, und ein intensiver Körperkontakt entsteht auf selbstverständliche und natürliche Weise. Das Kind spürt die Haut der Mutter, nimmt ihren Geruch wahr und betatscht ihren Busen, aber auch der intensive Blickkontakt des Babys ist ein wichtiger Teil seiner Sprache. Der Herzschlag der Mutter, da er dem Kind aus der Schwangerschaft vertraut ist, wirkt auf es beruhigend. Doch nicht nur das Kind ist auf die Nahrung der Mutter angewiesen, auch die Mutter braucht das Kind, um ihre Brust zu leeren, die sonst voll und schmerzend wird. Die Frau ist über ihren Körper, über ihren Hormonhaushalt mit ihrem Baby verbunden. Stillen ist ein stiller Dialog zwischen Mutter und Kind, und es hilft der Mutter dabei, die Signale ihres Kindes besser zu verstehen.[5]

Für beide, Mutter und Kind, ist das Stillen ein «Liebesakt». Denn «Stillen ist unendlich viel mehr als Säuglingsernährung. [...] Stillen ist sowohl ein Teil der weiblichen Sexualität als auch das erste intensive sexuelle Erlebnis des neugeborenen Kindes.»[6] Die Mutter gibt ihrem Kind hochwertige Nahrung, dazu Körperkontakt, Zärtlichkeit; sie erhält allerdings auch vom Kind Wärme, Hautkontakt und Lust.

Die Nahrung schmeckt gut und sättigt das Kind, die Haut der Brust ist zart und warm, die Brustspitze ist fest und plastisch und reagibel, ein lustspendender Widerstand in der gierigsten und empfindlichsten Zone des Säuglingskörpers, dem Mund. Das Kind liebt das Kauen, Ziehen, Spielen an der Warze über alles, und das kleine, sensible Organ antwortet auf jede liebkosende Bewegung des kindlichen Mundes. Die Mutter spürt die unterschiedlichen Arten und Intensitäten der kindlichen Saugtätigkeit, und sie reagiert darauf. Diese durch direkte Körperreize ausgelösten Reaktionen, die das Kind natürlich bemerkt und seinerseits beantwortet – z. B. mit Lächeln oder mit Augenschließen –, diese Form von Körperzwiegespräch ist durch das Flaschegeben nicht stimulierbar.[7]

Die Zusammensetzung der Milch jeder Spezies gibt einen Hinweis darauf, welche Betreuungspraktiken für diese Art die natürlichen sind. Tiere beispielsweise, die ihre Jungen schon früh für längere Zeit allein lassen, haben Milch mit hohem Fett- und Proteingehalt, die die Jungen relativ lange zwischen den Fütterungen befriedigt. Die menschliche Milch weist einen relativ niedrigen Fett- und Proteingehalt auf und erfordert häufiges Stillen. Das Menschenkind scheint so dazu bestimmt, dauernden Kontakt mit der Mutter halten zu müssen.[8]

Mütter, die ihr Baby einfach schreien lassen, wenn es sich zu früh meldet, begehen damit einen großen Fehler. Erscheint die Mutter nicht, wird der sich ankündigende Hunger zu einer Gefahr, und für den Säugling erzeugt diese Situation Angst und höchsten Alarm. Häufen sich solche Situationen, dann kann kein Urvertrauen entstehen, im Gegenteil, derartige Situationen lösen Urängste aus, die zu tiefgreifenden Persönlichkeitsstörungen führen können.[9]

Vorteile für die Mutter

Legt die Mutter unmittelbar nach der Geburt das gerade geborene Kind an die Brust an, so löst das äußerst fein aufeinander abgestimmte Prozesse aus. Das Saugen des Kindes bewirkt verschiedene Veränderungen im Körper der Frau: Von der Hypophyse wird verstärkt der Wirkstoff Oxytocin ausgeschüttet, der starke Krämpfe der Gebärmutter hervorruft. Dadurch ziehen sich die Muskelfasern um die Gefäße zusammen, sie fangen an, sich zu schließen, und der Uterus beginnt, sich zu verkleinern. Die Plazenta wird durch die Krämpfe ausgestoßen.

Das Stillen fördert den Milchfluß und intensiviert damit auf körperlicher Ebene die Mütterlichkeit der Frau, ihre Freude und die Bereitschaft, das Kind zu versorgen. Auf emotionaler Ebene festigen diese Vorgänge die symbiotische Verbindung zwischen Mutter und Kind.[10]

Durch das Stillen tritt das Bonding schneller und intensiver ein, aber auch Wochenbettdepressionen der Mutter entwickeln sich weniger drastisch. Außerdem werden durch die Milchproduktion die körpereigenen Fettdepots, die sich in der Schwangerschaft angesammelt haben, aufgebraucht. Dadurch gewinnt die Frau ihre ursprünglichen Körperproportionen leichter zurück, und es entstehen weniger Gewichtsprobleme.[11]

Untersuchungen zeigen, daß der vor der Menopause auftretende Brustkrebs bei Frauen, die gestillt haben, seltener auftritt als bei Frauen, die ihrem Kind die Flasche gegeben haben. Das Risiko einer Frau, an Brustkrebs zu erkranken, ist durch das Stillen um 50 Prozent geringer, und je länger eine Frau stillt, um so größer ist der Schutz.[12]

Stillende Mütter erkranken später weniger häufig an Osteoporose, denn die Knochendichte nimmt mit jedem gestillten Kind zu.[13]

Vorteile für das Kind

Die Frau schützt sich vor Infektionen durch die Antikörper, die ihr Körper ausbildet – eine Schutzmöglichkeit, die dem Säugling noch völlig fehlt. Ihn versorgt das Stillen mit Abwehrstoffen gegenüber den Krankheitskeimen in unmittelbarer Umgebung. Die Muttermilch enthält vor allem das Sekret-IgA, ein gegen Zersetzung im Darm gefeites Immunglobin. Mit der Milch nimmt der Säugling es auf. Diese Antikörper fangen die Mikroorganismen im kindlichen Darm ab, und so können die Keime sich gar nicht erst an die Darmschleimhaut heften und eindringen. Obwohl beim Kind das Abwehrsystem noch längst nicht ausgereift ist, bleibt es durch diese sogenannte Leihimmunität vor Infektionen bewahrt.

Der Internationale Kinderhilfsfonds der Vereinten Nationen (UNICEF) und die Weltgesundheitsorganisation (WHO) empfehlen, mindestens zwei Jahre lang zu stillen, da die Abwehrkräfte frühestens bei Fünfjährigen voll ausgebildet sind.[14]

Langjährige Studien des medizinischen Beratungskomitees der La Leche League wiesen beispielsweise nach, daß Kinder wohlgenährter Mütter, wenn sie voll gestillt wurden, nicht unter Rachitis litten.[15]

Flaschenkinder dagegen weisen eine deutlich höhere Krankheits- und Sterberate auf als Stillkinder, besonders drastisch zeigt sich dieser Unterschied bei ärmeren Bevölkerungsgruppen.

Jüngste Untersuchungen weisen darauf hin, daß auch in bessergestellten Schichten die immunologischen Risiken bei Flaschenkindern größer sind als für gestillte Kinder. Die Muttermilch enthält zusätzlich viele entzündungshemmende Komponenten. Offensichtlich erkranken mehr Flaschenkinder im Kindesalter an Darm-, Ohr- und Atemwegsbeschwerden und Entzündungen des Harntrakts, aber auch an Meningitis (Gehirnhautentzündung), Diabetes und Krebs.

Es ist erwiesen, daß eine lange Stillzeit dazu beiträgt, Allergien zu vermeiden. Dies gilt nicht nur für die Kuhmilchallergie, sondern auch für Allergien gegen andere Nahrungsmittel sowie Heuschnupfen und Neurodermitis. Eine Studie mit 135 ausschließlich gestillten Kindern zeigte, daß die Häufigkeit von Ekzemen und Lebensmittelunverträglichkeiten im Alter von 12 Monaten deutlich reduziert wurde, wenn die

Kinder in den ersten sechs Monaten keine feste Nahrung erhielten. Die Kontrollgruppe waren Kinder, die im Alter von vier bis sechs Monaten schon feste Kost erhielten. Bei der Studiengruppe bzw. der Kontrollgruppe traten Ekzeme in 14 Prozent bzw. 35 Prozent der Fälle, Nahrungsmittelallergien in 7 Prozent bzw. 37 Prozent der Fälle auf.[16]

Eine vergleichende Untersuchung der Entwicklung von 173 gestillten Kindern und Flaschenkindern von der Geburt bis zum zehnten Lebensjahr kam zu dem Ergebnis, daß Flaschenkinder viermal mehr an Infektionen der Atmungswege, zwanzigmal mehr an Diarrhoe (Durchfall), zweiundzwanzigmal mehr an Infektionen anderer Art, achtmal so häufig an Ekzemen, einundzwanzigmal mehr an Asthma und siebenundzwanzigmal häufiger an Heufieber litten.

Eine Untersuchung in Chicago bestätigte diese Ergebnisse. Kinder, die gestillt worden waren, waren Flaschenkindern physisch und geistig überlegen, vier bis neun Monate gestillte Kinder entwickelten sich schneller und besser als Kinder, die nur drei oder weniger Monate gestillt worden waren. Flaschenkinder schnitten bei jeder physischen Untersuchung am schlechtesten ab. Sie waren am schlechtesten ernährt, am anfälligsten gegenüber Kinderkrankheiten und lernten nur langsam gehen und sprechen.[17]

Stillen beugt zudem gegen Karies vor. Flaschenkinder pressen die stark gesüßte Nahrung mit der Zunge gegen die vorhandenen Vorderzähne, und im Laufe der Zeit bilden sich Bakterien, die die Zähne zerstören können. Durch die Kuhmilch entsteht in Mund und Darm eine andere Flora, die Karies unterstützt.

Die Gaumen-, Gebiß- und Gesichtslinienentwicklung ist bei länger als drei Monate gestillten Kindern besser als bei denen, die weniger als drei Monate oder gar nicht gestillt wurden. Das Brusttrinken erfordert sechzigmal mehr Energie als das Flaschentrinken, und die Kiefermuskeln eines Brustkindes sind dreimal stärker als die eines Erwachsenen. Daß heutzutage so viele Kinder Zahnspangen zur Regulierung tragen müssen, ist sicherlich zum Teil auf die Flaschenernährung zurückzuführen. Auch eine Untersuchung an 327 Kindern zeigte, daß die Entwicklung der Gesichtsstruktur (Bakkenknochen- und Gaumenregion) und der Zähne bei länger als drei Monate gestillten Kindern sehr viel besser war.

Vom plötzlichen Säuglingstod sind voll gestillte Kinder kaum betroffen (s. Kap. 6).

Das Stillen vereinfacht das Leben mit einem Baby, denn bei Ausflügen, Reisen und Unternehmungen ist immer alles für den Hunger, den Durst und zur Beruhigung mit dabei. Kinder schlafen in einer fremden Umgebung an der Brust besser ein, und in der Nacht können die Mahlzeiten entspannt und halbschlafend im Bett eingenommen werden.

«Obwohl in Deutschland 90 bis 94 Prozent der Frauen von vornherein stillen wollen, nähren doch nur 60 Prozent ihr Kind von der Brust, wenn sie die Geburtsklinik verlassen, und nach vier Monaten ist diese Zahl schon auf ganze 25 Prozent geschrumpft.»[18]

Welche Gründe gibt es, daß trotz so vieler Vorteile so wenige Frauen stillen? Anscheinend gibt es noch immer gesellschaftliche Vorurteile, die die Lust am Stillen nehmen. In der Öffentlichkeit dem Kind die Flasche zu geben, fällt vielen Müttern leichter, als zu stillen. Die Haltung des Partners und der Großeltern dem Stillen gegenüber spielt ebenso eine wichtige Rolle.

Barbara Vogt-Hägerbäumer faßt den Einfluß der öffentlichen Meinung so zusammen:

«Tabuisierung sexueller Gefühle, die durch Kinder ausgelöst werden, falsche Vorstellungen von den Auswirkungen des Stillens, mangelnde Anleitung, öffentliche Diskriminierung und die Bemühungen der Hersteller von Babykost, ihre Erzeugnisse zu verkaufen, bilden ein solides Fundament von Unwissen, Vorurteilen und Interessen, auf denen den Frauen der Wunsch, ihr Kind zu stillen, noch allzu leicht vergeht.»[19]

Ein Kind nach seinen Bedürfnissen zu stillen bedeutet für einige Mütter eine Anzahl von Verzichten, denn das öffentliche und normale Leben ist auf stillende Mütter und ihre Babys nicht eingestellt. Für Mütter und Kinder wäre das Leben leichter, wenn die Mütter weniger abhängig und isoliert sein würden und die Kinder wie selbstverständlich in alle oder zumindest mehr Lebensbereiche miteingeschlossen wären.

Stillen ist auch heute noch ein Privileg, besonders in der Öffentlichkeit, für die Mütter, die sich trauen, die mutig sind und gespürt haben, daß, wenn sie es nicht tun, sie um etwas betrogen werden. Betrogen um eine sinnliche Beziehung, die sie als Kind vielleicht nicht haben konnten und als Erwachsene nicht haben sollen.[20]

Zuwenig oder gar keine Milch

Das Ausbleiben der Milch wird von Müttern häufig als Grund dafür genannt, daß sie ihre Säuglinge nicht stillen. Dieses Phänomen ist fast ausschließlich in den Industriestaaten und in den gehobenen Schichten der städtischen Gebiete in den Entwicklungsländern anzutreffen. Es gibt keinen offensichtlichen physiologischen Grund dafür, daß sie keine Milch produzieren können, da gerade diese Frauen in der Regel gesund und gut genährt sind und gesunde, kräftige Säuglinge haben. Nach in den Kliniken gesammelten Erfahrungen liegt anscheinend bei maximal fünf Prozent der Frauen ein Ausbleiben der Milch aus rein körperlichen Ursachen vor.

Im Gegensatz dazu stehen die traditionellen Gesellschaften, in denen Frauen, die meistens unter schlechten hygienischen Bedingungen leben, mangelernährt und häufig krank sind, anstrengende körperliche Arbeit leisten und dazu noch untergewichtige Säuglinge gebären, im allgemeinen keine Schwierigkeiten bei der Milchbildung haben.

Die Erfahrung in Notzeiten hat gezeigt, daß fast jede gesunde Frau, die imstande war, ein Kind zu empfangen und zu gebären, auch in der Lage war, ihr Kind wenigstens einige Monate an der Brust zu ernähren. Eine Untersuchung der WHO stellte fest, daß keine der insgesamt 3 898 untersuchten Mütter in Nigeria und Zaire Probleme mit der Milchbildung hatte. In einem Indianerdorf in Guatemala beobachtete man ebenfalls acht Jahre lang die dort geborenen Kinder. Alle 448 Säuglinge, die in diesem Zeitraum lebend geboren wurden und die ersten 48 Stunden überlebten, wurden erfolgreich gestillt.

In Gesellschaften, in denen das Stillen als natürliche und einzige Möglichkeit der Ernährung angesehen und es von der Familie gefördert und unterstützt wird, ist das Ausbleiben der Laktation praktisch unbekannt.

Der Erfolg hängt sowohl stark vom frühen Zufüttern als auch von oftmals schwer zu identifizierenden psychosozialen Faktoren ab.

Mangelndes Selbstvertrauen, zu seltenes und zu kurzes Anlegen, Zufüttern, keine soziale Unterstützung von nahen Familienangehörigen und Freunden und mangelhafte Kenntnisse der Vorgänge bei der Milchbildung und der Stilltechniken wirken sich sehr nachteilig auf das Stillen aus.

Von Bedeutung ist außerdem, daß die meisten Kinder im Krankenhaus geboren werden, wo die Einstellung zum Stillen und die Praktiken nach wie vor eher der Unterdrückung der Laktation dienlich sind.[21]

Barbara Sichtermann sieht den Ursprung der Stillunfähigkeit in der Angst vor Sexualität und Körperverschränkung und erklärt ihre weite Verbreitung damit, daß sie ein Phänomen sei, das man sich leicht einbilden kann, aber das auch kaum widerlegbar ist. Durch die Selbsttäuschung wird die mangelnde Milchbildung oft mit gutem Gewissen vorgeschoben, wo andere Gründe nicht eingestanden oder nicht bemerkt werden (die man unter dem Oberbegriff Sexualtabu zwischen Erwachsenem und Kind zusammenfassen könnte).[22]

Das Füttern mit der Flasche

Der Verkauf und der Vertrieb von Babynahrung sind für alle Beteiligten ein sehr gutes Geschäft. Schon in der Schwangerschaft bekommt jede Frau bei ihrem Gynäkologen gratis Hochglanzbroschüren über Babynahrung. Große Werbebudgets halten die Firmen auch für Kliniken und Arztpraxen bereit, denn die Verteilung des Werbematerials wird mit Einrichtungsgegenständen, wie z. B. Babywaage, Sitzgruppe, bis hin zur Teeküche, belohnt. So geben viele Hebammen, das Krankenhauspersonal und Sozialarbeiter in Mutterberatungsstellen gerne die Probepackungen verschiedener Firmen weiter.

Natürlich wird stets versichert, daß Stillen das beste ist, und durch Produkte wie Stilleinlagen und Stilltees wird eine stillfreundliche Haltung suggeriert. Allerdings heißt es in den Broschüren weiter: «Stillen ist das beste, aber wenn Ihre Milch nicht reicht, dann ...»

Aus Sorge um das Stillen und die Verflechtungen von Gesundheitswesen und Babynahrungsindustrie wurde in Österreich am 8. August 1995 eine gesetzliche Regelung durch eine Verordnung des Gesundheitsministeriums geschaffen.

Durch dieses Gesetz sollte sichergestellt werden, daß Hersteller oder Verteiler weder direkt noch indirekt über das

Gesundheitswesen und deren Mitarbeiter Proben von Säuglingsnahrungsprodukten und Zubehör an schwangere Frauen, Mütter oder deren Familienangehörige abgeben.

Denn das Ziel jeder Werbung ist, Kunden zu gewinnen und Umsätze zu steigern. Im Falle von Babynahrung («gezuckertes Kuhmilchpulver») wird Werbung auf Kosten der Gesundheit von Frauen und Babys betrieben.[23]

Die Flasche kann als Ausweichmöglichkeit angesehen und auch dementsprechend wenig eingesetzt werden. Die Muttermilch enthält insgesamt etwa 50 verschiedene Stoffe, darunter arteigenes Eiweiß, besonderes Fett, Milchzucker, Mineralstoffe, Fermente, Spurenelemente und Vitamine sowie Abwehrstoffe, die das junge Kind benötigt. Die Muttermilch entwickelt und verändert sich mit den Magen-Darm-Funktionen des Neugeborenen. Von der Vormilch bis zur Ausbildung der reifen Muttermilch dauert der Übergang ca. drei Wochen. Dieses allmähliche Mitwachsen der Muttermilch mit den Fähigkeiten des Kindes kann von industriell hergestellter Säuglingsmilch nicht kopiert werden.

Bei der Industriemilch müssen die Erwachsenen einige hygienische Vorsorgen treffen und für die richtige Temperatur sorgen. Es kann nicht ausbleiben, daß die Sorgfalt bei der Sterilisierung sowie die jeweils erreichte Temperatur schwanken. Außerdem kosten diese Prozeduren Zeit, und zwar gerade die Zeit, die das Kind nicht hat: die Zeit seines Hungers.[24]

Der Säugling benötigt während des Trinkens dreierlei: die Befriedigung seines Hungergefühls, genügend Saugtätigkeit und hinreichende Kontaktzeit mit der Mutter.

Außer der Nahrung und der Saugtätigkeit sollte die Mahlzeit dem Säugling ein Verhaltens-Wechselspiel voller Zuwendung mit der Mutter gewähren, das zur beiderseitigen Bindung beiträgt. Und das ist bei der Flaschenernährung nicht immer gewährleistet. Denn das Füttern mit der Flasche kann leicht delegiert werden, und Die-Flasche-Geben bedeutet oft nur noch Füttern.

Wenn der Säugling in den ersten Lebensmonaten von mehreren oder vielen verschiedenen Personen gefüttert wird, kann ihn das ängstigen und verwirren. Jeder Betreuer hält das Kind und die Flasche anders, spricht anders, zeigt andere Formen der Zärtlichkeit und sieht anders aus. Dies bringt ungewohnte, störende Reize in die Situation hinein. Zu häufig sollte die Mutter das Füttern anderen Personen nicht überlassen und dabei den Kreis auf ein oder zwei Personen einschränken.[25]

Die Flasche kann zudem leicht dazu verleiten, die Kinder zu drängen, diese auszutrinken, obwohl sie schon satt sind. Dagegen wird ein an der Brust ernährter Säugling niemals überfüttert. Durch die große Öffnung im Sauger trinken die Babys oft viel zu schnell, und ihr Saugbedürfnis kann nicht genügend befriedigt werden, weshalb sie dann später einen Schnuller brauchen oder am Daumen lutschen. Durch das schnelle Trinken wird häufig zu viel Luft geschluckt, was zu heftigen Magenschmerzen und Blähungen führen kann.[26]

Mit Hilfe der Flasche kann die Frau sehen, wieviel und was das Kind trinkt, und zwar unmittelbar während es trinkt. Dieses Bedürfnis, um die Menge der Nahrung, die das Baby aufnimmt, zu wissen und sie zu sehen und diese zuzubereiten, kann in manchen Fällen als ein früher Versuch gesehen werden, das Kind zu beherrschen oder zu kontrollieren. Das Stillen bietet eine solche nutzbare Kenntnis nicht, es ist blind und anarchisch und überläßt die Initiative ganz dem Kind. Es ist deshalb ein gutes Erziehungsmittel für Eltern, um zu lernen, daß Dinge ohne sie geschehen.

Die unmittelbare Kontrolle von Milchmengen und -qualitäten und der Stolz auf den gut trinkenden dicken Säugling ersetzen bei der zivilisationsbedingt entfremdeten Frau die Lust beim Stillen.

Kontrollierte und gemessene Zuwendung tritt an die Stelle von Sexualität. Aber auch das Bedürfnis, dem Kind viel und immer mehr zu essen zu geben, entsteht aus dem heimlichen Wissen um den Betrug an dem Kind, das die Brust nicht bekommen hat. Die großen Mengen, die das nicht gestillte, überfütterte Kind zu essen bekommt, wären so lauter Trostbonbons für die ausgefallene Sexualität. Oder es ist auch nur eine Hilflosigkeit der Eltern, die ihrem Kind Liebe geben wollen und meinen, daß die Liebe durch den Magen geht.[27]

Untersuchungen an 250 Kindern, die sechs Wochen alt waren, ergaben, daß 60 Prozent der Flaschenkinder übergewichtig waren, im Gegensatz zu nur 19 Prozent der gestillten Kinder. Diese frühe Neigung, Fettdepots zu entwickeln, legt den Grundstein zur Fettleibigkeit im Kindes- und Erwachsenenalter.

Die Nahrung ist für den Menschen vom ersten Moment an psychologisch wichtig. Manchen dient sie als Sex- oder Liebesersatz, anderen hilft sie, mit Frustrationen fertig zu werden. Dieser Prozeß beginnt schon beim Neugeborenen, denn die Qualität seiner Nahrung sowie das Füttern selber sind bedeutungsvoll und beeinflussen seine spätere Einstellung zum Essen. Menschen, die das Essen mit unangenehmen Gefühlen in Verbindung bringen, leiden unter irgendeiner Art von Ernährungsstörung.[28]

Eine Mutter, die mit ihrer Innenwelt nicht in Einklang steht, wird mit ziemlicher Sicherheit ihr Neugeborenes launenhaft, ohne innere Gelassenheit und rücksichtslos behandeln. In einem solchen Fall erfährt der Säugling das Stillen nicht unbedingt als ein angenehmes Erlebnis. Säuglinge sind besonders empfänglich für Berührungen, sie spüren durchaus Schmerz und Spannungen der Mutter während des Stillens und reagieren sofort auf diese Empfindung, so daß sie sich selbst verspannen können, anstatt sich zu entspannen.[29]

Eine Untersuchung bei 252 Kindern in Kalifornien ergab, daß gefühlskalte Mütter, die das Kind stillen, nicht so nachhaltig seine spätere Entwicklung negativ beeinflussen wie zärtliche und liebevolle, die dem Kind aus welchem Grund auch immer die Flasche geben müssen.[30]

Das Kleinkind an der Brust

Obwohl die durchschnittliche Stilldauer weltweit über zwei Jahre beträgt, ist in unserer Kultur der Anblick eines Kleinkindes an der Brust ungewohnt und vielen Leuten peinlich. In den Entwicklungsländern werden Babys zum größten Teil zwei bis drei Jahre lang gestillt. In Mitteleuropa stillten Anfang dieses Jahrhunderts noch 58 Prozent der Frauen nach einem Jahr.

Die Natur hat es so eingerichtet, daß das Stillen Mutter und Kind Lust bereitet. Warum sollten wir uns dessen schämen, anstatt es vielmehr zu genießen und uns zu freuen, daß es so ist?

Da nach einigen Monaten der Milchflußreflex nicht mehr so leicht auszulösen ist, muß das Kind schon ganz kräftig saugen, um die Milch zum Fließen zu bringen. Einige Kinder merken, daß das Trinken aus einer Tasse müheloser geht, und verlieren oft gegen Ende des ersten Lebensjahres ihr Interesse an der Brust.

Andere Kinder aber beginnen zu diesem Zeitpunkt erst, die Brust zu entdecken und ihre kuschelige Nähe und Wärme zu schätzen. Ein Kleinkind sucht meistens die Brust, wenn es Angst oder sich weh getan hat oder wenn es von vielen Eindrücken so aufgedreht ist, daß es nicht zur Ruhe kommen kann. Es holt sich dabei auch die Rückversicherung, daß die Mutter da ist, wenn es Zuwendung braucht oder krank ist.[31]

Einige Leute finden, daß das Stillen unnötig ist, da das Kind durch die Zufütterung schon alles bekommt, was es an Nährstoffen braucht. Untersuchungen berichten genau das Gegenteil, denn bis zum Ende des ersten Lebensjahres bleibt die Muttermilch die wichtigste Quelle an Proteinen, Vitaminen und anderen Nährstoffen. Studien, die in Entwicklungsländern durchgeführt wurden, zeigen, daß gestillte Kinder zwischen 12 und 18 Monaten 25 Prozent mehr Energie aufnehmen als ihre nicht gestillten Spielkameraden.

Nach 18 Monaten ist die Energieaufnahme immer noch höher, bei ca. 17 Prozent. Die Muttermilch kann bis zu 31 Prozent der Kalorienzufuhr eines Kleinkindes zur Verfügung stellen und 38 Prozent aller Nahrungsproteine. Zusätzlich erhalten Kleinkinder zwischen 12 und 18 Monaten 95 Prozent ihres Vitamin-C-Bedarfs und 100 Prozent ihres Vitamin-A-Bedarfs aus der Muttermilch. Andere Vitamin- und Mineralstoffaufnahmen sind zwar geringer, aber immer noch bedeutend: 44 % Calcium, 41 % Niacin, 41 % Folsäure, 21 % Riboflavin und 50 % Eisen.

Kinder, die weniger als sechs Monate gestillt wurden, haben eine siebenmal höhere Wahrscheinlichkeit, Allergien zu entwickeln. Aber auch gegen bakteriell verursachte Hirnhautentzündung sind Kinder, die länger als sechs Monate gestillt wurden, geschützt.

Langzeitstudien ergaben ebenfalls, daß Kinder, die lange gestillt wurden, weniger unter entzündlichen Verdauungsstörungen und Zöliakie (Allergie gegen glutenhaltige Getreidesorten) leiden. Auch bösartige Geschwülste der Lymphknoten sind in der Kindheit seltener, wie allgemein die Anfälligkeit für Lern- und Verhaltensprobleme geringer ist.[32]

Das Abstillen

Idealerweise geschieht das Abstillen im Einvernehmen von Mutter und Kind. Abruptes Abstillen kann bei einem Kind zu depressiven Reaktionen führen, eventuell wird es auch für die Mutter ein tiefes Trauma, wenn es z. B. aus medizinischen Gründen erforderlich ist.

Je länger der Abstillprozeß dauert, desto besser für das Kind und für die Brust der Frau, die sich allmählich zurückbilden kann und die eventuell noch vorhandene Milch resorbiert.

«Das Abstillen ist eine ganz wichtige Zeit. So wie das Kind dabei lernt, sich langsam von der Mutter zu lösen (und nach Bedarf wieder zu ihr zurückzufinden), so lernt auch die Mutter, sich langsam von ihrem Kind zu lösen. Die Gefühle, die sich dabei entwickeln, können durchaus zwiespältig sein. Zu merken, daß die schöne Zeit dieser ganz besonderen Zweisamkeit zu Ende geht, ist nicht immer einfach, so sehr man sich auch auf ein bißchen Unabhängigkeit freuen mag.

Wenn es uns gelingt, mit einem lachenden und einem weinenden Auge von der Stillzeit Abschied zu nehmen, so dürfen wir stolz darauf sein.»[33]

Das Schlafen

Der Schlafrhythmus des Kindes

Einer der tragenden Rhythmen im menschlichen Leben ist der Wechsel von Schlafen und Wachsein, fest verbunden mit der Folge von Tag und Nacht.

In den ersten Monaten schlafen die meisten Babys 14 bis 18 Stunden täglich, ohne einen Unterschied zwischen Tag und Nacht zu machen. Dem Ungeborenen ist der Rhythmus von Schlafen und Wachsein nicht fremd, denn es wacht und schläft abwechselnd im Uterus, aber die Abstimmung mit der Tag-und-Nacht-Folge, mit der Eigenbewegung der Erde also, ist noch nicht hergestellt. Das Schlafmuster eines Babys ähnelt seinem Essensmuster; das bedeutet kleine häufige Mahlzeiten und kurze häufige Schläfchen.[34]

Die Haut bleibt, auch während des Schlafens, das Sinnesorgan, das am schnellsten und vor allen anderen Sinnen zu reagieren beginnt.

Die Sinnesorgane der Haut tragen dazu bei, daß der Mensch sich im Schlaf bewegt. Die Hautstellen, auf denen man liegt, werden aus Mangel an Ventilation überhitzt und schicken deshalb die Botschaft aus, die Körperlage zu ändern. Analysen des Herzschlags beim normal Schlafenden zeigen, daß fünf Minuten, bevor er sich regt, der Herzschlag rascher wird und sich allmählich wieder normalisiert, nachdem eine andere Schlafstellung eingenommen wurde.[35]

Das neugeborene Kind benötigt, um einschlafen zu können, einen Schutzschirm aus wohlbekannten Reizen, der neuartige Reize abhält und die zum Einschlafen nötige Vertrautheit schafft. Beim Stillen schlafen sehr viele Babys einfach ein, wenn der Hunger befriedigt ist und das Kind nach der Mahlzeit noch ein wenig an der Brust nuckelt, aber auch beim Flaschegeben und wenn das Kind einen Schnuller hat.

Doch es gibt zwei weitere Möglichkeiten, damit das Kind schnell und leicht einschläft: es herumzutragen oder sich zum Kind ins Bett zu legen.[36] Denn ohne die Körperwärme der Mutter fällt es dem Kind viel schwerer einzuschlafen.

Untersuchungen zeigen zweierlei: Schlaf, Atmung und Aufwachen laufen bei Müttern und Säuglingen, die zusammen schlafen, nach einem sehr ähnlichen Muster ab, und Säuglinge, die allein schlafen, haben ein anderes Schlafmuster als Kinder, die bei der Mutter schlafen. So rufen Mütter bei ihren Babys, sofern sie mit ihnen in einem Bett liegen, kurze, vorübergehende Phasen von Halbschlaf hervor, was bei allein schlafenden Säuglingen nicht der Fall ist. Man nimmt an, daß durch das Zusammenschlafen der Säugling diese Art Halbschlaf sozusagen einübt.[37]

Das Schlafen am Tag

Geräusche helfen, den Schlaf herbeizuführen, und tragen insbesondere dazu bei, daß ein Baby weiterschläft. Babys beruhigen sich oft am besten bei Geräuschen, die alle für das menschliche Ohr hörbaren Frequenzen umfassen, wie Geschirrspüler, Staubsauger oder Waschmaschine.

Diese Geräusche sind eintönig und bedeutungslos und lassen unsere Gedanken dahinschweben. Die wirksamsten schlaffördernden Geräusche sind diejenigen, die dem Rhythmus und den Geräuschen in der Gebärmutter am ähnlichsten sind, wie fließendes Wasser, das Ticken einer Uhr, das Sprudeln eines Aquariums, eines Wasserfalls oder Meeresgeräusche.

Bei schlafenden Babys ist es nicht notwendig, daß man auf den Zehenspitzen geht und eine lautlose Umgebung schafft, denn die häufigsten Weckreize sind plötzliche Geräusche, grelles Licht, Hunger, Einsamkeit und Unbehagen.[38] Man kann das Kind auch, wenn es müde wird, auf dem Rücken ins Tragetuch geben, um es dort schlafen zu lassen, während man die Hausarbeit oder andere Tätigkeiten erledigt. Sollte das Kind dabei zu schwer werden, kann man es, wenn es tief schläft, mitsamt dem Tuch ins Bett legen.[39] «Denn das Menschenkind ist dazu gemacht, bei Tag herumgetragen zu werden und sich in der Nacht im Bett an die Mutter zu schmiegen, und nicht dazu, für eine separate Schlafmöglichkeit abgerichtet zu werden, bevor es dazu bereit ist.»[40]

Das Schlafen des Säuglings ist für manche Erwachsenen

ein Hindernis, ihr gesellschaftliches Leben fortzusetzen. Doch Säuglinge sind durchaus imstande, auf Straßen und Plätzen, in Cafés, Hörsälen und sogar bei Konzerten friedlich zu schlafen. Denn auch bei beachtlicher Geräuschkulisse lassen sich Säuglinge kaum beim Schlafen stören. Die Voraussetzung für eine bleibende Schlafbereitschaft auch des älteren Säuglings in gemäßigtem Lärm und Gewimmel ist die beruhigende Gewißheit um die Nähe des Erwachsenen, nach Möglichkeit die unmittelbare Körpernähe.[41]

Das gemeinsame Bett

Trotz der vielen Vorteile zögern manche Eltern, das gemeinsame Schlafen mit dem Baby als Teil ihrer Erziehung zu übernehmen.

Das gemeinsame Schlafen von Babys und Eltern ist in fast allen Kulturen der Welt üblich, selbst im hochentwickelten Japan schlafen die Säuglinge bei ihren Müttern. In der westlichen Welt war dies bis zum 20. Jahrhundert ebenfalls stark verbreitet, doch dann verloren die Mütter das Vertrauen in ihren eigenen Instinkt und folgten dem Rat einiger einflußreicher Fachkräfte.[42] «Denn zu dieser Zeit wurde die Entwicklung der Selbständigkeit bei Kindern sehr betont, ihre Unabhängigkeit und ihre Leistung, die mit der Forderung einhergeht, daß das Baby sein eigenes Bettchen hat, in seinem eigenen Zimmer schläft und den Tagesablauf der Erwachsenen nicht stört.»[43]

Das gemeinsame Schlafen mit einer vertrauten Person erleichtert den Übergang von einer Schlafphase in die andere und mildert die Ängste des Babys. Wenn ein Baby während dieses Übergangs aufzuwachen droht, hilft ihm die Bezugsperson, sich wieder zu beruhigen, ohne daß es ganz aus dem Schlaf gerissen wird. Bei älteren Kindern erleichtern vertraute Sachen, wie eine Lieblingspuppe oder ein Teddybär, den

Übergang von einem Schlafzustand in den anderen. Ein ganz kleines Baby braucht dazu jedoch eine Bezugsperson, normalerweise die Mutter, denn in seinem Empfinden existiert die Mutter ganz einfach nicht mehr, sobald es sie nicht mehr sehen oder spüren kann.[44]

Beim Schlafen des Kindes im gemeinsamen Bett wird es meistens durch Hunger geweckt, doch das Neugeborene ist imstande, das Gefühl der Nähe der Mutter mit der Gewißheit zu verknüpfen, daß auch die Milch nicht weit ist. So wird es jener nächtlichen Panik enthoben, der in ihrem Bett allein gelassene Säuglinge mit den bekannten Folgen anheimfallen. Schläft das Neugeborene bei seiner Mutter, so kann es sich, wenn es aufwacht und Hunger äußert, auf Nahsignale (Zappeln, Meckern, Stöhnen) beschränken. Die Frau kann das Kind ebenfalls im Halbschlaf stillen, und «beide spinnen den eingerissenen Schlaffaden bald weiter».[45]

Aber nicht nur das Baby schläft im Familienbett besser, sondern auch die meisten Eltern, zumindest die Mutter. Denn nicht nur das Baby empfindet nachts Trennungsängste, sondern die Mutter bekommt ebenfalls Angst, wenn ihr Baby nicht in der Nähe ist. Je weiter sie von ihrem Kind entfernt liegt, desto größer werden diese Ängste, ob es dem Kind gutgehe, und dadurch können solche Mütter oft nicht erholsam schlafen.

Laut einer Umfrage schlafen drei von vier Müttern lieber gemeinsam mit ihren Babys, und auch im Innersten spüren diese Mütter, daß es richtig ist, doch einige fühlen sich dabei nie ganz wohl und haben Zweifel, da viele Erwachsene und auch Fachleute meinen, daß man dies nicht tun sollte.

Die Schlafenszeit, die die Mutter gemeinsam mit ihrem Kind verbringt, erhält eine neue Dimension. Denn die Mutter vermittelt dem Kind das Gefühl von Sicherheit und Liebe, ohne auch nur ein Wort sagen zu müssen. Die Mutter kann sich ebenso ans Kind kuscheln und es beim friedlichen Schlafen beobachten. Das gemeinsame Schlafen erweitert die harmonische Beziehung zwischen Eltern und Kind.

Die körperliche Nähe führt zu gemeinsamen Schlafzyklen von Mutter und Baby; das bedeutet, daß auch ihre inneren Ruhe- und Unruhezustände aufeinander abgestimmt sind. Wenn das Baby in einer empfindlichen Phase aufwacht, befindet sich die Mutter ebenfalls in einer Phase des leichten Schlafs. Sie kann dann dem Baby helfen, sich wieder zu beruhigen, ohne ganz aus ihrem eigenen Schlafzyklus zu fallen. Es mag zwar einige Zeit dauern, bis diese harmonische Übereinstimmung erreicht wird, aber Mütter, denen dies gelingt, fühlen sich am Morgen ausgeruht.

Ansonsten wird die Kinderbetreuung in der Nacht zu einer widerwillig ausgeführten Pflicht, da man aus dem tiefen Schlaf herausgerissen wird, um ein hungriges, schreiendes Baby zu versorgen, und dies führt zu erschöpften Müttern, Vätern und Babys.[46]

Trotz der unübersehbaren Vorteile werden bei der Diskussion um das gemeinsame Schlafen auch heftige Befürchtungen geäußert: Manche Mütter haben Angst, sie könnten sich auf ihr Baby legen und es ersticken. Doch die Experten, die sich mit dem plötzlichen Kindstod beschäftigt haben, schließen das Ersticken, weil sich jemand auf das Baby gelegt hat, als mögliche Todesursache aus. Das gemeinsame Schlafen ist nur in einer Situation nicht anzuraten, nämlich wenn durch Alkohol- oder Drogenmißbrauch von Mutter oder Vater ein sensibles Reagieren nicht mehr zu erwarten ist.[47] Auch die Angst, daß das Kind unter die Bettdecke rutschen und dabei ersticken könnte, ist weit verbreitet.

Solche Unfälle können genauso geschehen, wenn das Kind allein schläft, außerdem weiß man heute, durch die genauen

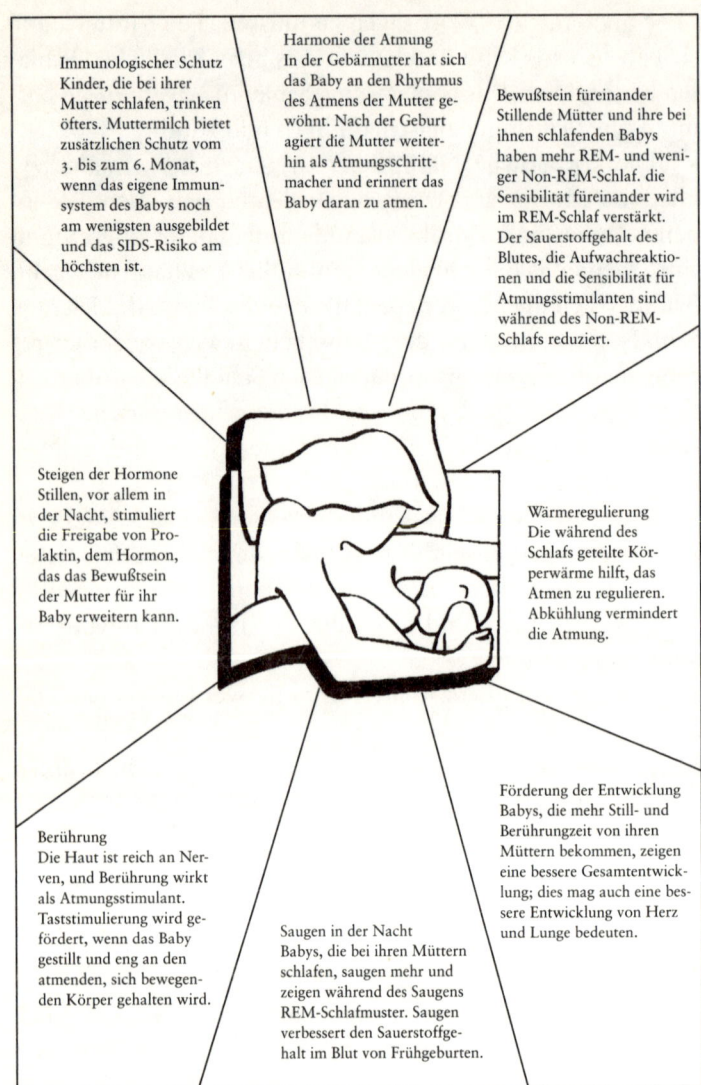

Immunologischer Schutz
Kinder, die bei ihrer
Mutter schlafen, trinken
öfters. Muttermilch bietet
zusätzlichen Schutz vom
3. bis zum 6. Monat,
wenn das eigene Immun-
system des Babys noch
am wenigsten ausgebildet
und das SIDS-Risiko am
höchsten ist.

Harmonie der Atmung
In der Gebärmutter hat sich
das Baby an den Rhythmus
des Atmens der Mutter ge-
wöhnt. Nach der Geburt
agiert die Mutter weiter-
hin als Atmungsschritt-
macher und erinnert das
Baby daran zu atmen.

Bewußtsein füreinander
Stillende Mütter und ihre bei
ihnen schlafenden Babys
haben mehr REM- und weni-
ger Non-REM-Schlaf. die
Sensibilität füreinander wird
im REM-Schlaf verstärkt.
Der Sauerstoffgehalt des
Blutes, die Aufwachreaktionen und die Sensibilität für
Atmungsstimulanten sind
während des Non-REM-
Schlafs reduziert.

Steigen der Hormone
Stillen, vor allem in
der Nacht, stimuliert
die Freigabe von Pro-
laktin, dem Hormon,
das das Bewußtsein
der Mutter für ihr
Baby erweitern kann.

Wärmeregulierung
Die während des
Schlafs geteilte Kör-
perwärme hilft, das
Atmen zu regulieren.
Abkühlung vermindert
die Atmung.

Berührung
Die Haut ist reich an Nerven, und Berührung wirkt
als Atmungsstimulant.
Taststimulierung wird ge-
fördert, wenn das Baby
gestillt und eng an den
atmenden, sich bewegen-
den Körper gehalten wird.

Saugen in der Nacht
Babys, die bei ihren Müttern
schlafen, saugen mehr und
zeigen während des Saugens
REM-Schlafmuster. Saugen
verbessert den Sauerstoffgehalt im Blut von Frühgeburten.

Förderung der Entwicklung
Babys, die mehr Still- und
Berührungzeit von ihren
Müttern bekommen, zeigen
eine bessere Gesamtentwick-
lung; dies mag auch eine bessere Entwicklung von Herz
und Lunge bedeuten.

Die Skizze von William Sears zeigt die verschiedenen Schutzwirkun-
gen des gemeinsamen Schlafens.

Untersuchungen des plötzlichen Kindstodes, daß solche Unfälle nicht vorkommen. Auch wenn der Säugling eine ungünstige Lage nicht von sich aus verändern kann, so kann er doch den Kopf wenden, verstärkt zappeln oder schreien.[48]

Bei Platzmangel kann das Bett vergrößert oder ein zweites Bett in der gleichen Höhe dazugestellt werden. Ist das Kind schon älter, liegt es vielleicht in einem eigenen Bett oder auf einer eigenen Matratze, aber trotzdem noch im selben Zimmer.

Bei vielen Eltern bestehen Ängste, daß das gemeinsame Bett das Sexualleben beeinträchtigen könnte. Ist das Kind erst einige Monate alt, stellt das Lieben im Familienbett selten ein Problem dar, und manche Eltern, die sich nicht wohl fühlen, wenn sie sich in Anwesenheit eines schon älteren, schlafenden Kindes lieben, regt es vielleicht an, nach anderen Orten Ausschau zu halten – was auch die Beziehung spannender gestalten könnte.

Auch die Furcht, daß das Baby sich an das gemeinsame Schlafen gewöhnen könnte und abhängig würde, so daß es das Bett nie mehr verlassen möchte, hört man immer wieder.

Die Eltern fördern die Abhängigkeit ihres Babys sicher nicht dadurch, daß es bei ihnen schläft, denn im Gegenteil, sie antworten auf ein Bedürfnis des Kindes und lehren es Vertrauen. Außerdem ist es zu diesem Zeitpunkt keineswegs Aufgabe der Eltern, die Unabhängigkeit ihres Kindes zu forcieren, sondern ihm eine sichere Umgebung und ein Gefühl von Wohlbehagen zu bereiten. Dann wird sich auch seine Unabhängigkeit ganz natürlich entfalten.

Es ist wichtig, daß man das Kind unter Bedingungen heranreifen läßt, die für beide, Eltern und Kind, richtig und praktisch sind, und sich nicht dem Druck von vorgegebenen Zeitplänen und wohlmeinenden Beratern beugt.

Eltern berichten, daß die Kinder, die sie als Säuglinge mit

Freude im Familienbett aufgenommen haben, es im zweiten bzw. dritten Lebensjahr wieder freiwillig verlassen. Natürlich kann es vorkommen, daß es auch später hin und wieder dem Doppelbett einen Besuch abstattet, etwa in Zeiten von Streß und starken Bedürfnissen.

Die Orientierung an älteren Geschwistern erleichtert auch die Trennung von den Eltern sehr, zumal der Umzug ins eigene Bett dann nicht einen Umzug in die Einsamkeit bedeutet. Eltern beobachteten auch, daß Geschwister, die gemeinsam schlafen, weniger miteinander streiten.[49]

Weitere Schlafvorrichtungen

Die Praxis, Säuglinge über längere Zeit isoliert von ihren Eltern schlafen zu lassen, existiert erst seit allerjüngster Zeit in unserer Kultur, und die biologischen und psychologischen Folgen sind noch nicht erforscht worden. Die meisten Eltern glauben, daß allein zu schlafen das «Normale», die gesündeste und sicherste Weise für einen Säugling sei.

Selbst Psychologen finden, daß diese Methode die physiologische und soziale Selbständigkeit des Kindes fördert. Erst neuste Forschungen, besonders die den plötzlichen Säuglingstod betreffenden, stellen die Richtigkeit dieser Vorstellungen in Frage und liefern vielerlei Hinweise dafür, daß das gemeinsame Bett Vorteile hat, die nicht zum Tragen kommen, wenn das Kind allein schläft.[50]

Ein alleinschlafendes Kind gewöhnt sich schon sehr früh daran, allein schlafen zu «gehen»; diese Trennung kann dazu beitragen, daß es sich später innerhalb der Familie abgesondert und einsam fühlt.

Eine Untersuchung in Japan zeigte, daß dort Selbstmord am häufigsten in Perioden des Alleinschlafens begangen wurde, also beim Heranwachsenden und beim jungen Erwachsenen und später wieder im Alter.

Es ist durchaus möglich, daß das Alleinschlafen in diesen Perioden dem einzelnen ein Gefühl der Isolation und Entfremdung gibt, während das gemeinsame Schlafen sonst immer einen Großteil seines Selbstgefühls positiv beeinflußt, da er auch im Schlaf der ganzen Familie nahe ist.[51]

In einem Ratgeber ist zu lesen, daß dieses Bett auch besonders gut und schön ausgestattet sein sollte, da ein Säugling nun mal die meiste Zeit seines Lebens im Bett verbringt.

Damit beginnt der Konsumrausch, von der korrekten Matratze über Einlagen, Decken, Bezüge, Schlafsäcke bis zu über dem Bett herabhängendem Spielzeug. «Man könnte vermuten, daß das schlechte Gewissen der Erwachsenen, die dem Kind den ‹natürlichen Aufenthalt› an ihren Körpern nicht mehr gönnen, sich durch die übertriebene Ausstattung der Liegestatt beruhigen wollte.»[52]

Dem Kind fehlt dort jedoch einiges, denn das Bett schaukelt nicht, wärmt nicht, es macht keine Atem- und Herzgeräusche, und es hat keine Brust. Eine Wiege oder auch eine Hängematte ist schon mehr nach dem Geschmack des Babys, denn das gleichmäßige Schaukeln beruhigt das Kind.[53] Die Schlafstelle sollte für den Säugling begrenzt sein, in einem größeren Bett sollte man also Decken oder Polster neben den Säugling legen. Lammfell als Unterlage bewährt sich immer wieder, die Kinder schlafen darauf länger und ruhiger.[54] Nur sollte man zwischen Kind und Lammfell eine Windel legen und nur in Rückenlage darauf legen.

Schlafstörungen

Die Klagen über Schlafstörungen von seiten der Eltern sind weit verbreitet und laut, allerdings handelt es sich keineswegs um ein Phänomen nur unserer Zeit. Schon Anna Freud betrachtete mit besonderem Interesse Schlaf- und Eßstörungen. Dabei sah sie vor allem in der Diskrepanz zwischen kindlichem Bedürfnis und den kulturell vorgeprägten Verhaltensmustern einen Grund für diese Störungen:

«Wo die Mutter sich in ihren Handlungen nicht von den Bedürfnissen des Kindes leiten läßt, sondern unpersönliche, starre Vorschriften befolgt, entstehen Schwierigkeiten, die sich als Schlafstörungen, Störungen der Nahrungsaufnahme, Schwierigkeiten in den Eliminationsvorgängen oder Angst vor dem Alleinsein fühlbar machen.

Wir übersehen nur allzu leicht, daß in diesen vier Beziehungen die natürlichen Bedürfnisse der Kinder nicht mit den in unserer Kultur üblichen Sitten und Gebräuchen übereinstimmen. Kinder haben ihren individuellen Schlafrhythmus, der aber selten mit den Wünschen der Umgebung zusammentrifft.»

Dem Kind, das allein schläft und allein ausruht und später allein spielt, wird etwas aufgezwungen, das ihm nicht entspricht, viele Bedürfnisse (vor allem das nach der beruhigenden Gegenwart der Mutter) bleiben unbefriedigt.

«[...]In der Folge suchen Mütter Rat und Hilfe für Kleinkinder, die nicht einschlafen oder nicht lange genug durchschlafen können, obwohl sie offenbar müde sind, die nicht genug oder nicht das Richtige essen wollen, obwohl ihr Körper offenbar nach Nahrung verlangt, oder sie schreien übermäßig, können aber nicht durch die Gegenwart der Mutter beruhigt werden. [...]

Die Versagungen und Unlustgefühle, die im Zusammenhang mit einem Körper- oder Triebbedürfnis erlebt worden sind, bleiben in der Erinnerung des Kindes mit ihm verbunden.»[55]

Das entspannte Kind schläft, das nervöse Kind leidet an Schlafstörungen. Der normale Schlaf schirmt den Schlafenden gegen Anregungen von außen ab, der unruhige Schlaf ist ein Zustand der Verletzlichkeit.

Eine Untersuchung von Heinicke und Westheimer (1965) zeigte, daß zweijährige Kinder, die kurze Zeit (ca. zwei Wochen) von der Mutter getrennt wurden, während der Trennungsperiode an Schlafstörungen litten.

Deutlich war, daß die Schlafstörungen direkt aus der Sehnsucht nach den Eltern entsprangen. Nach kurzer Zeit ließen die Schlafstörungen der Kinder merklich nach, aber sie hatten noch immer Schwierigkeiten einzuschlafen und fürchteten sich vor dem Alleinsein. Diese Kinder hatten nach der Wiedervereinigung mit den Eltern viel mehr bleibende Schlafstörungen als Kinder, die ihre Eltern nie verlassen hatten.

Viele Kinder zögern scheinbar das Einschlafritual heraus, wenn sie ihre Eltern bitten, sich doch neben sie zu legen oder wenigstens bei ihnen zu bleiben, bis sie eingeschlafen sind. Diese Bitte schlagen die Eltern häufig ab, ohne zu wissen, daß das Verlangen nach einer offenen Tür, einem Glas Wasser, eingeschaltetem Licht, einer Geschichte, einer Decke usw. vor allem eines signalisiert: das Bedürfnis nach ihnen selbst als der Bezugsperson, bei der es sich sicher fühlt.[56]

Das Neugeborene erlebt Müdigkeit als Unbehagen, aber es weiß nicht wie die Erwachsenen, daß dieses Unbehagen bald durch den Schlaf getilgt sein wird. Es kann sich daher nicht zurechtkuscheln, entspannen und den Schlaf freudig erwarten.

Da es keinen Ausweg aus seiner Bedrängnis sieht und die Dunkelheit, wenn die Augen zugehen, ihm Angst macht, beginnt es zu weinen.

Es braucht die vertraute Stimme und die sanfte Berührung der Eltern, denn es kann sich nicht dadurch trösten, daß es bald einschlafen wird – daran hat es nämlich keine Erinnerung.

Das Aufwachen und Munterwerden, meist aus Hunger, werden oft von Weinen begleitet. Das Kind erlebt den Übergang vom Traum in die Realität als abrupt und beängstigend, die Außenreize, die auf es einstürmen, müssen verarbeitet werden. Die Mutter kann in dieser Situation ihrem Kind sehr leicht helfen – allein durch ihre Präsenz, die dem Kind als Vertrautes Orientierung und Halt gibt.[57]

Viele Eltern stellen sich die Frage, wie das Kind denn jemals lernt durchzuschlafen, wenn es Nacht für Nacht die angenehme Erfahrung macht, daß jemand kommt, wenn es schreit.

Doch der Säugling kann nicht planend im voraus handeln; für ihn zählt nur der Augenblick, so wird er nicht schreien, um eine angenehme Erfahrung zu wiederholen.

In diesem Moment denkt und fühlt der Säugling nur, daß er hungrig und allein ist und daß die Mutter kommen soll.

Das Baby lernt also weder durch das Kommen der Erwachsenen, daß es nicht durchzuschlafen braucht, noch durch das Fernbleiben der Erwachsenen, daß es durchschlafen soll.

Im Gegenteil: Wiederholter Hunger und das dringende Bedürfnis, die Nähe der Mutter zu spüren, erzeugen wiederholte Angst, und diese wirkt schlaffeindlich[58]

Ratschläge, die heute noch gegeben werden
Eine Befragung von 500 deutschen Müttern, die von Hartmut Morgenroth und Annette Kast-Zahn durchgeführt wurde, zeigt, daß nur 38 Prozent der Babys im Alter zwischen sechs und sieben Monaten durchschlafen, mit einem Jahr schläft erst jedes zweite Kind durch.

Von Morgenroth und Kast-Zahn ist 1995 ein neuer Ratgeber zum Thema Durchschlafen veröffentlicht worden, der auf einem simplen Zeitplan beruht:

Man sollte das Kind nach einem angenehmen Abendritual zu einer festgelegten Zeit ohne Einschlafhilfe wie Schnuller und Fläschchen ins Bett bringen. Bei Protest sollte man drei Minuten warten und erst dann das Baby mit besänftigender Stimme beruhigen. Und vor allem so abstruse Einschlafrituale wie stundenlanges Herumtragen oder Autofahren vermeiden. Später kann man die Wartezeit des weinenden Säuglings auf fünf Minuten steigern.[59]

Im weiteren wollen die Autoren den Mittelweg zwischen grausamer Vernachlässigung und übertriebener Zuwendung definieren:

> «Wichtig ist, daß man das Kind nie im Stich läßt, sondern immer wieder zu ihm geht und es mit ruhigen Worten besänftigt nach dem Motto: Ich bin da und helfe dir, aber ich nehme dich jetzt nicht hoch und trage dich herum.»[60]

In der Zeitschrift *Wienerin* (Mai 1996) wurde in «Mutter & Kind Spezial» der Babyschlaf nach Plan von Kast-Zahn und Morgenroth abgedruckt. Die wichtigsten Verhaltensregeln werden folgendermaßen beschrieben:

- «Geben Sie Ihrem Baby die Chance, sich selbst zu beruhigen. Also nicht bei jedem leisen Quengeln hochnehmen und herumtragen.
- Ab dem vierten Monat das Baby an regelmäßige Mahlzeiten gewöhnen.
- Schnuller und Fläschchen nicht als Einschlafhilfe, sondern nur eine halbe Stunde vor Zubettgehen als Abendritual gewähren.
- Wenn das Kind weint und nicht schlafen kann, nach einem festen Zeitplan ins Kinderzimmer gehen. Beruhigen, aber nicht hochnehmen! Zuerst drei Minuten vor der Tür warten, dann fünf, dann sieben.»[61]

Christine Rankl, klinische Psychologin an der Wiener Schreiambulanz, weist ergänzend darauf hin, daß es für Eltern nicht leicht sei, den Säugling brüllen zu lassen, da auch nur

drei Minuten zu Stunden werden können und sich kein Erwachsener von Natur aus an das Schreien eines Babys gewöhnen kann.

Außerdem rät sie von allzu extremen Erziehungsmaßnahmen ab, wie das Kind in den ersten 14 Lebensnächten schrei-
en zu lassen; das sei das Schlechteste, was man tun könne.[62]

Diese Ratschläge sind nach meiner Ansicht ein Martyri-
um für das Kind und für die Eltern. Die Ängste und Nöte, die
der Säugling während des Weinens ausstehen muß, werden
hier gar nicht erwähnt.

In diesem Artikel sind wohl die Adressen der Schreiam-
bulanzen in Österreich angeführt, doch kein Fachexperte
weist auf die Möglichkeit und Notwendigkeit des Körperkontakts hin; auch nicht darauf, daß man das Baby bei sich
im Doppelbett schlafen lassen könnte, um ihm und auch einem selber die Nächte zu erleichtern.

William Sears gibt in seinem Buch *Schlafen und Wachen*
Erfahrungen von Eltern wieder, die sich dazu überreden ließ-
en, ihr Baby nachts weinen zu lassen; und sie berichteten
ihm, daß es nicht funktionierte. Gelegentlich hörte das Baby
wohl zu weinen auf, doch die Folgen waren alles andere als
erwünscht.

Er zitiert eine Mutter, die versuchte, da es ihr Arzt geraten
hatte, das Baby weinen zu lassen: «Ich konnte es [das Weinen]
nicht länger ertragen und ging schließlich zu ihm hin, um es
wieder in den Schlaf zu stillen. Wir saßen beide weinend im
Schaukelstuhl, und ich brauchte doppelt soviel Zeit, bis es
wieder einschlief, als wenn ich gleich zu ihm gegangen wäre.
Den ganzen folgenden Tag ließ es mich nicht los.»[63]

Sears schlüsselt diese Erfahrung auf: «Diese Mutter lernte einen wichtigen Aspekt des mitternächtlichen Mutterseins:
Je rascher man auf das Weinen reagiert, umso leichter ist es
abzustellen. Die Anhänglichkeit des Babys am nächsten Tag

war eine emotionale Reaktion auf die zeitweise Erschütterung seines Vertrauens.»[64]

Die Befürworter der Zurückhaltungs-Methode führen immer gerne als Argument an, daß das Baby ja lernen müsse zu schlafen. Doch, so Sears, mit der Nichtbeachtung bringen Sie Ihrem Kind nur bei: «[...] daß Weinen keinen Kommunikationswert hat. Wenn auf das Weinen nicht reagiert wird, schläft es vielleicht wieder allein ein, doch ist dies ein Zeichen dafür, daß es sich aus Enttäuschung, nicht beachtet zu werden, zurückzieht. Indem Sie nicht nachgeben, lehren Sie Ihr Baby aufzugeben.»[65]

Einen bedenkenswerten Aspekt trug James McKenna bei, der die Schlafprobleme aus verhaltensbiologischer Sicht interpretierte und dabei einen verblüffenden Sichtwechsel vorschlug:

«Wir müssen herausfinden, ob statt kindlichen Fehlverhaltens nicht vielmehr unrealistische elterliche Erwartungen eine Rolle bei der Entstehung von Schlafkonflikten zwischen Eltern und Kind spielen; diese gehören zu den häufigsten pediatrischen Problemen in unserem Land. Es ist gut möglich, daß es biologisch gesehen keineswegs vorteilhaft für den Säugling ist, die ganze Nacht durchzuschlafen, völlig allein und so früh, wie wir es erwarten – obwohl es so bequemer für uns wäre. Wenn man sich die Evolutionsgeschichte des menschlichen Säuglings vor Augen führt, wo selbst eine kurze Trennung von den Eltern den sicheren Tod bedeuten konnte, so sollte man vielleicht überdenken, warum Babys gegen das Alleinschlafen protestieren. Es ist gut möglich, daß sie sich adaptiv und nicht pathologisch verhalten.»[66]

William Sears wurde in einer Umfrage von den Eltern bestätigt, daß Kinder besser schlafen, wenn sie im gemeinsamen Bett sind. In den Aussagen wurde ausgeführt: Die Kinder wachen seltener auf, sind nicht so unruhig und haben weniger Alpträume.[67]

> «Das Schlafenlegen ist kein Weglegen, sondern es ist ein Begleiten, eine Hilfe, den Weg zur Brücke in die Welt der Träume zu finden.»[68]

Die Babymassage

Das Tragen im Tragetuch hat zwar einen ähnlichen Effekt wie die Massage, doch die Babymassage wird von einer intensiveren Hinwendung zum Kind begleitet; die intensive Berührung hat einen starken positiven Einfluß auf das Baby.

Frédérick Leboyer wies eindringlich darauf hin, daß der Hunger und die Bedürftigkeit des Babys nach Hautkontakt dieselbe Bedeutung haben wie der körperliche Hunger, beide wollen und müssen befriedigt werden: «[...] gierig nach Berührung, gierig nach Empfindungen, so gierig wie sein Magen, der nach Milch verlangt.»[69]

Die Haut und vor allem der Rücken wurden monatelang von der Gebärmutter gestreichelt, und nach der Geburt ist diese enge und stützende Welt nicht mehr da. Für das Kind bedeutet dies eine entsetzliche Leere. Streicheln, Massieren und Wiegen sind Wege, so Leboyer, seine Haut zu füttern, so wie der Magen mit Milch gefüllt wird. Danach ist es innen und außen zufrieden und kann wieder in Frieden «eins» sein. Berührung ist die Wurzel des Lebens.[70]

Wenn Mütter ihre Babys von klein an massieren, wird dadurch der Bonding-Prozeß fortgesetzt und eine warme, positive Eltern-Kind-Beziehung aufgebaut. Die Massage fördert einen Energiefluß, den man auch als einen Fluß der Liebe zwischen Mutter und Kind bezeichnen kann. Für Mutter und

Kind ist dies eine stark energetisierende Erfahrung, die eine ganz andere, subtile Kommunikation zwischen ihnen eröffnet.

Durch die Babymassage wird die körperliche und seelische Entwicklung des Kindes von Anfang an gefördert. Besonders für Frühgeborene, seelisch gestörte oder körperlich behinderte Kinder und solche, die in der Entwicklung zurückgeblieben sind, hat die Massage eine sehr gute Wirkung.

Bei Frühgeborenen müssen die Kinder oft erst lernen, daß Berührung etwas Schönes ist, da ihre frühen Körpererfahrungen durch die medizinische Behandlung (ärztliche Eingriffe und Untersuchungen, Blutabnahmen usw.) zumeist schmerzvoll waren.

Die Babymassage wirkt ebenso ausgleichend nach traumatischen Erlebnissen, besonders der Trennung von der Mutter, schmerzhaften medizinischen Eingriffen, plötzlichem Abstillen, aber auch beim Zahnen, bei Verstopfungen bzw. Blähungen und bei Stillschwierigkeiten.

Die Massage und die Berührung der verschiedenen Körperteile können das Körpergefühl des Babys fördern. Es lernt Größe, Form und Beschaffenheit seines Körpers kennen und kann seine Bewegungen besser koordinieren. Besonders blinden und tauben Babys hilft die Massage, sich stärker ihres Körpers und ihrer selbst bewußt zu werden.

Menschen, die am ganzen Körper intensiven Kontakt erfahren, erleben sich meist wesentlich attraktiver und haben eine sehr genaue Empfindung von ihrem Körper und eine bejahende Einstellung zu ihm, im Gegensatz zu solchen, die diesen Kontakt nur auf wenige Körperzonen beschränkt erfahren. Ebenso scheinen Jugendliche und Erwachsene eine größere Aufnahmebereitschaft für Berührungen zu haben, wenn sie schon als Kind massiert wurden. Es ist auch interessant zu beobachten, daß Babys oft genau an denselben Stellen angespannt sind wie ihre Mütter. Im allgemeinen baut die Babymassage sehr erfolgreich den Streß zwischen Eltern und Baby ab.

Gerade den Müttern und Vätern kann sie nützlich sein, die in der Kindheit geschlagen wurden und nun selbst Schwierigkeiten haben, ihr Baby liebevoll zu umsorgen und zu berühren.

Auch Kindesmißhandlungen sind oft auf ein Zuviel an aufgestautem Streß zurückzuführen. Durch die Babymassage lernt die schlagende Mutter oder der schlagende Vater eine Alternative kennen, um das schreiende Baby zu beruhigen und ihm seinen Schmerz zu nehmen. Beide, Eltern und Baby, fühlen sich danach besser und können so leichter miteinander umgehen.[71]

Durch die Streichbewegungen werden alle vitalen Funktionen des Körpers angeregt. Sie wirken sich direkt auf die oberflächlichen Hautschichten, die Muskulatur und auf den Kreislauf aus. Das verbessert die Atmung, die Drüsentätigkeit und die Verdauung. Der Säugling leidet deutlich weniger unter Blähungen und ist generell widerstandsfähiger gegenüber Krankheiten.[72]

Vorteile der Babymassage

Für das Kind

Beruhigung durch Hautkontakt, geringere Zahl von Schreiphasen, besseres Schlafverhalten, Einssein mit Mutter und Vater, Aufbrechen des Angst-Schmerz-Kreislaufes, größere Gewichtszunahme, Verbesserung der Verdauung und des Blutkreislaufes, geringeres Ansteigen der Herzfrequenz, höherer Sauerstoffgehalt des Blutes, bessere Temperaturregulation, geringere Anzahl von Apnoe, bessere Aktivierung des Immunsystems, größere Dichte der Gehirnzellen, höherer IQ und EQ, besseres Körpergefühl, besserer Muskeltonus, bessere Muskelkontrolle und Koordinationsfähigkeit, größeres Selbstwertgefühl, höhere Aufmerksamkeit und größere Aktivität.

Für die Mutter und den Vater
Verständigung, Sanftheit, Entspannung, Hilfe bei Unruhe, Einssein mit dem Baby und das gute Gefühl, etwas Positives für das Baby tun zu können.

Für beide
Höhere Wahrscheinlichkeit der Stillfähigkeit und Austausch von Energie zwischen Mutter, Vater und Baby.[73]

Die Methode nach Frédérick Leboyer

Frédérick Leboyer hat neben der «Sanften Geburt» die traditionelle indische Babymassage in Europa eingeführt. Auf seinen Reisen in Indien hat er diese Praxis kennengelernt, das nackte Baby von Kopf bis Fuß zu massieren. Bei den folgenden Anleitungen stütze ich mich ganz auf seine Publikation *Sanfte Hände*, in der er ausführlich die Massagetechnik beschreibt.

In Indien benützen die Frauen dazu ein Naturöl (Kokos-, Senf-, Oliven- oder Mandelöl), mit dem sie ihre eigenen Hände einreiben.

Begonnen wird, wenn das Kind ca. vier Wochen alt ist – nicht früher. Es sollte mindestens sechs Monate lang, ungefähr zehn bis zwanzig Minuten täglich, massiert werden. Die beste Zeit dafür ist morgens oder abends vor dem Schlafengehen, doch keinesfalls nach dem Essen.

Am besten setzt man sich mit ausgestreckten Beinen auf den Fußboden, legt das Baby nackt auf die Füße oder auf ein Tuch, das man darüber ausgebreitet hat.

Das Baby sollte nicht direkt auf dem Fußboden oder auf

einem Tisch liegen, da die vollständige Entspannung, die es durch die Massage erreicht, durch den starren Untergrund behindert würde.

Während der ganzen Massage sollten die Hände sehr aufmerksam sein, um die leiseste Unruhe des Kindes erspüren und darauf reagieren zu können. Die Gedanken sollten ganz bei dem Baby sein und sich nicht mit anderen Dingen beschäftigen. Der Austausch mit dem Baby verläuft nur über die Augen und die Hände, und es wird im Gegensatz zu anderen Massagetechniken mit dem Baby nicht gesprochen. Dies ist auch die einzige Massagetechnik, die den Kopf des Babys zum Schluß, und nicht zu Beginn, massiert.

Anleitung
- Zuerst streichen Sie langsam mit beiden Händen von der Brustmitte des Kindes dem Verlauf der Rippen folgend nach beiden Seiten. Dies wiederholen Sie einige Male.

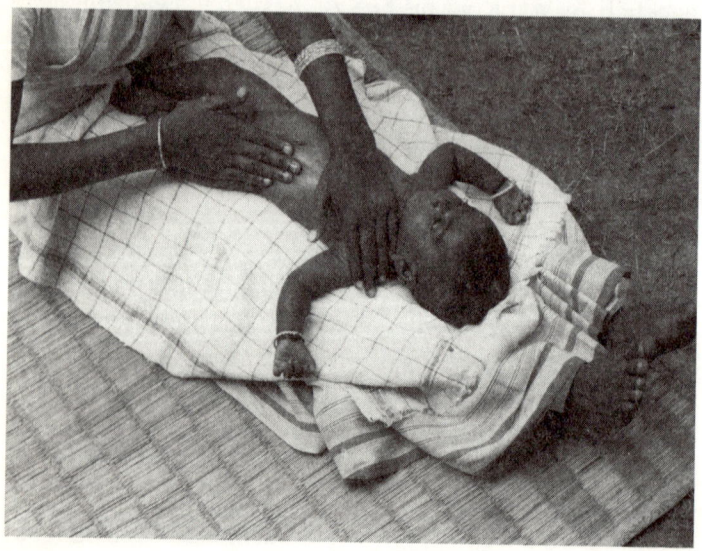

- Dann streichen Sie mit der linken Hand von der rechten Hälfte des Kindes schräg hinauf bis zur linken Schulter und noch ein wenig den Nacken hinauf. Die rechte Hand macht dasselbe von links unten schräg nach rechts oben. Sie wiederholen es einige Male langsam und rhythmisch. (Siehe Foto S. 150)
- Danach legen Sie das Kind auf die Seite und massieren wiederholt seinen Arm. Sie umfassen ihn mit einer Hand an der Schulter und streifen den Arm hoch bis zur Hand, die von der anderen Hand hochgehalten wird. Wenn Sie oben sind, greift die nun freie Hand nach unten zur Schulter und fängt von neuem an, nach oben zu streifen.
- Dann streichen Sie die Händchen immer wieder zu den Fingerspitzen hin aus.

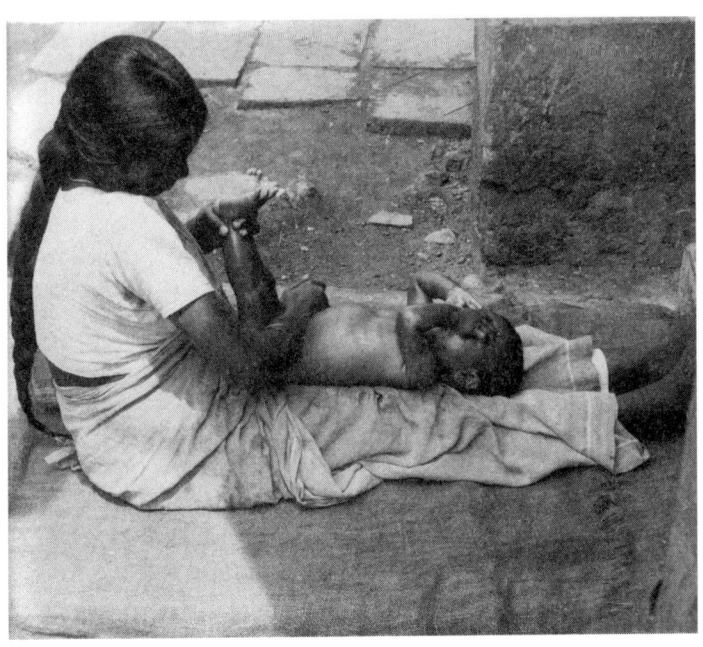

5. Die Bedürfnisse des Säuglings

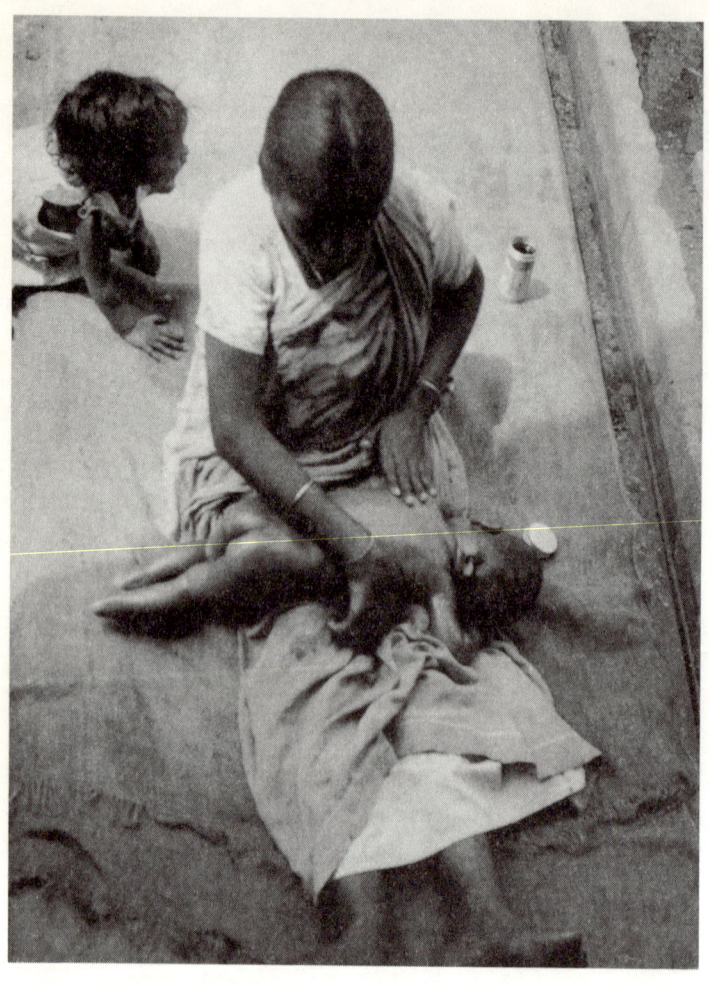

5. Die Bedürfnisse des Säuglings

- Nun drehen Sie das Kind um und massieren auf dieselbe Weise den anderen Arm.
- Danach legen Sie das Kind wieder auf den Rücken. Jetzt wird mit der flachen Hand von der Brust abwärts gestrichen über seinen Bauch, immer mit beiden Händen abwechselnd und rhythmisch. Nachher halten Sie mit einer Hand die Beine senkrecht in die Höhe und streichen mit dem anderen Unterarm ein wenig intensiver vom Rippenbogen aus nach unten. Die Bauchdecke ist jetzt entspannter und kann so etwas mehr Druck verkraften (siehe Foto S. 151).
- Nachher machen Sie mit den Beinen dasselbe wie mit den Armen. Das Baby bleibt aber dabei auf dem Rücken liegen, und die Fußsohle wird am Schluß mit der ganzen Handfläche ausgestrichen.
- Nun legen Sie das Kind auf den Bauch quer über die Oberschenkel. Sie legen ihm beide Hände flach auf den Rücken und massieren mit gegenläufigen Bewegungen quer den Rücken entlang, von oben nach unten und wieder nach oben (siehe Foto S. 152).
- Wenn Sie eine Weile so quer zur Wirbelsäule massiert haben, halten Sie nun mit der einen Hand den Po des Kindes und mit der anderen streichen Sie langsam, mit gleichmäßigem Druck entlang der Wirbelsäule abwärts – vom Hals bis zum Po.
- Nun nehmen Sie die Füße des Babys in eine Hand und strecken sie aus. Danach fahren Sie in einem Zug mit der anderen Hand vom Hals über den Po bis zu den Fersen (siehe Foto S. 153).

Leboyer betont, wie wichtig es ist, die Massage des Körpers als ein einheitliches Ganzes anzusehen, bei dem kein Teil vernachlässigt oder ausgelassen werden darf. Dem Rücken al-

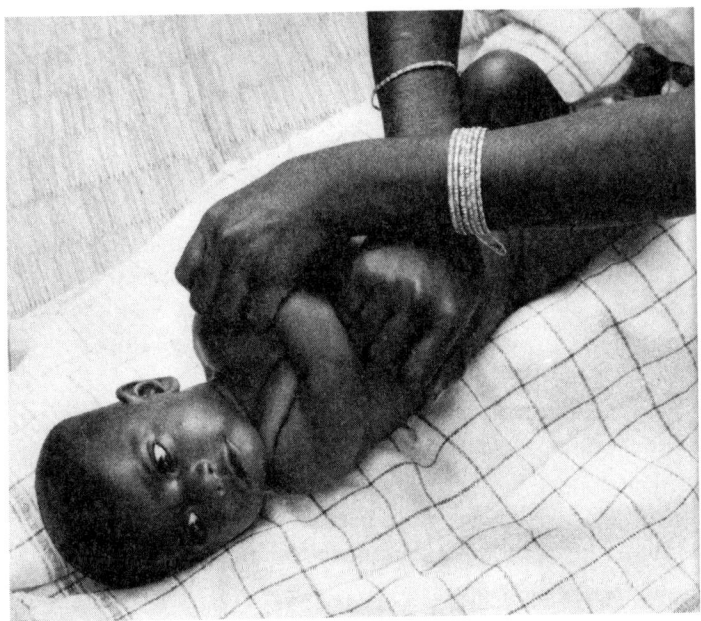

lerdings sollten Sie besondere Aufmerksamkeit widmen: «Er ist besonders wichtig, weil gerade entlang der Wirbelsäule leicht Spannungen entstehen und sich dort unbemerkt festsetzen. In diesem Alter sind sie noch leicht zu lösen.»[74]

• Nach der Rückenmassage drehen Sie das Kind um und massieren ihm das Gesicht. Zuerst mit den Fingern (nicht mit den Fingerspitzen) entlang der Augenbrauen nach beiden Seiten – das wird einige Male durchgeführt. Dann streichen Sie sanft die Daumen an den Nasenflügeln entlang auf die Stirn zu und danach über die geschlossenen Augen entlang der Nase bis zu den Mundwinkeln.

Die Massage wird mit drei «Baby-Yoga»-Übungen beendet:
• Sie umfassen beide Handgelenke und kreuzen die Arme

des Babys über seiner Brust. Wieder öffnen – wieder kreuzen – wieder öffnen (siehe Foto S. 155).

- Dann fassen Sie das linke Bein und den rechten Arm und kreuzen sie vor dem Bauch, bis der Fuß die rechte Schulter und die Hand den linken Oberschenkel berührt. Langsam zurück – anderes Bein und anderer Arm – und noch mal wechseln.
- Zum Schluß fassen Sie beide Fußgelenke und kreuzen die Beine über dem Bauch. Öffnen – kreuzen – öffnen, keinesfalls gewaltsam, aber auch nicht zu zaghaft.

«Sie [die Übungen] dehnen und entspannen die Muskulatur, sie lockern die Gelenke und öffnen sie zu ihrer vollen Beweglichkeit.»[75]

Nach der Massage kann sich ein Bad anschließen, das die letzten, tiefliegenden Spannungen lösen kann.[76]

Die Methode nach Eva Reich

Eva Reich stellte ihre bioenergetische Therapie mit Neugeborenen in Australien und anderen Teilen der Welt vor. Die von ihr entwickelte Massagetechnik basiert auf den Gedanken von Wilhelm Reich, der als erster die Körpertherapie entwickelte und sie «bioenergetische Orgon-Therapie» nannte.

Besonders wirksam erwies sich diese Technik bei Neugeborenen und Frühgeborenen (ab 500 g). Das Kind wird mit ausnehmend leichten Berührungen, sogenannten «Schmetterlingsberührungen», gestreichelt. Wird die Massage gleich nach der Geburt angewandt, kann sie die Schmerzen, die mit einer schweren Geburt einhergehen, abmildern. Besonders bei traumatischen Geburtserfahrungen kann diese Massage helfen, frühzeitig Spannungen zu lösen.

Im Idealfall beginnt man mit der Massage noch im Kreißsaal. Es ist wichtig, das Baby während der Massage liebevoll zu berühren und auch mit zärtlicher Stimme zu ihm zu sprechen.

Man massiert mit zarten, ganz leichten Berührungen vom Kopf des Babys bis zu seinen Zehen.

Beim Frühgeborenen ist es besonders wichtig, durch stimulierendes leichtes Streichen über die Brust die vollständige Ausatmung anzuregen oder zu fördern; das beugt einer sich zumeist rasch entwickelnden Lungenentzündung vor.[77]

Die Babymassage dauert zwischen 10 und 20 Minuten, je nach Stimmung und Alter des Babys. Es ist dabei wichtig, nur das zu tun, was dem Baby guttut, und aufzuhören, wenn es genug hat.

Fallbeispiel

Das zwei Monate alte Baby Carin, das eine schwere Geburt hinter sich hatte, bekam eine bronchiale Infektion, gefolgt von einer schweren Penizillin-Allergie und dann zusätzlich noch einem starken Ekzem. Im *Sensory Research Centre* in Melbourne zeigte man der Mutter, wie sie Carin nach der Methode von Eva Reich massieren sollte, um die durch das Geburtstrauma verursachten Spannungen zu lösen, denn der Kopf von Carin war ein besonders empfindlicher Körperteil.

So begannen die Mutter und der Vater zweimal täglich das Kind zu massieren. Schon nach drei Tagen sah das Baby zufriedener und entspannter aus, es saugte gut an der Brust, schlief über längere Zeiträume durch, und das Ekzem besserte sich, obwohl nur Zinksalbe und Lanolin als Heilbeihilfe benützt wurden.

Nach zwei Monaten war der Ausschlag verschwunden, Carin war ein herzliches, waches und auf die Umwelt reagierendes Baby, aber auch die Familie war dadurch verstärkt zusammengewachsen.[78]

Die Methode nach Ruth Rice

Die von Dr. Ruth Rice entwickelte Methode, genannt R.I.S.S. (Rice Infant Sensorindor Stimulation), ist die einzige wissenschaftlich erforschte, erprobte und international anerkannte Säuglingsmassage. Die Ergebnisse der Forschungsstudien zeigen, daß *alle* Säuglinge darauf positiv reagierten.

Ruth Rice konnte sogar zeigen, daß regelmäßig massierte frühgeborene Babys vier Monate nach ihrer Geburt in ihrer psychischen, sensomotorischen und neurologischen Entwicklung keinen Unterschied zu normalzeitig geborenen Kindern des gleichen Alters aufwiesen. Die Methode besteht aus zwei Teilen, einer Massage, bei der die Haut des Säuglings für ca. zehn Minuten stimulierend gestreichelt wird, und dem Wiegen des Kindes, das ca. fünf Minuten dauern soll. Die Massage ist keine tiefe Muskelmassage, sondern ein stimulierendes, jedoch festes Streicheln der Haut.

Anleitung

Halten Sie während der Massage Blickkontakt mit Ihrem Kind, und sprechen Sie mit ihm. Das kombiniert drei wichtige Anreize für das Kind: die Berührung, den visuellen Kontakt und das Hören. In dieser Technik werden alle Massagebewegungen dreimal wiederholt. Nehmen Sie das Kind entweder auf den Schoß, oder legen Sie es auf einer gepolsterten Unterlage auf den Boden oder auf den Tisch. Am besten nehmen Sie ein Massageöl, damit Sie leichter über die Haut des Babys gleiten können. Zuerst streichen Sie mit beiden Händen vom Kopf bis zum Kinn hinunter.

Dann streicheln Sie mit zwei Fingerspitzen von der Mitte der Stirn bis zu den Schläfen. Danach wird mit jeweils einer Fingerspitze um die Augenpartie herumgestrichen. Mit zwei Fingern streicheln Sie nun vom Nasenrücken nach außen über die Wangen und Ohren.

Nachher streicheln Sie mit einer Fingerspitze um den Mund herum. Nun heben Sie den Kopf des Kindes, neigen ihn etwas nach hinten und stützen ihn mit Ihrer Hand. Dabei streicheln Sie mit zwei Fingerspitzen über das Kinn und den Hals entlang nach unten.

Dann halten Sie mit einer Hand den Kopf des Babys auf die Seite und streicheln mit der Handinnenfläche von der Stirn über den ganzen Hinterkopf bis zum Nacken. Wenn das Baby sehr viel Haare hat, müssen Sie aufpassen, daß Sie es nicht an den Haaren reißen.

Jetzt halten Sie den Arm des Babys hoch, und mit der anderen Hand massieren Sie den ganzen Arm in einer kreisförmigen, rotierenden Bewegung. Das gleiche machen Sie dann mit der anderen Hand. Schließlich massieren Sie mit beiden Handinnenflächen vom Hals nach unten über die Brust und den Unterleib. Dann streicheln Sie mit den Fingerspitzen über die Mittellinie des Körpers, am Hals beginnend über den Nabel und die Geschlechtsteile. Nun halten Sie ein Bein hoch und massieren es mit kreisförmigen Bewegungen. Dann drücken Sie mit dem Daumen auf die Fußsohlen des Babys.

Zum Abschluß legen Sie das Kind auf den Bauch und streicheln ihm nochmals den Hinterkopf. Nachher massieren Sie mit beiden Handinnenflächen vom Nacken über den Rücken und das Gesäß nach unten. Mit zwei Fingerspitzen massieren Sie danach kreisförmig über die ganze Wirbelsäule hinunter. Zum Schluß massieren Sie nochmals die Beine.

Nach der Massage wickeln Sie das Baby fest in ein Tuch ein und nehmen es auf den Arm. Sie bleiben weiterhin in Augenkontakt mit Ihrem Kind und wiegen es kräftig mindestens fünf Minuten lang. Dabei können Sie mit dem Baby sprechen, ihm etwas vorsingen oder ihm Töne, die es im Mutterleib vernommen hat (Herzschlag), von einer Kassette vorspielen.[79]

Das Wiegen ist bei dieser Massagetechnik einzigartig. Man kann das sogenannte «The Loving Touch»-Paket von Dr. Ruth Rice bestellen, das eine genaue Anleitung und graphische Darstellung ihrer Methode enthält, und zusätzlich eine Kassette mit Herzschlagtönen.

Bestelladresse: CRADLE CARE, INC.

P. O. Box 801548, Dallas, Texas, 75380-1548 USA.

Die Methode nach Amelia Auckett

Amelia Auckett lehrt eine Kombination aus indischer Massage, wie sie von Frédérick Leboyer beschrieben wird, und dem, was sie von Eva Reich gelernt hat.

Nach ihren Anleitungen massieren Sie grundsätzlich von oben nach unten, wobei Sie am Kopf beginnen. Dann folgen Gesicht, Hals, Schultern, Arme, Brust, Bauch, Beine und Füße. Die Massage am Vorderkörper wird mit langen, leichten Streichbewegungen vom Hals bis zu den Zehen beendet. Danach drehen Sie das Baby auf den Bauch und massieren Kopf, Nacken, Rücken, Gesäß, Beine und Füße. Hier schließen Sie ebenfalls mit langen, ausgedehnten Streichbewegungen ab. Bei dieser Technik folgen zum Schluß immer die leichten und fließenden Streichbewegungen, damit das Baby entspannt bleibt.

Zu Beginn massieren Sie den Körper des Babys ebenfalls mit federleichten Berührungen, danach wird der Druck langsam verstärkt. Es ist wichtig, daß immer symmetrisch, das heißt auf beiden Körperseiten, massiert wird, da sonst das Körpergleichgewicht gestört wird.

Die ganze Massage dauert etwa zwanzig Minuten, kann aber verlängert werden, wenn Mutter und Kind Spaß daran haben.

Bei einem Neugeborenen oder Frühgeborenen sollte die Massage nur ca. zehn Minuten dauern und hauptsächlich aus sanften Streichbewegungen bestehen; dabei achtet man auf besonders empfindliche Stellen. Viele neugeborene Babys mögen es nicht, am Kopf berührt zu werden, insbesondere dann, wenn der Kopf während der Geburt starkem Druck ausgesetzt war. Aber auch wenn die Nabelschnur bei der Geburt um den Hals geschlungen war, sollte man nur vorsichtig streicheln, um das Kind an die Massage zu gewöhnen und den Schmerz langsam zu lindern.

Wenn das Kind bei der ersten Massage unruhig wird, sollten Sie unterbrechen und das Baby hochnehmen. Die Massage sollte eine schöne Erfahrung sein.[80]

Die Öleinreibung

Während die Babymassage bei uns mittlerweile bekannt geworden ist, sind die Öleinreibungen so gut wie unbekannt.

Diese spezielle Form der Massage verdankt ihren hohen Nutzen der großen Heilkraft von Ölen. Entwickelt wurde sie, als man in der zweiten Hälfte des 19. Jahrhunderts Arbeiter beobachtete, die in einer wollverarbeitenden Fabrik in England tätig waren, zu einer Zeit, als die Tuberkulose in Europa weit verbreitet war. Sir James J. Simpson stellt fest, daß diejenigen Arbeiter, die häufig Hautkontakt mit Wolle hatten, nie an Tuberkulose erkrankten. Wenn sie aber mit der Wolle nicht mehr in Berührung kamen, erkrankten sie in dem Maß an Tuberkulose, wie es dem Durchschnitt der Bevölkerung entsprach. Außerdem gesundeten Tbc-kranke Arbeiter wieder, wenn sie mit viel Wolle Kontakt hatten.

Sir Simpson konnte sich dieses merkwürdige Phänomen nur durch den schützenden und heilkräftigen Einfluß des Wollfetts Lanolin erklären. Er setzte seine Theorie in die Praxis um und entwickelte daraus die Öleinreibungen für tuberkulosegefährdete oder erkrankte Säuglinge, die großen Erfolg hatten.

Für die Einreibung wird ein gutes, pflanzliches, kaltgepreßtes Salatöl verwendet, keinesfalls darf ein Babyöl, das auf Erdölbasis hergestellt ist, verwendet werden.

Die Einreibungen sollen im ersten Lebensjahr einmal täglich vorgenommen werden, und zwar nach dem Baden am Abend und vor dem Stillen; denn der Sinn der Behandlung liegt gerade in der langen Einwirkungszeit des Öls.

Mit der Massage kann man bald nach der Geburt beginnen, und am Anfang ist es nur ein leichtes Betupfen des ganzen Körpers mit Öl, später wird das Öl langsam und behutsam einmassiert. Die Hände und das Gesicht werden nur ganz leicht, wenn überhaupt, geölt.

Anschließend wird dem Kind die Kleidung zum Schlafen angezogen, die nicht oft gewaschen werden soll; das Schlafen in der leicht öligen Kleidung ist ein wichtiger Teil der Behandlung.

Massageöle

Das Olivenöl ist für den allgemeinen Aufbau der Zellen sehr geeignet. Das Senföl wirkt regenerierend auf die Gefäße. Das Sesamöl erwärmt den ganzen Körper, besonders in der kalten Jahreszeit. Das Mandelöl hat eine regenerierende Wirkung auf Gehirn und Nerven. Das Sonnenblumenöl übt eine beruhigende Wirkung auf die Nerven aus. Das Weizenkeimöl enthält viel Vitamin E, das aufbauend auf die Fortpflanzungsorgane wirkt, und es regeneriert und pflegt die Haut.

Die Öle können auch gemischt werden, außer das Senföl mit dem Sesamöl.

Eine Mischung wäre z. B.:

Olivenöl 50 Prozent, Sesam- oder Senföl 20 Prozent, Sonnenblumenöl 20 Prozent, Mandelöl 10 Prozent.[81]

Die Babymassage in anderen Kulturen
In anderen Kulturen ist die Babymassage ein alter Brauch, der meist von der Mutter an die Kinder weitergegeben wird und zur täglichen Babypflege gehört.

In Nigeria, in Indien, auf den Fidschi-Inseln, in Bali, in Neuguinea und in Neuseeland bei den Maori beispielsweise gehört es zum Familienalltag, daß die Babys im ersten Lebensjahr massiert werden. Aber auch in Rußland ist die Massage ein anerkannter und praktizierter Teil der Säuglingspflege. Dort sind Ärzte und Mitarbeiter des Gesundheitsdienstes davon überzeugt, daß die Massage den Körper und die Gliedmaßen geschmeidiger macht, Muskeln und Haut kräftigt und überhaupt das Wohlergehen des Kindes fördert. Die Mütter erlenen die Technik aus Abbildungen und Beschreibungen in Büchern und Filmen und beginnen mit der Massage und den Übungen, wenn das Baby erst wenige Tage alt ist. Selbst in russischen Kinderheimen wird sehr viel Zeit für die Babymassage aufgewendet.[82]

Durch die Rückbesinnung auf alternative und ganzheitliche Lebens- und Behandlungsformen und die bewußtere Auseinandersetzung mit den Themen Schwangerschaft, Geburt und Elternschaft hat bei uns die Babymassage endlich wieder einen größeren Stellenwert erhalten.

Wünschenswert ist, daß die Massage auch in der weiteren Kindheit und im Erwachsenenalter fortgesetzt wird.

Anmerkungen

1   Vgl. Lothrop, Hanny: Das Stillbuch. S. 93 ff.
2   Vgl. Kitzinger, Sheila: Natürliche Geburt. S. 308.
3   Vgl. Roy, Ravi und Carola: Säugling – Wochenbett. S. 104.
4   Vgl. Montagu, Ashley: Körperkontakt. S. 56.

5   Vgl. Lothrop, Hanny: Das Stillbuch. S. 32 ff.

6   Stark, Eva-Maria, in: Sichtermann, Barbara: Leben mit einem Neugeborenen. S. 76.

7   Vgl. Sichtermann, Barbara: Leben mit einem Neugeborenen. S. 87 ff.

8   Vgl. Sears, William: Schlafen und Wachen. S. 177.

9   Vgl. Tietze, Henry G.: Botschaften aus dem Mutterleib. S. 156 ff.

10 Vgl. Montagu, Ashley: Körperkontakt. S. 56.

11 Vgl. Roy, Ravi und Carola: Säugling – Wochenbett. S. 105 ff.

12 Vgl. WHO, Arbeitsgemeinschaft Freier Stillgruppen: Die physiologischen Grundlagen der Säuglingsernährung. S. 51.

13 Vgl. Hormann, Elizabeth: Das Stillen eines älteren Babys. S. 4.

14 Vgl. Newmann, Jack: Immunschutz durch Muttermilch. S. 76 ff., in: Spektrum der Wissenschaft. Februar 1996.

15 Vgl. Lothrop, Hanny: Das Stillbuch. S. 28.

16 Vgl. WHO, Arbeitsgemeinschaft Freier Stillgruppen: Die physiologischen Grundlagen der Säuglingsernährung. S. 33, 69.

17 Vgl. Montagu, Ashley: Körperkontakt. S. 58.

18 Roy, Ravi und Carola: Säugling – Wochenbett. S. 103.

19 Vogt-Hägerbäumer, Barbara, in: Sichtermann, Barbara: Leben mit einem Neugeborenen. S. 83.

20 Vgl. Sichtermann, Barbara: Leben mit einem Neugeborenen. S. 126.

21 Vgl. WHO, Arbeitsgemeinschaft freier Stillgruppen: Die physiologischen Grundlagen der Säuglingsernährung. S. 46 ff.

22 Vgl. Sichtermann, Barbara: Leben mit einem Neugeborenen. S. 93 ff.

23 Vgl. Kern, Annemarie: Werbung für Muttermilchersatzprodukte. S. 7 ff., in: Kinder kriegen. Winter 95/96.

24 Vgl. Sichtermann, Barbara: Leben mit einem Neugeborenen. S. 84 ff.

25 Vgl. Hassenstein, Bernhard: Verhaltensbiologie des Kindes. S. 42 ff.

26 Vgl. Roy, Ravi und Carola: Säugling – Wochenbett. S. 104.

27 Vgl. Sichtermann, Barbara: Leben mit einem Neugeborenen. S. 95 ff.

28 Vgl. Verny, Thomas: Das Seelenleben des Ungeborenen. S. 111 ff.

29 Vgl. Tietze, Henry G.: Botschaften aus dem Mutterleib. S. 155.

30 Vgl. Montagu, Ashley: Körperkontakt. S. 79.

31 Vgl. Lothrop, Hanny: Das Stillbuch. S. 133 ff.

32 Vgl. Hormann, Elizabeth: Das Stillen eines älteren Babys. S. 2 ff.

33 Lothrop, Hanny: Das Stillbuch. S. 137.

34 Vgl. Sears, William: Schlafen und Wachen. S. 20.

35 Vgl. Montagu, Ashley: Körperkontakt. S. 123.

36 Vgl. Hilsberg, Regina: Körpergefühl. S. 94 ff.

37 Vgl. McKenna, James J.: Neue Gedanken zum gesunden Babyschlaf, in: Breastfeeding Abstracts. Februar 1993.

38 Vgl. Sears, William: Schlafen und Wachen. S. 65, 69.
39 Vgl. Hilsberg, Regina: Schwangerschaft, Geburt und erstes Lebensjahr. S. 272.
40 Sears, William: Schlafen und Wachen. S. 179.
41 Vgl. Sichtermann, Barbara: Leben mit einem Neugeborenen. S. 151 ff.
42 Vgl. Sears, William: Schlafen und Wachen. S. 36.
43 Kitzinger, Sheila: Hausgeburt. S. 190.
44 Vgl. Sears, William: Schlafen und Wachen. S. 24.
45 Vgl. Sichtermann, Barbara: Leben mit einem Neugeborenen. S. 135 f.
46 Vgl. Sears, William: Schlafen und Wachen. S. 25 ff.
47 Vgl. Sears, William: Schlafen und Wachen. S. 41.
48 Vgl. Sichtermann, Barbara: Leben mit einem Neugeborenen. S. 137 ff.
49 Vgl. Sears, William: Schlafen und Wachen. S. 39 ff.
50 Vgl. McKenna, James J.: Neue Gedanken zum gesunden Babyschlaf, in: Breastfeeding Abstracts, Februar 1993.
51 Vgl. Montagu, Ashley: Körperkontakt. S. 94, 191.
52 Sichtermann, Barbara: Leben mit einem Neugeborenen. S. 147.
53 Vgl. Hilsberg, Regina: Schwangerschaft, Geburt und erstes Lebensjahr. S. 265 ff.
54 Vgl. Montagu, Ashley: Körperkontakt. S. 195.
55 Freud, Anna: Wege und Irrwege in der Kinderentwicklung. S. 144 f.
56 Vgl. Montagu, Ashley: Körperkontakt. S. 123, 194.
57 Vgl. Sichtermann, Barbara: Leben mit einem Neugeborenen. S. 154 ff.
58 Vgl. Sichtermann, Barbara: Leben mit einem Neugeborenen. S. 131 ff.
59 Vgl. Kast-Zahn, Annette/Morgenroth, Helmut: Jedes Kind kann schlafen lernen, in: Mutter & Kind-Erziehung, Wienerin Mai 1996, S. 158 f.
60 Kast-Zahn, Annette/Morgenroth, Helmut: Jedes Kind kann schlafen lernen, in: Mutter & Kind – Erziehung, Wienerin Mai 1996, S. 158 f.
61 Vgl. Kast-Zahn, Annette/Morgenroth, Helmut: Jedes Kind kann schlafen lernen, in: Mutter & Kind – Erziehung, Wienerin Mai 1996, S. 158.
62 Rankl, Christine, in: Mutter & Kind – Erziehung, Wienerin Mai 1996, S. 158 f.
63 Sears, William: Schlafen und Wachen. S. 84 ff.
64 Sears, William: Schlafen und Wachen. S. 84.
65 Sears, William: Schlafen und Wachen. S. 85 f.
66 McKenna, James J.: Neue Gedanken zum gesunden Babyschlaf, in: Breastfeeding Abstracts. Februar 1993.
67 Vgl. Sears, William: Schlafen und Wachen. S. 31.
68 Hilsberg, Regina: Körpergefühl. S. 98.
69 Leboyer, Frédérick: Sanfte Hände. S. 14.
70 Vgl. Leboyer, Frédérick: Sanfte Hände. S. 14 f.

71 Vgl. Auckett, Amelia D.: Wie man ein Baby glücklich macht. S. 24 ff., 72 ff.

72 Vgl. Roy, Ravi und Carola: Säugling – Wochenbett. S. 90.

73 Vgl. Auckett, Amelia D.: Wie man ein Baby glücklich macht. S. 32, und Weissenböck, Maria: Effekte von Babymassage. (Kopieunterlage)

74 Leboyer, Frédérick: Sanfte Hände. S. 72.

75 Leboyer, Frédérick: Sanfte Hände. S. 87.

76 Vgl. Leboyer, Frédérick: Sanfte Hände. S. 22 ff.

77 Vgl. Auckett, Amelia D.: Wie man ein Baby glücklich macht. S. 84 ff.

78 Vgl. Auckett, Amelia D.: Babymassage – eine Alternative zu Medikamenten. S. 4.

79 Vgl. Rice, Ruth D.: Die Loving-Touch-Methode.

80 Vgl. Auckett, Amelia D.: Wie man ein Baby glücklich macht. S. 40 ff.

81 Vgl. Roy, Ravi und Carola: Säugling – Wochenbett. S. 90 ff.

82 Vgl. Auckett, Amelia D.: Wie man ein Baby glücklich macht. S. 112 ff.

6. Die Auswirkungen des mangelnden Körperkontakts

Vom Tragling zum «Bettsäugling»

Ursprünglich wurden die Kleinkinder ganz nah, direkt am Körper getragen. Erst als sich während der Evolution Fellosigkeit, die glatte Haut entwickelte, wurden andere Maßnahmen notwendig und üblich. Geblieben jedoch ist das instinktive Bedürfnis nach Geborgenheit. Manche Naturvölker tragen auch heute noch ihre Kinder permanent mit sich herum.

In der westlichen Welt liegen die Säuglinge die meiste Zeit des Tages von der Mutter getrennt im eigenen Bettchen – isoliert. (In der Wissenschaft prägte sich dafür der Begriff «Bettsäugling» [Peiper 1961].)

Aber das ist nichts Neues: Die Kinderwiege war bei den Römern, den Griechen und im alten Mesopotamien eingeführt. In Ägypten galt das Tragen als eine Praxis allein der dort lebenden Sklavenvölker.

Viele Völker (Griechen, Römer, Germanen, Russen) legten ihre Kinder jedoch nicht einfach weg, sondern wickelten die Babys in Bänder, was dem Kind einen gewissen Ersatz für den mangelnden Körperkontakt gab.

Diese Methode wurde bei uns in Europa beim Übergang zwischen Mittelalter und Renaissance, vollständig schließlich im 18. Jahrhundert aufgegeben; in Rußland und bei den Indianern Nordamerikas wird sie heute noch teilweise praktiziert. Dem Kind wurde damit sein Ersatz für Körperkontakt genommen, und eine allgemeine Unruhe, verbunden mit entsprechend längerer Schreidauer, setzte ein.

In Europa kam das Ammenwesen immer stärker in Mode, bei dem die Mütter der gesamten Oberschicht sich von ihren Kleinstkindern trennten.

In jener Zeit wurde der nächtliche Schlaf des Kindes bei der Mutter durch die Ärzte verboten, begründet damit, daß das Kind möglicherweise einen Erstickungstod erleiden könnte. Der Körperkontakt des Kindes zur Mutter wurde somit weiter eingeschränkt, und die allgemeine Unruhe der Babys stieg an. Im 18. und 19. Jahrhundert wurde dann noch wegen gemutmaßter gesundheitsschädigender Wirkung das Wiegen verboten; von da an mußten sich viele Kinder in den Schlaf schreien.

Gegen Ende des 19. Jahrhunderts begann man die Ernährung des Kindes zu festgelegten Zeiten einzuführen. Die Babys waren zusätzlichem Hunger ausgeliefert, und die Schreidauer wurde noch länger. Bei diesem Vorgehen wurde die Trennung zwischen Mutter und Kind besonders konsequent und perfekt ausgeführt; die Mutter durfte nur zu den Essenszeiten zu ihrem Kind gehen.

Der nächste Schritt war, daß man sich immer stärker für das Schreienlassen des Kindes engagierte und der Mutter sogar verbot, zu ihrem Kind zu gehen und es hochzunehmen.

Aussprüche wie: «Schreien macht die Lunge stark», oder: «Man muß frühzeitig den Willen des Kindes brechen, sonst wird man tyrannisiert», sind in allen Erziehungsratgebern aus dieser Zeit zu lesen.

Im 20. Jahrhundert wurde das Stillen zunehmend kritisiert und damit dem Kind auch der letzte mögliche Körperkontakt entzogen, nämlich der Kontakt während dem Füttern. Währenddessen begannen in den Kliniken Ärzte auch die sofortige Trennung von Mutter und Kind nach der Geburt einzuführen, und zu guter Letzt wurde auch noch gegen den Schnuller und das Daumenlutschen argumentiert und den Müttern empfohlen, dies dem Kind zu verbieten.

Damit blieb dem Kind nicht einmal die letzte Möglichkeit zur Selbstberuhigung.

So scheint es, als hätten alle genannten Veränderungen in der Säuglingsbehandlung seit dem Mittelalter letztlich nur ein gemeinsames Ziel: die immer frühere Trennung, das heißt die immer konsequentere und tiefere Entfremdung zwischen Mutter und Kind herbeizuführen.

Die schwerwiegendste Folge, neben der Vereinsamung, ist wohl die Tatsache, daß Kinder unserer Kultur das Gefühl der Geborgenheit in Form von Körperkontakt kaum oder nur noch in einem äußerst geringen Maße erleben können.[1]

Doch diese Erziehungsmaßnahmen haben auch für die Eltern – besonders die Mütter – negative Folgen: In erster Linie ist der ehemals so selbstverständliche Umgang mit einem Säugling verschüttet worden; viele Mütter sind vollständig irritiert, denn die Ratschläge der Experten ließen sie oft gegen ihren Instinkt handeln. Das getrennte Schlafen verkompliziert zusätzlich die Verständigung zwischen Mutter und Kind, und so ist es nicht verwunderlich, wenn die Mütter beim ersten Kind oft einen «Babyschock» erleiden.

Das Leben mit einem Neugeborenen wird daher von vielen Müttern nicht als eine schöne, sinnliche Zeit erlebt, sondern als eine Zeit des Stresses, des Unausgeschlafenseins und der Isolation.

Zwischen Kind und Mutter haben sich heute verschiedene Utensilien geschoben, wie Flasche, Gitterbett, Kinderwagen, Kleidung, Wippe und die Gehschule. Wärme ist nicht mehr Körperwärme, sondern die Wärme von Kleidung und Decken. Das Fortbewegen geschieht nicht mehr im Rhythmus der Schritte, sondern im Rumpeln und Schwanken des Kinderwagens.

Obwohl diese Babyausstattung von der Mutter nicht nur als Erleichterung empfunden wird, übernehmen sie die meisten Eltern unhinterfragt.[2]

Es gibt heute schon reichlich Forschungsmaterial über die Vorteile eines verstärkten Körperkontakts mit Neugeborenen, trotzdem bedauern noch viele Frauen die Mütter in primitiven Ländern, die ihre Babys im Tragetuch überall mit sich herumschleppen.[3]

Körperkontakt ist lebensnotwendig

Die Geschichtsschreibung überliefert von Friedrich II. (1194 bis 1250), daß er herausfinden wollte, welche Sprache und welche Art des Sprechens Kinder entwickeln, wenn sie heranwachsen, ohne daß jemand mit ihnen redet. Er gab daher den Pflegerinnen, die eine Gruppe von Säuglingen betreuten, den strengen Befehl, die Kinder zu stillen, zu baden und zu kleiden, aber das Reden sowie Zärtlichkeiten und Liebkosungen zu unterlassen.

Die Bemühungen Friedrichs II. in dieser Hinsicht waren vergeblich, denn alle Kinder starben, ohne gesprochen zu haben. Sie konnten nicht leben, ohne das Streicheln und die Liebe ihrer Betreuerinnen.[4]

Nachdem Ammen nicht mehr existieren und durch den Kinderwagen und das Gitterbett ersetzt wurden, hat man vergessen, wie notwendig der physische Kontakt für das Kind ist. In der Erforschung der Persönlichkeitsentwicklung wurde ebenfalls dem taktil-kutanen Erleben des Kleinkindes wenig Aufmerksamkeit geschenkt.

Auffallend war in Kinderkliniken, in denen Kleinkindern die Nähe der Mutter fehlte, die Beobachtung, daß diese oft unter akuten Depressionen, Mangel an Appetit, Gewichtsverlust und manche sogar an einem Kräfteverfall litten, der lebensbedrohlich war.

So starben im 19. Jahrhundert im allgemeinen mehr als die Hälfte der Kinder im ersten Lebensjahr an einem Leiden, das man «Marasmus», also Verfall der Kräfte nannte.

Man vermutete wohl, daß diesen Säuglingen die Mutterliebe fehlte, aber erst Untersuchungen nach dem Zweiten Weltkrieg bestätigten dann, daß Marasmus vorwiegend bei Säuglingen aus besten Familien und in Kliniken bzw. Kinderheimen auftrat, also in einer Umgebung, die den Kindern wohl ausreichende hygienische, aber ungenügend emotionale Versorgung bot. Bei Säuglingen in ärmeren Familien traten Fälle von Marasmus seltener auf, trotz mangelhafter hygienischer Bedingungen, weil es üblich war, das Kind mitzunehmen. Sobald dieser Zusammenhang erkannt wurde, führte man ein regelmäßiges «Bemuttern» in den Kliniken ein. Im Bellevue Hospital in New York sank die Sterblichkeitsziffer von Kindern im ersten Lebensjahr von 35 Prozent im Jahre 1938 auf weniger als 10 Prozent, nachdem dieses «Bemuttern» – darunter ist das Aufnehmen und Herumtragen jedes einzelnen Säuglings zu verstehen – in die Betreuung integriert wurde.[5]

Heute benennt man eine seelische Mangelsituation als Deprivation. Dieser Begriff schließt alle Arten von Liebesentzug bei Säuglingen und Kleinkindern ein, wodurch die psychischen Grundbedürfnisse nicht befriedigt werden. Diese Grundbedürfnisse sind das Bedürfnis nach emotionaler Bindung und Sicherheit, das Bedürfnis nach Stimulation und nach Veränderlichkeit der Umweltreize, das Bedürfnis nach Stabilität und das Bedürfnis nach Selbständigkeit. Um dem Bedürfnis nach Selbständigkeit und Entfaltung jedoch nachgeben zu können, müssen zunächst die Bedürfnisse des Kindes nach emotionaler Bindung und Sicherheit befriedigt worden sein.

Das Ausmaß der Deprivation bestimmt die Störungen, die im kindlichen Verhalten auftreten, beispielsweise übertriebenes Liebesverlangen, Rachegefühle, Schuldbewußtsein, Depressionen, Kontaktschwierigkeiten usw. Die Gefahren der frühkindlichen Deprivation können gar nicht ernst genug genommen werden, da sie meistens über mehrere Generationen hinweg wirken. Ein vernachlässigtes depriviertes Kind kann später Elternteil mehrerer wiederum seelisch vernachlässigter Kinder werden.[6]

Im allgemeinen glaubt man, daß das Neugeborene am meisten taktile Stimulierung erhält, doch, so ergaben verschiedene Untersuchungen, genau das Gegenteil ist der Fall.

Gerade in der ersten Zeit liegen die Säuglinge weitaus mehr im Bettchen als in darauffolgenden Monaten, wo das Kind länger wach, aktiver ist und sich nach außen zu wenden beginnt. Das In-sich-gekehrt-Sein eines Neugeborenen erscheint leicht als Teilnahmslosigkeit, und darum ist man vielleicht versucht, ihn, ohne nachzudenken, im Gitterbettchen allein zu lassen. Sobald das Kind schreit, werden ja seine Bedürfnisse befriedigt. Doch wenn es dann eingeschlafen ist, kommt es selbstverständlich wieder zurück in das einsame Bett.[7]

Bei einer Untersuchung in den USA in den 6oer Jahren beobachtete man 45 Mutter-Kind-Paare in der Öffentlichkeit, in Freizeitanlagen und an privaten Stränden. Das Ergebnis war, daß die Kinder, die noch nicht gehen konnten, weniger taktile Erfahrung empfingen, als die Kinder, die schon gehen konnten. Die Mütter waren nicht damit beschäftigt, ihre Säuglinge in die Arme zu nehmen, zärtlich zu ihnen zu sein, sondern damit, auf ihr Benehmen zu achten und ihnen zu essen und zu trinken zu geben, wenn es nötig war.

Das zeigt, daß die – hier amerikanische – Mutter besonders in der ersten Phase der Entwicklung, der Zuneigung und des Schutzes, am häufigsten versagt. Bei den Primaten und den Müttern vieler Naturvölker zeigen diese gerade gegenteilig in der ersten Zeit ein besonderes Interesse an ihren Babys, das im Laufe der Zeit ständig abnimmt, sobald es selbständig wird.

Viele Mütter in Industrieländern zeigen nur dann mütterliches Interesse und Liebe, wenn das Kind laut schreit oder sich heftig bewegt, oft haben sie als Kind selbst keinen engen physischen Kontakt mit ihren eigenen Müttern erlebt, und da in den westlichen Kulturen ein enger Mutter-Kind-Kontakt nicht die Norm ist, wird dieses Verhalten eher verstärkt.

Diese eher funktionale Kinderpflege und -erziehung mit der frühen Trennung von Mutter und Kind und der Einsatz von Flaschen, Kinderwagen und Gitterbett bringt Menschen hervor, die fähig sind, isolierte Leben in überfüllten Städten mit materialistischen Werten und einer Hingabe an Dinge zu führen.

Die größere Nähe innerhalb der Familie, die ihren Ursprung in der taktilen Verbindung zwischen Mutter und Kind hat, läßt den Menschen sich geborgener fühlen und hilft dabei den Druck, den unsere Zeit auf jeden ausübt, zu ertragen und mit den unvermeidlichen Schwierigkeiten des Lebens besser fertig zu werden.[8]

Das Weinen

Das Weinen verursacht beim Säugling eine Streßsituation, doch diesem Zustand von Streß wurde in den letzten Jahrzehnten kaum noch Beachtung geschenkt. Die Experten, die Mutterberatungsstellen und Erziehungsratgeber plädierten dafür, das Baby schreien zu lassen, wenn es gewickelt und gefüttert war, als könnte es nur aus diesen Bedürfnissen heraus weinen.

Noch im Jahre 1982 schrieb H. Keller in dem Buch *Psychologie der frühesten Kindheit*, daß das Schreien eine physiologische Funktion hat. Das Schreien erleichtere die Reorganisation des cardio-respiratorischen Systems, erweitere die Lungenkapazität und helfe, die Homöostase aufrechtzuerhalten.[9]

Nachfolgend möchte ich einige gegenläufige Positionen darstellen. William Sears erfuhr 1991 in einer Umfrage unter Hunderten von Eltern, daß die häufigste Empfehlung von Freunden und Verwandten, nachts auf ein schreiendes Kind zu reagieren, immer noch die war, das Kind weinen zu lassen. Doch 95 Prozent der Mütter hatten das Gefühl, daß dieser Ratschlag falsch sei, die meisten sahen sich in den Konflikt gestürzt, entweder das Baby weinen zu lassen oder dem ursprünglichen Impuls nachzugeben, das Baby zu trösten.[10]

Ashley Montagu schrieb sehr sensibel über dieses Thema:

> «Eine Million Mütter saßen da und weinten, weil ihre Kinder weinten. Aber als liebende Mütter gehorchten sie dem Fachmann auf diesem Gebiet und widerstanden tapfer dem ‹animalischen Impuls›, sie [das Baby] auf die Arme zu nehmen und zu trösten. Die meisten dieser Mütter hatten das dunkle Gefühl, das könne nicht richtig sein, aber wer waren sie, und wie konnten sie ihre Ansicht der Ansicht der Experten entgegensetzen?»[11]

In vielen Fragen lesen die Mütter – und gehorchen dem Expertenrat, ohne Vertrauen auf ihre angeborene Fähigkeit, richtig auf das Kind einzugehen, und auch ohne Vertrauen zum Baby, das deutlich Signale aussendet. Dabei könnten das aufmerksame Beobachten und instinktive Reagieren zu einem erfüllenden, harmonischen Zusammenspiel zwischen Mutter und Kind führen.

«Wird auf das (nächtliche) Weinen des Babys entsprechend

reagiert, so lernt es, darauf zu vertrauen, daß seine Handlungen bei anderen etwas bewirken können. Das Baby erfährt, daß es geschätzt wird. Dies ist der Beginn seines Selbstwertgefühls. Eine Mutter, die ihrem instinktiven Verlangen, auf das Weinen des Babys sofort zu reagieren, nachgibt, entwickelt dadurch ihr eigenes Einfühlungsvermögen. Je mehr sie auf das Weinen des Babys reagiert, desto sensibler wird sie für die Sprache ihres Babys. Diese Kombination aus dem Vertrauen des Babys und dem Einfühlungsvermögen der Mutter ist die richtige Voraussetzung für die Idee der Kinderbetreuung in der Nacht.»[12]

Jean Liedloff vermutet hier noch eine andere Ursache, nämlich die Tendenz in unserer Kultur, dem Kind gleich zu Beginn zu zeigen, wer der dominante Teil in der Beziehung ist, und es zur Anpassung an die Wünsche der Mutter zu bringen. So zeigen sich Unfreundlichkeit, Mißbilligung oder Liebesentzug gerade in dem Moment, wenn das Baby als unbequem empfunden wird oder Arbeit verursacht. Dahinter stehen oft die Angst, das Baby könnte verwöhnt werden, und der Gedanke, es müsse lernen, sich der Gesellschaft anzupassen, d.h. sozialisiert werden. Doch oft wird gerade dadurch das Gegenteil erreicht.[13] Dem Kind bzw. dem späteren Erwachsenen wird dadurch die Möglichkeit entzogen, Selbständigkeit und eigenverantwortliches Handeln zu entwickeln.

Es ist ein tiefer Instinkt der Neugeborenen, sich an einen Körper anzuklammern, um unmittelbar menschliche Nähe zu spüren. Wenn ihm das nicht gelingt, schreit es, und sein Geschrei ist nicht befriedigend oder grundlos, sondern existentiell. Das Kind fühlt sich in Lebensgefahr, wenn es merkt, daß es allein ist. Das Schreien ist sicher kein Ausdruck der Zufriedenheit, sondern es ist ein heftiger Einspruch gegen das, was gerade geschieht.

Das Weinen des Säuglings ist ein allgemeines Alarmsignal

und kann bedeuten: Schreck, Schmerz, Kälte oder Hitze, Hunger, volle Windel, aber auch Verlassenheitsangst.[14]

Auf diesem Wissenshintergrund erweist sich die These, daß Schreien eine lungenstärkende Wirkung haben soll, als eine völlig verantwortungslose Erfindung. Denn bis heute konnte bei keinem Kind, das wenig geschrien hatte, aus diesem Grund eine schwache Lunge festgestellt werden. In manchen Völkern schreien die Babys so gut wie nie und haben trotzdem nicht die geringsten Schwierigkeiten mit der Entwicklung ihrer Lunge. Anhaltendes Schreien energischer Kinder kann eher die Gesundheit beeinträchtigen, durch Überreizung der Stimmbänder und durch eine wunde Kehle, was Infekte begünstigt. Aber auch andere Funktionen des Organismus werden durch langandauerndes Schreien, auf das niemand reagiert, auf eine Alarmreaktion umgestellt. In dieser Zeit werden wichtige Körperabläufe an die zweite Stelle gerückt oder sogar vorübergehend abgeschaltet. Dadurch gehört das Schreien biologisch nicht zum «Entwicklungsprogramm», sondern zum «Notprogramm».[15]

Wenn man etwas Gutes für die Lunge des Kindes tun möchte, dann ist es sicherlich angemessener, das Kind viel an die frische Luft kommen zu lassen. Die Meinung, daß Schreien die Seele abhärte, stimmt nicht. Es ist eher das Gegenteil zu erwarten, nämlich, daß das Schreien keine positiven Wirkungen hat. Die massiven Angsterlebnisse, die das Kind während des Schreiens erlebt, können spätere psychische Störungen begünstigen.

Mit einem Wort: Man hat sehr viele Babys ganz unnötig schreien lassen, denn es war zu nichts nütze, außer zur Verstärkung der Ängste und des Urmißtrauens.

Beobachtungen von Schaffer und Emerson (1964) ergaben, daß praktisch jedes schreiende Kind in den ersten Monaten beruhigt werden konnte, indem man es auf den Arm nahm. Umgekehrt begann es zu weinen, wenn es aus der Körperkontaktsituation in das Bett zurückgelegt wurde. Teilweise konnte es auch schon durch die vertraute Stimme der Eltern beruhigt werden.[16]

Das Childrens Hospital Research Institute in Montreal, Kanada, stattete Säuglingsmütter mit Tragetüchern aus und forderte sie auf, ihre Kinder mindestens drei Stunden täglich darin zu tragen. Das Tragen erwies sich nicht nur als wunderbar beruhigend, sondern die getragenen Kinder waren auch grundsätzlich weniger weinerlich und pflegeleichter.

Die getragenen Babys schrien tagsüber um 43 Prozent weniger als Kinder einer Kontrollgruppe, die nicht getragen wurden. Und am Abend, wenn das Schreien üblicherweise eskaliert, schrien diese getragenen Babys sogar um 51 Prozent weniger. Insgesamt waren die Tragetuchbabys ausgeglichener und zufriedener, und somit auch die Mütter körperlich, seelisch und nervlich in besserer Verfassung als die der Kontrollgruppe.[17] Diese Untersuchungen bestätigen, daß es kein besseres Beruhigungsmittel als den Körperkontakt gibt.

Auch langfristig erwies es sich als postitiv, auf das Schreien rasch zu reagieren. Ainsworth fand 1972 bei einer Untersuchung heraus, daß Mütter, die das Schreien ihrer Kinder nur selten ignorierten, Kinder hatten, die nur selten weinten und variationsreicher und differenzierter kommunizieren konnten als Kinder von Müttern, die das Schreien weniger beachteten.[18]

Getröstete Kinder sind zufriedener, ausgeglichener, sie schreien seltener, was das Leben mit ihnen viel einfacher macht.[19]

In modernen Gesellschaften, in denen Säuglinge gewöhnlich in Kinderwagen und -betten gesteckt werden, wird das Schreien für den Säugling zum wirksamsten Signal, da die Mutter von den Körpersignalen des Kindes getrennt ist.[20]

Das Baby verfügt über ein durchaus ansehnliches Repertoire von Ausdrucksformen neben dem Schreien, doch dies sind alles Nahsignale. Wenn es die Nähe spürt, dann kann es sich durchaus mit den Formen von Zappeln, Schnaufen, Stöhnen, Fuchteln, Sichkrümmen, Sichstrecken, Keuchen, Lallen, Stirnrunzeln bemerkbar machen. Erwachsene sollten sich vergegenwärtigen, daß sie selbst oft die Säuglinge zum Schreien bringen, da sie so weit weg sind und die Babys mit all ihren anderen variationsreichen Ausdrucksmitteln keinen Kontakt herstellen können.[21]

Der Baby-Schock

Für viele Mütter bedeutet es manchmal regelrecht einen Schock, wenn sie feststellen, was es heißt, Tag und Nacht für ein Neugeborenes zu sorgen. Durch meine eigenen Erfahrungen, Aussagen anderer Mütter und Fallbeschreibungen aus der Literatur bin ich der festen Überzeugung, daß man durch das Tragen und den Körperkontakt zum Kind diesen Babyschock verhindern, zumindest mindern kann. Wenn vom ersten Tag an klar ist, daß das Baby an den Körper gehört, so kann es fast gar nicht zu dieser periodischen Verzweiflung kommen. Die Mutter erspart sich durch das Tragen des Babys im Tragetuch sehr viel Streß, Belastung und Arbeit, und sie kann mit dem Baby am Körper alles machen, überall hingehen und ist dadurch auch weniger isoliert (siehe Kapitel «Orthopädie und Tragehilfen»).

Aufgrund meiner eigenen Erfahrungen bin ich überzeugt, daß sich das Tragen sehr gut mit den Anforderungen, denen sich eine moderne Mutter im Alltag stellen muß, vereinbaren läßt.

Das Wechselspiel zwischen Mutter und Kind intensiviert und ermöglicht eine exaktere Wahrnehmung körperlicher und seelischer Veränderungen. Die Mutter wird gegenüber ihrem Baby sensibilisiert, und es entsteht ein Sicherheitsgefühl, daß es dem Baby gut geht, das äußerst beruhigend und ausgleichend wiederum auf die Psyche der Mutter wirkt. In vielen Aussagen tragender Mütter spiegelt sich dieses wunderbare und befreiende Erlebnis wider.

Wenn das Kind älter wird und an Gewicht zunimmt, klagen manche Mütter bei längeren Tragezeiten über Rückenverspannungen und Schulterschmerzen. Sehr viele Eltern wechseln sich daher beim Tragen ab, und die körperlichen Beschwerden können so praktisch vermindert werden. Das regelmäßige und intensive Tragen des Babys verbessert jedoch die eigene Kondition außerordentlich, was mit der Zeit das Tragen erleichtert. Auffallend ist, daß das Bedürfnis, das Baby zu tragen und zu spüren, mit verstärktem Tragen auch ansteigt.

John Bowlby beschreibt, wie in primitiven Gesellschaften sich die Mutter gewöhnlich in nächster Nähe des Kindes aufhält und Alarmiertsein der Mutter und Verstörtsein des Kindes sofortiges Handeln auslösen. In höher entwickelten Gesellschaften wird die Situation komplizierter, doch trotzdem empfinden die meisten Mütter ein starkes Bedürfnis, sich in der Nähe ihrer Babys und kleinen Kinder aufzuhalten. Ob sie diesem Drang nachgeben oder dagegen ankämpfen, hängt von persönlichen, kulturellen und wirtschaftlichen Variablen ab.[22]

Ich frage mich, ob nicht gerade das Ankämpfen gegen dieses starke Bedürfnis, das Kind bei sich zu haben und zu spüren, zum größten Teil den Baby-Schock in unserer Kultur auslöst. Der Kinderwagen und das Gitterbett sind schon so stark eingebürgert, daß man über deren Sinnhaftigkeit und Notwendigkeit gar nicht mehr nachdenkt, auch nicht, ob diese Gegenstände überhaupt die Bedürfnisse des Kindes befriedigen oder vielleicht nur für die Wirtschaft nützlich sind.

Vielleicht werden diese Babyartikel auch deshalb nicht mit den Baby-Schock in Zusammenhang gebracht. Die Psychologin Louise J. Kaplan führt aus:

> «Für viele Mütter ist die für das Einssein typische verschmelzende Nähe das befriedigendste Erlebnis der Mutterschaft. Sie blühen regelrecht auf in der Atmosphäre der Intimität und einer sie völlig in Anspruch nehmenden Eingestimmtheit, welche von ihrem Einssein mit dem Baby herrührt. Wenn eine solche Mutter mit ihren einfühlsamen Bewegungen die feinen, wortlosen Signale des Babys liest, wünscht sie, diese Erfahrung würde fortdauern.» [23]

Wo befindet sich hier ein Hinweis auf einen Baby-Schock?

Das Wiegen

Die Fachexperten betonten immer wieder, wie groß die Gefahr der Verwöhnung sei, wenn das Kind entweder in der Wiege oder in den Armen in den Schlaf geschaukelt wird. Dadurch wurden die Wiegen in die Rumpelkammer verbannt, und das Kind wurde in ein Bett gelegt. Viele Mütter hatten dabei das Gefühl, sich einer altmodischen Art der Kinderpflege zu entledigen, und waren fest entschlossen, modern und unsentimental zu sein. Dies ist traurig, denn wo immer eine Nation «modern» wurde oder die «aufgeklärten» Leute westliche Sitten einführten (z. B. in Indien und Pakistan), schafften sie die Wiege ab. Man befürchtete, daß durch das Schaukeln der Wiege das Kind zu einem verzärtelten, abhängigen Menschen werden könnte.

Merkwürdig ist dabei, daß man noch nie Schaukelstühle für Erwachsene als schädlich bezeichnet hat.

Schaukelstühle sind so empfehlenswert für Erwachsene und vor allem ältere Menschen wie die Wiege für den Säugling. Das Schaukeln regt die Herztätigkeit und den Kreislauf an, führt zu besserem Durchatmen, verhindert übergroßen Blutandrang zur Lunge, hebt den Muskeltonus und erhält, was keineswegs unwichtig ist, das Gefühl, mit etwas – sei es ein Wesen oder Gegenstand – in Berührung zu sein. Das Schaukeln führt zu einer allgemeinen zellulären und zu einer Anregung auch der inneren Organe. Bei Säuglingen stützt das Wiegen sogar die Funktion des Magen- und Darmtrakts. Das Wiegen versetzt den Darm in eine leichte Pendelbewegung und hebt seinen Tonus. Er enthält ja immer Darmlymphe und Gase. Die schaukelnde Bewegung schwemmt die Darmlymphe über die Darmschleimhaut. Die allgemeine Verteilung in den Därmen erleichtert die Verdauung und vermutlich auch die Nahrungsaufnahme. Zakowski schreibt 1934, daß Kinder, die man nach dem Füttern wiegt, in der Regel weniger zu Koliken neigen, weniger Darmspasmen haben und gesündere und fröhlichere Säuglinge sind, als solche, die man, ohne sie zu wiegen, in ihre Betten legt. [24]

Das Verhalten und die Motivationen aller jungen Säuglinge zielen darauf ab, den Kontakt mit der Mutter zu erreichen. Wenn dieses Suchen aber vergeblich ist, versucht sich das Kind zu trösten, indem es an den Fingern lutscht oder sich hin und her schaukelt. Dies ist eine sogenannte Regression, ein Verhalten, das auf die Bewegungsstimulation, die das Kind im Mutterleib erfährt, zurückzuführen ist. Diese schaukelnden Aktivitäten dienen als Ersatz für die entzogene Stimulation, genauso wie das Fingerlutschen oder die Selbststimulation.

Dieses Verhalten weist darauf hin, daß das Bedürfnis nach Mutterkontakt und Gewiegtwerden nicht ausreichend erfüllt wurde. [25]

Und es wiegt schwer auch im späteren Leben: «Der Wiederholungseffekt scheint das ganze Leben zu beeinflussen –

bei dem davon betroffenen Kind folgen auf das Schaukeln im Kinderbettchen Überaktivitäten auf dem Spielplatz und im Klassenzimmer, und auch als Erwachsener ist es gezwungen, sich ständig in Bewegung zu halten.»[26]

In Nervenkliniken kann man ebenfalls immer wieder beobachten, daß Patienten sich hin und her schaukeln. Man hält dies für eine Art Selbstbeschwichtigung, Tröstung im Kummer.

Menschen des semitischen Sprachbereichs begleiten ihre Gebete und ihre Trauer oft mit einem leichten Wiegen, da dies offensichtlich eine tröstliche Bewegung ist.[27]

Die «gesunde» Ohrfeige

Die körperliche Züchtigung wird in der westlichen Welt noch sehr oft als Erziehungsmittel eingesetzt. Beim Prügeln und Schlagen wird die taktile Empfindlichkeit des Kindes benützt, um ihm Leiden zuzufügen, ihm sein inneres Gleichgewicht zu nehmen und ihm statt dessen Schmerz zuzufügen. Dadurch raubt man den Kindern das angenehme Gefühl, das ihnen die Haut meist vermittelt; über die Haut wird plötzlich auch Ärger, Strafe, Sünde und Aggression schmerzhaft erlebt.

Aber auch unter der Maske der Zuneigung gibt man den Kindern einen Klaps auf den Hintern oder einen Schubs, oder man verwuschelt den Kindern das Haar oder kneift sie in die Wangen. Bei solchen Demonstrationen der Zuneigung und Liebe sollte man als Erwachsener bedenken, wie schmerzhaft diese Berührungen, die fast Attacken gleichkommen, von den Kindern auf ihrer sensiblen Haut empfunden werden.

Da eine lieblose Kindheit und das Versagen taktiler Zuneigung meist Hand in Hand gehen, ist es nicht erstaunlich, daß diese Kinder als Erwachsene nicht nur ungeschickt und grob sind, wenn sie versuchen, Zuneigung zu zeigen, sondern auch allgemein in ihren Beziehungen zu anderen unbeholfen sind. Da gibt es beispielsweise Menschen, die beim Sichbegrüßen dem anderen beinahe die Hand zerdrücken, die Freunde auf die Brust oder auf den Rücken schlagen, und all das, um ihre Zuneigung zu zeigen. Männer mit solchen Kindheitserfahrungen neigen auch dazu, dem anderen Geschlecht gegenüber rauh, ungeschickt und grob zu sein.

Wenn ein Kind eine «Tracht Prügel» erwartet oder erhält, ist es oft voller Angst und Entsetzen und zeigt alle Nebenerscheinungen extremer Furcht, wie Blässe, Erstarrung der Muskeln, Herzklopfen und Weinen.

Erwachsene, die solche Situationen oft in ihrer Kindheit erlebten, reagieren ganz ähnlich, wenn sie gefühlsmäßig aus dem Gleichgewicht kommen. Sie beißen sich auf die Lippen, machen sich steif oder umklammern eine Hand mit der anderen, um ihre Empfindungen nicht zu zeigen. Es sind extreme Bemühungen, Gefühle nicht zu zeigen, Tränen zurückzuhalten, und oft sind die Muskeln angespannt, auf die ein Schlag erwartet wird. Manche drücken auch die Fingernägel in die Handfläche, bis sie blutet, um dem Gefühl der Furcht einen anderen Schmerz entgegenzuhalten.

Das Gesäß ist die bevorzugte physische Stelle, die die Tracht Prügel erhält. Diese Region ist eng mit den Geschlechtsorganen verbunden und mit den sensorischen Nerven versehen, die einen Teil der sexuellen Funktionen des Nervengeflechts bilden. Die frühe Verbindung zwischen Schmerz und sexuellem Vergnügen, ausgelöst durch gezielte Schläge auf das Gesäß, kann zu einer pathologischen Haltung, sei es masochistischer oder sadistischer Art, führen.[28]

Helmut Milz schreibt zu diesem Thema:

«Bei vielen Menschen ist die Erfahrung der Nähe und Berührung aber auch von ambivalenten und angstbesetzten Erinnerungen geprägt. Wenn bei ihnen kindliche Erregung nicht mit schützender Nähe, sondern mit Schlägen und körperlicher Gewalt beantwortet wurde, dann entwickeln sie bisweilen ein angstvolles leibliches Gedächtnis für Berührung. Jede neue Berührungserfahrung wird bei ihnen potentiell auch von neuen Ängsten vor Verletzungen, Übergriffen und Bedrohung der persönlichen Integrität begleitet. Berührung löst bei diesen Menschen zunächst statt der erhofften Beruhigung verstärktes körperliches Zusammenziehen und allgemein erhöhtes Streßniveau aus. Es kann für solche Menschen geraume Zeit dauern, bis sie in der Lage und bereit sind, neue Qualitäten der Berührungserfahrung ohne Ängste zu erleben und zuzulassen. Im Begriff ‹Angst› stecken die Andeutungen Enge, Beklemmung und gewaltsame Klemme, die Schrecken auslösen sowie starr, steif und unbeweglich machen. Wo gewaltsame Berührungen Erschrecken und Bewegungslosigkeit als tiefe Erfahrung hinterlassen haben, da können liebevolle oder einfühlsame therapeutische Berührungen Anregungen zur Erlaubnis und Erfahrung neuer körperlicher Wirkung, Ausdehnung und Bewegung geben.»[29]

Hauterkrankungen

Aufgrund von Untersuchungen weiß man, daß der Mangel an körperlichem Kontakt bei Kindern und Säuglingen zu allergischen Hautreaktionen und -erkrankungen führen kann.

Die Haut erkrankt, wie andere Sinnesorgane, mit großer Wahrscheinlichkeit, wenn Störungen im Kontakt zwischen dem Patienten und seinen Eltern im frühen Alter aufgetreten sind. Auf jeden Fall ist immer wieder beobachtbar, daß viele

Hauterkrankungen heilen, wenn sich der emotionale Kontakt mit der Außenwelt verbessert.

Viele Hautkranke hatten als Kinder, was taktilen Ausdruck und taktiles Erlebnis betraf, nur sehr wenig Anregung.

So bilden sie beispielsweise Hautkrankheiten aus, denen auch die Funktion zukommt, zwiespältige psychische Signale zu senden; so sollen sie einerseits Aufmerksamkeit für die innere Not erwecken und andererseits Distanz schaffen.[30]

Eine Reihe von Untersuchungen zur Eltern-Kind-Beziehung machten deutlich, daß Hauterkrankungen eine Folgeerscheinung bei Störungen zwischen Eltern und Kind sein können.

1986 untersuchten Ring und andere 55 Kinder mit endogenem Ekzem und verglichen sie mit 16 Kinder, die an keinen atopischen Hauterkrankungen (Neurodermitis) litten. Dabei fiel auf, daß die Mütter der an Neurodermitis erkrankten Kinder weniger emotional und spontan auf kindliche Emotionen reagierten und mehr Strenge zeigten als die Mütter der Vergleichsgruppe. Die mütterliche Zuwendung schien sich überwiegend auf Hygiene (z. B. Eincremen der Haut) und die Erfüllung materieller Wünsche zu beschränken.

1987 führten Solomon und Gagnon eine Verhaltensbeobachtung an Müttern mit sieben Monate alten, an Ekzem erkrankten Säuglingen im Vergleich zu gesunden Kindern durch. Sie beobachteten, daß die Mütter der Kontrollgruppe signifikant häufiger und mehr positiven Kontakt zu ihren Kindern hatten, während die Mütter der kranken Kinder weniger sensibel und tendenziell seltener auf Äußerungen des Unbehagens ihrer Säuglinge reagierten.

Hermanns und andere fanden 1989 Auffälligkeiten der Mutter-Kind-Beziehung bei einer Untersuchung von 25 asthmakranken und 25 gesunden Kindern. Die Mütter aus der Asthmagruppe äußerten bei einer Problemdiskussion deutlich mehr Kritik an den Kindern als die Mütter aus der Kontrollgruppe. Insgesamt war die Kommunikation zwischen Mutter und Kind in der Asthmagruppe durch mehr negative verbale Interaktion im Vergleich zur Kontrollgruppe gekennzeichnet. Dieser vermutete Zusammenhang zwischen Kommunikationsstil und Erkrankung untermauert eine Untersuchung von Wenninger und anderen 1991: Beim Vergleich mit einer gesunden Kontrollgruppe fand auf verbaler und nonverbaler Ebene ein vermehrtes negatives Verhalten zwischen Müttern und ihren an Neurodermitis erkrankten Kindern statt.[31]

Das Säuglingsekzem

Das Säuglingsekzem (atopische Dermatitis) ist eine juckende Hauterkrankung, die meistens in der zweiten Hälfte des ersten Lebensjahres auftritt. Befallen werden vor allem die Beugen, vorzugsweise Hautfalten (in der Leistenbeuge, Achselhöhle, Kniekehle, Ellbogenkehle, Falte hinter dem Ohr usw.), in schweren Fällen beginnt die Haut zu nässen und abzuschuppen. Das Kind neigt zur Weinerlichkeit. Zu Beginn des zweiten Lebensjahres verschwindet die Krankheit scheinbar wie von selbst.

René A. Spitz untersuchte 28 vom Ekzem befallene Säuglinge und ihre Mütter und eine Kontrollgruppe von 164 Säuglingen, die in der gleichen Anstalt untergebracht waren und kein Ekzem bekommen hatten, sowie deren Mütter, und verglich die gesammelten Daten. Die Mütter der Säuglinge, die erkrankt waren, legten ihrem Kind gegenüber eine als Ängstlichkeit getarnte Feindseligkeit an den Tag, sie berührten ihr Kind nicht gern, pflegten es nur widerwillig und versuchten, ihm den Hautkontakt vorzuenthalten.

Bei diesen Kindern war eine Veranlagung für besonders sensible Hautreaktionen da, die ihr Bedürfnis nach verstärkter Hautwahrnehmung ausdrückte. Doch gerade das verweigert die Mutter. So standen die Bedürfnisse dieser Säuglinge und die Haltungen ihrer Mütter in einem widersprüchlichen und konflikthaftem Verhältnis zueinander.

In den Entwicklungsprofilen, die durch Bühler-Hetzer-Tests erstellt wurden, zeigten die Säuglinge gegenüber den Säuglingen, die kein Ekzem bekommen hatten, einen charakteristischen Rückstand in den Bereichen des Lernens und der sozialen Beziehungen auf.

Im zweiten Lebensjahr erwirbt das Kind die Fähigkeit zur Fortbewegung und wird dadurch immer unabhängiger von der Mutter. Es kann nun die enge Mutter-Kind-Beziehung, die ihm vorenthalten wurde, durch Reize ersetzen, die es sich selbst oder im Kontakt mit anderen Personen verschaffen kann. Es ist somit verständlich, warum in dieser Zeit die Heilung des Säuglingsekzems spontan erfolgt. Spitz vermutet allerdings, daß das Zwischenspiel des Ekzems während des ersten Lebensjahres in der psychischen Entwicklung des Kindes bleibende Spuren hinterlassen hat.[32]

Die Frau-Mann-Beziehung

Trägt und liebkost die Mutter das Kind sehr viel, unterstützt dies die spätere sexuelle Entwicklung, die als erfüllend erlebt wird. Wenn Kinder nicht liebevoll in die Arme genommen und gestreichelt werden, dann leiden sie oft als Erwachsene an einem Hunger nach solcher Zärtlichkeit. Das Bedürfnis nach körperlicher Nähe kann sich in Streßperioden intensivieren, aber während ein orales Bedürfnis, etwa nach Essen, Rauchen, Alkohol usw., selbständig befriedigt werden kann, ist die Sehnsucht nach der Nähe eines anderen Körpers kaum allein zu erfüllen.

Aus einer Untersuchung von Dr. Marc H. Hollender an 39 Frauen, die vor allem an neurotischen Depressionen litten, ging hervor, daß diese Frauen sich auf sexuellen Verkehr einließen, während ihr eigentliches Verlangen nur dahingeht, umarmt und liebkost zu werden.

Auch andere Wissenschaftler erwähnen in Zusammenhang mit depressiven Störungen, daß hier der Geschlechtsverkehr dazu benützt werden könne, einen körperlichen Kontakt zu erhalten.

Viele Menschen akzeptieren Liebkosungen und Umarmungen leider nur, solange sie als Teil der Sexualität erwachsener Menschen betrachtet werden können.

In unserer Gesellschaft wird der Wunsch nach Körperkontakt zumeist sexuell gedeutet, und daher werden die Tabus gegen Sex gleichermaßen auch auf alle Wohlgefühl vermittelnden, nichtgeschlechtlichen Formen von Körperkontakt ausgedehnt.[33]

Zu den tabuisierten Themen gehören auch Selbstberührungen wie Selbststreicheln und Masturbation; und der Wunsch, so umarmt und liebkost zu werden, wie es die Mutter einst tat, erscheint vielen Erwachsenen kindisch.[34]

Alexander Lowen veröffentlichte eine Reihe von Krankengeschichten von Frauen, die in ihrer Kindheit zuwenig taktile Stimulierung erlebt hatten, und die sich nun, um Kontakt mit dem eigenen Körper zu bekommen, geradezu in sexuelle Erlebnisse stürzten. Er schreibt:

«Diese zwanghafte Aktivität kann den Eindruck erwecken, daß die Menschen ‹oversexed› seien. Sie sind aber, im Gegenteil, ‹undersexed›, denn ihre Aktivität stammt aus einem Bedürfnis nach erotischer Stimulation, nicht aus sexuellem Trieb oder Erregung. Sexuelle Aktivität dieser Art führt nie zu orgiastischer Erfüllung, sondern läßt den Menschen leer und enttäuscht zurück.»[35]

Einige Frauen beklagen oft die Ungeschicklichkeit, Grobheit und Unfähigkeit der Männer bei der sexuellen Annäherung, deren Unverständnis im sexuellen Vorspiel. Dies ist sicher teilweise dem Mangel an taktilem Erleben des Mannes in seiner Kindheit zuzuschreiben. Viele Mütter lehnen die Zärtlichkeiten ihrer kleinen Söhne ab, da sie eine zu starke Mutter-Sohn-Verbindung befürchten. Aber auch einige Väter vermeiden die Umarmungen mit ihren Söhnen, um sie nicht zu verweichlichen. Dadurch ist vielen Männern das taktile Erleben in ihrer Kindheit versagt geblieben.

Schon Margaret Mead wies darauf hin, daß in Amerika Mütter ihren Töchtern meist näher stehen als ihren Söhnen. Diese Beobachtung wurde von einer Reihe von Forschern bestätigt. Viele Mütter scheinen auch glücklicher zu sein, wenn sie ein Mädchen zur Welt bringen und nicht einen Jungen. In einer Studie in New England Town fand man heraus, daß Mädchen später entwöhnt werden als Jungen, woraus man wohl schließen kann, daß man den kleinen weiblichen Wesen gegenüber zärtlicher ist als dem rauheren Geschlecht, auch wenn es noch so klein ist.

Durch die verschiedenen Untersuchungen kam man zu dem Schluß, daß den Mädchen mehr taktile Stimulation zuteil werde als den kleinen Jungen. Dadurch ist es zumindest zum Teil aufgrund dieses Unterschieds im Berührungserleben zu erklären, daß westliche Frauen dem Hautkontakt gegenüber so viel umgänglicher sind als westliche Männer.

Denn Streicheln und zärtliche Annäherungen jeder Art sind im wesentlichen weibliche Verhaltensformen. Das spezifisch männliche Benehmen äußert sich in einem festen Händedruck oder herzlichem Rückenklopfen.

Die Frauen empfinden auch die taktilen Eigenschaften eines Gegenstandes stärker. Sie streichen beispielsweise mit den Händen über ein Gewebe, um eine Struktur zu prüfen; das tun Männer nur höchst selten.[36]

Weitere Folgen

Wenn die ersten Erfahrungen des Babys grobe und unpersönliche Berührungen sind, wenn es nicht in Kontakt mit dem Körper seiner Mutter und ihrer Brust ist, der ihm hilft sich in dieser neuen und fremden Welt zurechtzufinden, dann finden bestimmte physiologische und psychologische Veränderungen in seinem Körper statt, die Streß verursachen und es für zukünftige Probleme im körperlichen und emotionalen Bereich zu prädisponieren scheint.[37]

Wissenschaftler verweisen öfters auf die Tatsache, daß Menschen, die zu wenig mütterliche Zärtlichkeit erlebt haben, zu psychosomatischen Erkrankungen neigen.

Diese Menschen atmen flacher und neigen zu mehr Erkrankungen der oberen Atmungswege und der Lunge als jene, die eine befriedigende kutane Stimulation erlebten.

Kinder, die nicht viel getragen wurden, neigen, vor allem wenn sie Flaschenkinder waren, vermehrt nicht nur zu Atmungsstörungen, sondern auch häufig zu Magen-Darmstörungen. Sie leiden verstärkt unter Koliken, haben Ausscheidungsschwierigkeiten oder neigen zu vermehrtem Erbrechen.

Die Berührung mit der Mutter hat also eine bestimmte biologische Bedeutung für die Atmung, die Ernährungs- und die Verdauungsfunktionen des Kindes (Siehe auch Kapitel 1).[38]

Jean Liedloffs Anliegen war es, auf die weitreichende Konsequenz der fehlenden mütterlichen Liebkosung hinzuweisen, die tief ins Erwachsenenleben hineinspielen. Vor allem auf eine: Wird das Wohlgefühl, das aus der Zeit des Getragenwerdens hätte erwachsen müssen, nicht erhalten, bleibt die ständige Suche danach. Diese nimmt mit den Jahren und dem Erwachsenwerden sehr viele Formen an und wartet auf seine Erfüllung.

Das bedeutet, daß das Sich-glücklich-Fühlen nicht mehr der Normalzustand des Lebendig-Seins ist, sondern zum Ziel wird, das auf kurz- und langfristigen Wegen verfolgt wird.

Diese Suche heftet sich häufig an einen Gegenstand oder ein Ereignis in gewisser zeitlicher Entfernung, das in Worten beispielsweise so ausgedrückt wird: Es ginge mir gut, wenn nur erst... Worauf irgendeine Veränderung folgt, wie z. B. eine neue Arbeit, ein neues Auto, Ferien, eine Beziehung oder ein Kind... Wenn das Ersehnte erreicht wurde, wird es alsbald ersetzt durch ein neues «Wenn nur erst...».

Dabei korrespondiert die Entfernung zwischen dem Erwünschten und einem selbst mit der Entfernung der Mutter, die dem Kind mehr oder weniger nah, aber nicht greifbar war. Dem Wunschobjekt wird innerlich also derselbe Grad der Unerreichbarkeit zugedacht, den man zur Mutter erlebte, als die Erfahrung des Getragenwerdens einem versagt blieb.

Bei diesem verzweifelten Verhalten, das weitaus verbreitet ist, wo der Selbsterhaltungstrieb den letzten Schritt ins Vergessen verhindert, ist das Leben angefüllt mit Alkohol- und Drogenkonsum, Scheidungen und Depressionen.[39]

Der plötzliche Säuglingstod

Das Rätsel des plötzlichen Säuglingstods hat viele Untersuchungen hervorgerufen, die sich aus unterschiedlichen Ansätzen um eine Lösung bemühen. Sicher handelt es sich um ein Phänomen, das nicht allein eine Ursache hat, sondern von mehreren Faktoren beeinflusst wird. Dieser kurze Abriss soll vor allem dazu anregen, über die Rolle des Körperkontaktes im Geschehen nachzudenken, sei es als Verursacher (bei Mangel) oder als vorbeugendes Mittel.

Der plötzliche Säuglingstod weist folgende Merkmale auf: Der Tod tritt plötzlich ein; er ist völlig unerwartet, und eine adäquate Todesursache fehlt.

Die Babys sind 1 bis 18 Monate alt, wobei der Höhepunkt bei etwa 3 Monaten liegt, und ca. 60 bis 80 Prozent aller Todesfälle ereignen sich im ersten Lebenshalbjahr. In allen Industrieländern der Welt gehen die Fachleute von einer etwa gleich hohen Inzidenz-Rate aus, die mit zwei bis drei Opfern dieses SIDS bei tausend Neugeborenen angegeben ist.

Während die Summe aller Todesfälle im Säuglingsalter durch die verschiedensten Todesursachen, Jahr für Jahr, vor allem durch Erfolge der Kinderheilkunde zurückging, blieb die Anzahl der Fälle von plötzlichem Säuglingstod relativ konstant.[40]

Während der Wintermonate Januar bis März ereignen sich auffallend mehr Todesfälle als in den Monaten Juli bis September, in denen das Sterberisiko am geringsten ist. Neben der Jahreszeit scheint das Auftreten auch mit dem Wetter verknüpft zu sein, denn Frontendurchzüge mit raschem Kaltluft-Warmluft-Wechsel, Polarlufteinbrüche sowie Gewitterdurchzüge erhöhen die Sterbezahlen. Der plötzliche Säuglingstod tritt meistens nachts während des Schlafens ein, und aus Befragungen betroffener Eltern weiß man, daß relativ häufig vor dem Tod der Kinder bei diesen ein leichter Infekt, meist der oberen Luftwege, vorlag. Hier werden die üblichen Symptome wie Schnupfen, Husten, Durchfall oder Fieber genannt.[41]

Erklärungsmodelle für den plötzlichen Säuglingstod

Störungen der Atemregulation

In den ersten Monaten sind bei allen Babys die automatischen Atmungsmechanismen noch nicht voll entwickelt. Beobachtet man ein schlafendes Baby beim Atmen, sieht man, daß das Atmen keinem regelmäßigen Muster folgt. Phasenweise hört das Kind für 15–20 Sekunden lang zu Atmen auf. Diesen Atemstillstand nennt man Apnoe, der aber im Normalfall ohne fremde Hilfe von den Säuglingen selbst überwunden wird. Eine weitere Form der Atemstörung im Schlaf besteht, wenn der Luftstrom durch ein Hindernis blockiert wird. Kinder atmen in den ersten Lebensmonaten fast ausschließlich durch die Nase, und im Falle einer Nasenverstopfung (eventuell Schnupfen) können Babys erst ab dem vierten Monat automatisch auf die Mundatmung umschalten.[42]

Manchmal dauert die Apnoe länger, und die Atmung setzt völlig aus. Das Kind wird blaß, blau und schlaff, und der Herzschlag sinkt beträchtlich. In einem solchen Zustand ist das Kind sofort aufzuwecken. Manchmal löst nur eine einfache Berührung den automatischen Atmungsmechanismus aus, aber in manchen Fällen muß das Kind aus dem Schlaf gerissen werden, oder eine Mund-zu-Mund-Beatmung wird erforderlich, um die Atmung wieder anzukurbeln. Diese Kinder werden «Beinahe-SIDS-Opfer» (Near-Miss-Children) genannt, da sie ohne Hilfe gestorben wären.[43]

Störungen des zentralen Nervensystems

Im ersten Lebensjahr des Kindes müssen grundlegende Funktionen in seinem Nervensystem wie Atmung, Aufwachreaktionen oder Temperaturregulation erst ausreifen. Dieser Reifungsprozeß schreitet nicht gleichmäßig voran, sondern schubweise. Alte Regulationssysteme werden durch höher entwickelte, wenn diese ausreichend ausgereift sind, ersetzt. Diese Phasen des Übergangs zwischen dem alten und dem neuen System sind jedoch Zeiten erhöhter Gefährdung, denn das Neue muß sich erst bewähren.[44]

Der gastro-ösophagische Reflux
Der gastro-ösophagische Reflux (GÖR) ist die Neigung mancher Säuglinge, Nahrung wieder aufzustoßen. Untersuchungen haben gezeigt, daß saure Substanzen (z.B. Magensaft) reflexartige Atempausen auslösen können, wenn sie in den oberen Bereich der Speiseröhre gelangen.

Beim GÖR zeigt sich der Vorteil des Stillens gegenüber der Flaschennahrung, denn Babys, die immer dann an die Brust gelegt werden, wenn sie danach verlangen, sind weniger vom Reflux betroffen. Doch auch Kinder, die hochgenommen und herumgetragen werden, neigen weniger dazu, den Mageninhalt aufzustoßen.

In einer Hamburger Studie bemerkte man, daß gut 95 % der in Deutschland an Kindstod verstorbenen Säuglinge von deutschen Müttern geboren wurden, wobei die Gesamt-Geburtsrate der deutschen Frauen bei 78 % lag. Ganz besonders niedrig war der Anteil an verstorbenen türkischen Babys, die aber gleichzeitig einen großen Anteil der Gesamt-Geburtsrate in Deutschland haben. Diese Auffälligkeit war Anlaß für eine ethnologische Studie, wo Wissenschaftler herausfanden, daß Kinder, die weit mehr als bei uns üblich ist, von ihren Müttern und Familienmitgliedern umhergetragen werden, weniger an chronischer Unruhe, abnormem Schreien und Problemen mit dem Aufstoßen von Mageninhalt (GÖR) litten.[45]

Der Tod als Rückzug aus einer lieblosen Umwelt
Für den Psychoanalytiker Arno Gruen ist eine gestörte Beziehung der Eltern zu ihrem Kind ein wesentlicher Auslöser dieses Säuglingssterbens. Das emotional vernachlässigte, insgeheim abgelehnte Kind, dessen Bedürfnisse unbefriedigt bleiben und das einen aussichtslosen Kampf um die Liebe seiner Mutter aufgibt, kann dadurch sterben.[46]

Dieses Phänomen konnte auch der Psychoanalytiker René Spitz in zwei verschiedenen Kinderheimen bei 90 Säuglingen beobachten und feststellen. In einem Heim wurden die Säuglinge sehr intensiv bemutternd versorgt, während in einem zweiten Heim nur auf körperliche Pflege geachtet wurde.

In diesem zweiten Heim überlebten nur wenige Babys das erste Lebensjahr, und die Überlebenden zeigten Verhaltensmuster wie Reglosigkeit, Desinteresse, Stereotypien …

Zusammen mit Bowlby fand Spitz heraus, daß Kinder sich eine Zeitlang wehren, nachdem sie von ihren Müttern getrennt wurden. Besonders während der ersten sechs Lebensmonate beginnen sie sofort nach der Trennung zu schreien, werden unruhig, ihr Schlaf ist gestört, sie beißen, spucken und strampeln. Sie erleben diese Trennung von der Mutter, von der sie in jeder Hinsicht abhängig sind, als gefährlich, schmerzhaft und letztlich tödlich. Nach einigen Wochen, wenn die Mutter bis dahin nicht zurückkehrt, werden sie schlaff, apathisch und sind nicht mehr hungrig. Ihre Augen werden glanzlos, sie schauen ins Leere, und ihr Lächeln verschwindet. Entweder werden diese Kinder erwachsen und leben mit der Gewißheit der Gefahr und der Gewalt bzw. der Unzuverlässigkeit der Menschen, oder sie sterben, und auf dem Totenschein steht «Immunbiologische Schwäche gegen Infektionskrankheiten» oder eventuell «Plötzlicher Säuglingstod».

Ellen Key schrieb in ihrem Buch *Das Jahrhundert des*

195

Kindes, daß nicht nur Mangelernährung, sondern auch der emotionale Mangel in den ersten Lebensjahren eines Kindes zum allmählichen «Schwinden» und dann zum Tode führen kann.[47]

Plötzlicher Säuglingstod und Umweltverschmutzung
Der amerikanische Forscher Toke Hoppenbrouwers und seine Mitarbeiter nahmen sich alle SIDS-Fälle des Bezirks Los Angeles von 1974 bis 1977 vor und zeichneten die täglichen mittleren Werte verschiedener Schadstoffe (Schwefeldioxid, Stickstoffoxid, Kohlenmonoxid, Ozon, Blei) auf. Die Spitzenwerte dieser Schadstoffe, von denen die meisten im Winter am höchsten sind, gingen den Häufungen von SIDS-Fällen um sieben Wochen voraus. Also immer genau sieben Wochen nach einer hohen Schadstoffbelastung starben mehr Babys am plötzlichen Kindstod.

Stickstoffoxid ruft krank machende Veränderungen in der Lunge hervor, das Oberflächengewebe in den Bronchien vergrößert sich abnorm, die Wände der Lungenbläschen verdicken. Durch das Kohlenmonoxid wird die Versorgung der Gewebe mit Sauerstoff reduziert.[48]

Daß der plötzliche Säuglingstod fast ausschließlich während des Schlafens in Wohnungen eintritt, lenkte die Untersuchungen einiger Wissenschaftler auf die elektromagnetischen Belastungen in Innenräumen.

Der in den USA lebende Wissenschaftler E. E. Eckert startete eine Studie über mögliche Zusammenhänge zwischen dem plötzlichen Säuglingstod und technisch erzeugten elektromagnetischen Feldern. Seine Arbeit erstreckte sich auf 337 Fälle in den USA und 294 Fälle in Hamburg. Aus dieser Studie wurde ersichtlich, daß der plötzliche Säuglingstod vorwiegend an örtlichen Zusammenballungen auftritt wie:

- in der Nähe von elektrischen Bahnen und deren Haltestellen,
- zwischen Bahnstrecken und Wasser,
- an den Endpunkten von Bahnstrecken,
- in der Nähe von magnetischen Wasserversorgungsanlagen,
- innerhalb von Kurven elektrischer Bahnstrecken.
- Auch wurden örtliche Konzentrierungen in der Nähe von drahtlosen Sendern, Flughäfen, Hochspannungsleitungen und Kirchen mit Blitzableitern beobachtet.

Besonders viele Fälle waren in Wohnanlagen sozial Schwacher eingetreten. Fast jede dieser Wohnsiedlungen ist den Einflüssen elektrischer Streu- oder Oberflächenströme ausgesetzt, da sie in der Nähe von elektrischen Bahnen, an der Innenseite einer Gleiskurve, zwischen Hafenbecken und Eisenbahn liegen.[49]

Weitere Risikofaktoren für den plötzlichen Säuglingstod sind Unterkühlung, Überwärmung; besonders gefährdet sind zudem Kinder, deren frühere Geschwister bereits an SIDS gestorben sind, Frühgeburten und Mehrlingsgeburten.

Übereinstimmend kommen viele Untersuchungen zu dem Schluß, daß soziale und demographische Merkmale wie schlechte Paarbeziehungen, finanzielle Probleme, seelisch belastete Mütter, sehr junge Eltern, Eltern mit niedrigem Bildungsniveau und häufige Trennungen von Mutter und Kind das Risiko des plötzlichen Säuglingstods erhöhen.

Die Sterbewahrscheinlichkeit von Kindern ist gegeben, wenn Eltern selten zum Kinderarzt gehen, in Gegenwart der Kinder rauchen, diese nicht gestillt werden, wenig körperliche Zuwendung bekommen und starkem Elektro-Smog ausgesetzt sind. Diese schädigenden Einflüsse sind bei sozial schwierigen Verhältnissen häufiger gegeben als in sozial guten.[50]

Die Angst vor dem Erstickungstod ist meistens unbegründet, da Studien gezeigt haben, daß sich die Kinder, sogar junge Säuglinge, die unter Bettzeug geraten, selbst wieder aus dieser Lage befreien können, durch die entsprechende Kopfdrehung oder durch Strampeln. Die Selbstbefreiung ist nur dann erschwert, wenn die Kinder zusätzlich noch in einem Schlafsack liegen, der die Bewegungsfreiheit einschränkt.[51]

Außerdem kann ein Säugling, der sein Gesicht mit einem luftdurchlässigen Bettzeug bedeckt hat, keinesfalls an einem Erstickungstod sterben, da die Menge an Kohlenmonoxid und Kohlendioxid-Konzentrationen zu gering sind.

Die Diagnose von Ärzten «Ersticken im Bettzeug» dürfte deshalb nicht leichtfertig auf Todesbescheinigungen gestellt werden. Denn dadurch leiden die betroffenen Eltern unter falschen Selbstvorwürfen und Beschuldigungen.[52]

Vorbeugende Maßnahmen

In diesem Abschnitt möchte ich erläutern, was man selbst als Eltern dazu beitragen kann, damit SIDS ein geringeres Risiko für das eigene Baby darstellt.

Rauchen

Das Rauchen während der Schwangerschaft und in Anwesenheit des Neugeborenen stellt für das Kind ein sehr hohes Risiko dar. In der Studie der Münsteraner Universitätsklinik, 1994, haben ca. 70% der Eltern von Babys, die an SIDS gestorben sind, in der Wohnung geraucht.

Stillen

Je kürzer gestillt wird, desto höher ist die Wahrscheinlichkeit eines plötzlichen Säuglingstodes. Bei den betroffenen Müttern der Münsteraner Studie stillten nur 12 Prozent länger als 12 Wochen, und 50 Prozent stillten gar nicht. In der Kontrollgruppe, in der kein SIDS vorkam, stillten 82,7 Prozent ihre Kinder, davon 32,1 Prozent länger als 12 Wochen.[53] Etwa zwei Drittel der SIDS-Opfer hatten kurz vor ihrem Tod an Atmungs- oder Darmerkrankungen zu leiden. Bei gestillten Kindern sind Erkältungen und Darmerkrankungen während des ersten Lebensjahres seltener, da die Abwehrstoffe an das Kind weitergegeben werden. Die Ausbildung einer normalen Darmflora, die bösartige Krankheitserreger fernhält, wird gefördert.[54]

Nächtliche Betreuung durch die Eltern
Bei SIDS-gefährdeten Kindern senkt nächtliche Betreuung durch die Mutter (uneingeschränktes Stillen und gemeinsames Schlafen mit dem Baby) das Risiko. Mütter, die ihre Babys stillen und bei ihnen schlafen, scheinen ihre Babys besser zu kennen und intuitivere mütterliche Fähigkeiten zu besitzen.

Die Verbesserung der intuitiven mütterlichen Fähigkeiten können das SIDS-Risiko senken. Studien kamen zu dem Ergebnis, daß Mütter und ihre gestillten Babys so aufeinander abgestimmt sind, daß sie dazu neigen, gleichzeitig während der Nacht zu träumen, und zwar von 12 Wochen nach der Geburt an bis zum Abstillen.

Nicht stillende Mutter-Kind-Paare zeigen keine solche Koordinierung von Schlaf- und Traumzyklen.

Diese Harmonie der Schlafzyklen bedeutet für beide ein erhöhtes Bewußtsein füreinander. Gestillte Babys, die bei ihren Müttern schlafen, saugen öfter während der Nacht, was wiederum Müttern und Babys eine erhöhte Feinfühligkeit füreinander verleiht. Anthropologische Studien haben ergeben, daß in Kulturen, in denen Mütter nicht mit den Babys schlafen, die SIDS-Rate drei- bis viermal höher ist.[55]

Ein ernst zu nehmendes Beispiel dafür ist Japan, in dem die Zahl der plötzlichen Säuglingstode parallel zur zuneh-

menden Verwestlichung rapide gestiegen ist. In China hingegen, wo alle Säuglinge nach wie vor gestillt werden, im Bett
der Mutter schlafen und praktisch rund um die Uhr umsorgt
werden, kommt SIDS nicht vor.[56]

Der Körperkontakt

Der Körperkontakt zum Baby kann gezielt eingesetzt werden, um den plötzlichen Säuglingstod zu vermeiden. Ein
Baby, das von der Mutter getragen wird, stirbt in dieser Zeit
nicht an SIDS.

Das Tragen ist für das Kind äußerst präventiv und für die
Mutter beruhigend und weniger ängstigend.

Besonders bei Eltern mit Risikokindern ist das Tragen
ihres Kindes sehr vorteilhaft und weniger belastend, als wenn
man ständig zum Kind hinlaufen und es beobachten muß, ob
es überhaupt noch atmet. Auch die Überwachung durch den
Heimmonitor kann während der Tragezeit entfallen.

Heimmonitore

Erhalten die Eltern den Monitor ohne weitergehende Beglei-
tung und Beratung oder kaufen das Gerät auf eigene Rech-
nung, dann kann es seine Schutzfunktion meistens nicht erfüllen. Die Eltern legen das Gerät bald wieder zur Seite, da
sie mit den häufigen Fehlalarmen nicht zurechtkommen.

Diese Fehlalarme stellen das Hauptproblem des Heim-
monitorings dar, da oft der Heimmonitor nicht in der Lage
ist, die sehr oberflächliche Atmung des Kindes wahrzunehmen. Gelingt es den Eltern nicht, mit den Fehlalarmen umgehen zu lernen, können die häufigen Schlafstörungen durch
den Alarm für Eltern, Kind und eventuell vorhandene Geschwister zu einem hohen Preis für die erkaufte Sicherheit
werden. Der Atemmonitor kann das Kind durch Fehlalarme
erschrecken und aus dem Schlaf herausreißen, aber auch die

gesamte Familie wird durch solche Fehlalarme psychischer Belastung ausgesetzt.

Leider werden einige Eltern durch die Fehlalarme darin bestärkt, daß ihr Kind an einer Atemstörung leidet, obwohl eine solche meist nicht vorliegt.

Heimmonitore waren ursprünglich nur gedacht bei Near-Miss-Kindern, bei speziellen Störungen der Atemregulation oder wenn ein Geschwisterkind bereits am plötzlichen Säuglingstod verstorben ist.

Zusätzlich muß berücksichtigt werden, daß in der wissenschaftlichen Literatur eine Reihe von Fällen geschildert wird, in denen Kinder trotz Monitoren starben. Der Nutzen dieser Geräte ist daher schwer einzuschätzen.[57] Deshalb gibt es sehr viele Kritiker – davon auch etliche unter den Medizinern –, die die häusliche Monitor-Überwachung ablehnen.

Außerdem finde ich, daß sich Heimmonitore zwischen Eltern und Kind stellen. Dies beziehe ich auf ängstliche und besorgte Eltern, die einen Monitor wollen, um die Gewißheit zu haben, daß das Kind überwacht ist, da sie sonst ständig ins Kinderzimmer laufen, um nach dem Kind zu sehen. Solange der Monitor nicht alarmiert, ist alles in Ordnung und man braucht sich um das Kind weniger zu sorgen. Deshalb möchte ich betonen, daß ein Heimmonitor die elterliche Aufmerksamkeit nur ergänzen soll, aber nie ersetzen darf.

Wird das Kind getragen, wirkt dies auf das Kind stimulierend, die Mutter spürt und hört das Kind atmen, sie braucht keine Ängste mehr zu haben und kann sich auf die momentan zu verrichtenden Tätigkeiten konzentrieren.

Die psychosoziale Prävention
Wesentlich weniger wurde das Zusammenspiel von emotionalen Faktoren zwischen Mutter und risikogefährdeten Kindern untersucht, obwohl sympathikotone Zustände zum

Zeitpunkt des Todes oft beschrieben wurden, und diese deuten auf ein Streßgeschehen hin.

Deswegen ist von großer Bedeutung, daß vor allem die Mutter-Kind-Dyade gefördert wird, beispielsweise durch die Betreuung einsamer Mütter in Selbsterfahrungsgruppen, um den Negativkreis Depression zu durchbrechen.

Denn gerade in der ersten Zeit fühlen sich die Mütter hauptverantwortlich für alle Belange der Kindererziehung. Deshalb besteht die Möglichkeit für Mütter und Väter, in Eltern-Kind-Zentren und anderen speziellen Einrichtungen mit anderen Eltern und Fachpersonal Probleme auszutauschen, sich beraten zu lassen und Informationen zu bekommen. Besonders der gemeinsame Austausch kann sehr entlastend sein, und man kann seine Lebensweise mit anderen Lebensmodellen vergleichen, was eine nicht zu unterschätzende Orientierungshilfe bietet.

Dr. H. Zimprich schreibt:

«Das Problem SIDS zeigt aber auch, wie verzahnt, also kybernetisch, solche biopsychosozialen Krankheitsursachen sind und wie wichtig es für uns Ärzte wäre, sich dieser komplexen Krankheitsentstehung über naturwissenschaftliche Modellvorstellungen hinaus bewußt zu sein und sie praktisch anzuwenden.

Den plötzlichen Kindstod verhindern können die Monitorgabe, die Rückenlage oder die Behandlung eines respiratorischen Infektes nicht, wenn die emotionale Interaktion zwischen Mutter und Kind nicht einmal diskutiert, geschweige denn verbessert wird.

Was uns insbesondere fehlt, ist eine ganzheitliche therapeutische Strategie gegen den plötzlichen Kindstod.»[58]

Anmerkungen

1   Vgl. Renggli, Franz: Angst und Geborgenheit. S. 242 ff.
2   Vgl. Hilsberg, Regina: Schwangerschaft, Geburt und erstes Lebensjahr. S. 227.
3   Chamberlain, David: Woran Babys sich erinnern. S. 86.
4   Vgl. Tress, Wolfgang: Das Rätsel der seelischen Gesundheit. S. 13.
5   Vgl. Montagu, Ashley: Körperkontakt. S. 65 ff.
6   Vgl. Zimmer, Katharina: Das einsame Kind. S. 57 ff.
7   Vgl. Hilsberg, Regina: Körpergefühl. S. 85 ff.
8   Vgl. Montagu, Ashley: Körperkontakt. S. 186 ff.
9   Vgl. Keller, Heidi/Meyer, Hans-Jürgen: Psychologie der frühesten Kindheit. S. 62.
10 Sears, William: Schlafen und Wachen. S. 79.
11 Montagu, Ashley: Körperkontakt. S. 98.
12 Sears, William: Schlafen und Wachen. S. 80.
13 Vgl. Liedloff, Jean: Auf der Suche nach dem verlorenen Glück. S. 53.
14 Hassenstein, Bernhard: Verhaltensbiologie des Kindes. S. 47 f.
15 Vgl. Sichtermann, Barbara: Leben mit einem Neugeborenen. S. 41 ff.
16 Vgl. Renggli, Franz: Angst und Geborgenheit. S. 19.
17 Vgl. Junge Familie: Getragene Babys schreien weniger, in: Heft 1/1989.
18 Vgl. Keller, Heidi / Meyer, Hans-Jürgen: Psychologie der frühesten Kindheit. S. 112.
19 Sears, William: Schlafen und Wachen. S. 80.
20 Vgl. Kaplan, Louise J.: Die zweite Geburt. S. 65.
21 Vgl. Sichtermann, Barbara: Leben mit einem Neugeborenen. S. 49 ff.
22 Vgl. Bowlby, John: Bindung. S. 226.
23 Kaplan, Louise, J.: Die zweite Geburt. S. 94.
24 Montagu, Ashley: Körperkontakt. S. 102.
25 Vgl. Hassenstein, Bernhard: Verhaltensbiologie des Kindes. S. 470 ff.
26 Vgl. Janov, Arthur: Das befreite Kind. S. 124.
27 Vgl. Montagu, Ashley: Körperkontakt. S. 106.
28 Vgl. Montagu, Ashley: Körperkontakt. S. 136 ff., 210 ff.
29 Milz, Helmut: Der wiederentdeckte Körper. S. 37.
30 Vgl. Montagu, Ashley: Körperkontakt. S. 158, 212.
31 Vgl. Brähler, Elmar: Hauterkrankungen aus psychologischer Sicht. S. 69 ff.
32 Vgl. Spitz, René A.: Vom Säugling zum Kleinkind. S. 237 ff.
33 Vgl. Montagu, Ashley: Körperkontakt. S. 127 ff.
34 Hollender, M. H., in: Montagu, Ashley: Körperkontakt. S. 128.
35 Lowen, Alexander, in: Montagu, Ashley: Körperkontakt. S. 129.

36 Vgl. Montagu, Ashley: Körperkontakt. S. 162, S. 140 f.
37 Vgl. Rice, Ruth D.: Die Notwendigkeit der kindlichen Stimulation, in: Eltern werden – Eltern sein. Nr. 11.
38 Vgl. Montagu, Ashley: Körperkontakt. S. 76 f.
39 Vgl. Liedloff, Jean: Auf der Suche nach dem verlorenen Glück. S. 143 ff.
40 Vgl. Hartmann, Jutta: Lautlos und unbemerkt. S. 8 ff.
41 Vgl. Ott, Andreas: Risiko Plötzlicher Säuglingstod. S. 41 ff.
42 Vgl. Ott, Andreas: Risiko Plötzlicher Säuglingstod. S. 53 ff.
43 Vgl. Sears, William: Schlafen und Wachen. S. 169 ff.
44 Vgl. Ott, Andreas: Risiko Plötzlicher Säuglingstod. S. 63 ff.
45 Vgl. Hartmann, Jutta: Plötzlich und unbemerkt. S. 21 ff.
46 Vgl. Gruen, Arno: Der frühe Abschied. München 1993.
47 Vgl. Jungjohann, Eugen: Kinder klagen an. S. 53 ff.
48 Vgl. Dost, Bernd: Die Erben des Übels. S. 196 ff.
49 Vgl. Rose, Wulf-Dietrich: Elektrosmog – Elektrostreß. S. 101 ff.
50 Vgl. Ott, Andreas: Risiko Plötzlicher Säuglingstod. S. 88.
51 Vgl. Ott, Andreas: Risiko Plötzlicher Säuglingstod. S. 85.
52 Vgl. Dost, Bernd: Die Erben des Übels. S. 189.
53 Vgl. Ott, Andreas: Risiko Plötzlicher Säuglingstod. S. 77 ff.
54 Vgl. Psychologie heute, Oktober 92: Plötzlicher Kindstod. S. 40.
55 Vgl. Sears, William: Schlafen und Wachen. S. 174 ff.
56 Vgl. Psychologie heute, Oktober 92: Plötzlicher Kindstod. S. 40.
57 Vgl. Ott, Andreas: Risiko Plötzlicher Säuglingstod. S. 95 ff.
58 Vgl. SIDS – AUSTRIA WIEN: SIDS. S. 16 ff.

7. Der Umgang mit dem Säugling in Wechselbeziehung zur Kultur

Jede Mutter-Kind-Beziehung formt und legt die Grundlage für die spätere Persönlichkeit des Erwachsenen. Franz Renggli ging als erster der Frage nach, ob ähnliche Verbindungen auch auf der größeren Ebene ganzer Kulturen gefunden werden können. Er nahm an, daß die verschiedenen Charakterstrukturen mit den entsprechenden Abwehrmechanismen, Bedürfnissen und Ängsten nicht nur bei den Individuen des betreffenden Volkes gefunden werden, sondern auch in ihrer Kultur, das heißt in ihren religiösen Vorstellungen, Idealen, Zeremonien, Institutionen, Gesetzen usw.[1]

Die Kultur, in der man lebt, formt und begrenzt die eigene Vorstellung unvermeidbar, indem sie einem gestattet, auf bestimmte Art zu handeln, zu denken und zu fühlen. Dadurch wird es zunehmend unwahrscheinlicher und unmöglicher, in einer Weise zu denken oder zu fühlen, die eine andere Richtung hat oder sie nur entfernt berührt.

Speziell das soziale Gefüge, die grundlegendsten Zusammenhänge einer Kultur werden durch die Mutter-Kind-Beziehung im ersten Lebensjahr, durch das besondere Erleben des ersten Partners geprägt. Die Beziehungen zwischen Männern und Frauen und Eltern und Kindern sind die entscheidenden Bereiche menschlicher Beziehungen überhaupt. So wie diese Beziehungen vorgezeichnet wurden, werden sie dem Kind an der Mutterbrust weitergegeben.[2]

Am stärksten ist das Kind während seiner ersten Lebensperiode dem kultivierenden Einfluß der Gesellschaft ausgesetzt. Jede Kultur hat eigene und einzigartige Methoden ausgebildet, mit den Neugeborenen umzugehen. Es wird ihnen beigebracht, eintrainiert durch wiederholte, sensorische kulturell vorgeschriebene Anregungen, den Forderungen ihrer Gesellschaft entsprechend zu leben. «Und wegen der verschiedenen Arten und Modalitäten der taktilen Erfahrungen des Einzelmenschen, innerhalb der Familie, vor allem durch seine Beziehung zur eigenen Mutter, die ja alle kulturgeprägt sind, benehmen sich Einzelmenschen und Völker so verschieden voneinander.»[3]

Es gibt in jeder Gesellschaft verschiedene Werte, die bestehen bleiben, solange die öffentliche Meinung sie für natürlich hält und keine Kritik oder Alternative zuläßt.

Und, so stellte Erik H. Erikson weiter fest: Werte leben nur dann weiter, wenn sie wirtschaftlich, psychologisch und geistig wirksam bleiben. Und dies wird gewährleistet, so behauptet er, indem sie von Generation zu Generation fortlaufend in der frühen Erziehung des Kindes verankert werden. Allerdings muß die Erziehung ihrerseits, um den Fortbestand zu sichern, fähig sein, fortlaufend ökonomische und kulturelle Änderungen aufzunehmen.[4]

Mit dieser grundlegenden These Eriksons ist es einfacher nachzuvollziehen, weshalb die Angehörigen verschiedener Kulturbereiche ihr Bedürfnis nach taktiler Stimulierung vollkommen unterschiedlich äußern, so wie die Arten verschieden sind, in der sie es befriedigen. Aber das Verlangen ist universell und überall dasselbe, obwohl die Form seiner Befriedigung sich nach Ort und Zeit unterscheidet.[5]

Im speziellen möchte ich hier die Naturvölker erwähnen, denen sehr lange Zeit, selbst von Anthropologen, die jahrelang unter Eingeborenen gelebt hatten, jegliche systematische Art der Kindererziehung abgesprochen wurden.

Die Experten übernahmen stillschweigend die allgemeine Ansicht, daß «Wilde» überhaupt keine Kindererziehung kennen und daß die Primitiven wie die kleinen Tiere aufwachsen würden.

«Die Entdeckung der primitiven Erziehungssysteme macht nun deutlich, daß primitive Gesellschaften weder infantile Stadien der Menschheit, noch erstarrte Abwandlung der stolzen progressiven Normen sind, die wir repräsentieren: sie stellen eine in sich vollständig abgeschlossene Form reifen menschlichen Lebens dar, das oft von einer Einheitlichkeit und einfachen Integrität ist, die wir manches Mal beneiden könnten.»[6]

Heutzutage gibt es schon sehr viel Literatur über die verschiedensten Naturvölker und deren Lebensweisen.

Die Unterschiede, die zwischen dem einen Volk und dem anderen bestehen, sind oft sehr groß, auch wenn sie manchmal nur wenige Kilometer voneinander entfernt leben.

Bei den folgenden vier Beispielen stütze ich mich auf die grundlegenden Untersuchungen von Richard James de Boer über die Netsilik-Eskimos, Paul Riesmann über die Riimaaybe, die Forschungen von Erik Erikson im Reservat der Sioux und Jean Liedloffs Begegnungen mit den Yequana-Indianern.

Die Netsilik-Eskimos

Die Netsilik-Eskimos leben auf der Boothia-Halbinsel in den nordwestlichen Gebieten der kanadischen Arktis. Richard James de Boer verbrachte dort den Winter 1966/67 und lebte gemeinsam mit ihnen in einem Iglu.

De Boer interessierte sich sehr für die Mütter und wie sie ihre Kinder versorgten. Er beschreibt den Netsilik als einen gemütsruhigen Menschen, obwohl er unter schweren Bedingungen lebt.

Auffallend ist, daß die Mütter ihren Kindern Wärme und Liebe vermitteln und nie in die Tätigkeiten ihrer Kinder eingreifen oder sie bestrafen. Nach der Entbindung und während der ersten Lebenszeit wird das Netsilik-Kind in den Pelzparka seiner Mutter gelegt, und zwar so, daß sich sein Leib fest gegen ihren Rücken etwas unter die Schulterblätter drückt. Das Kind sitzt also aufrecht und umschlingt mit seinen kleinen Beinchen die Taille der Mutter oder ihren Brustkorb, und sein nach rechts oder links gebeugter Kopf löst den tonischen Nackenreflex aus, der das Rittlingssitzen erleichtert und den Streckmuskel der Beine lockert.

Wenn das Kind in die richtige Stellung gebracht wurde, bindet die Mutter eine Schärpe um den Anorak, über die Brüste und unter die Achseln. So bildet sie eine Schlinge, die das Gesäß des Kindes schützt und verhindert, daß es herausfällt. Es trägt winzige Windeln aus Karibuleder, drückt sich aber sonst nackt gegen die Haut der Mutter. Der Unterleib des Kindes ist in engem taktilem und kutanem Kontakt mit der Mutter, und sein Rücken ist völlig in Pelz gehüllt, der es vor der scharfen arktischen Kälte schützt.

Von der Ferne sieht eine Netsilik-Mutter wie eine Bucklige aus, wenn sie ihr Kind trägt, aber ihre linkische Haltung ist nur scheinbar, denn das Gewicht des Kindes entspricht ihrem inneren Schwerpunkt. Das Kind wird getragen, bis es sich selbst weiterbewegen kann, und danach noch hin und wieder, bis sich in ihm das Erkenntnisvermögen entwickelt, das die Netsilik-Eskimos «ihuma» nennen.

Wenn der Netsilik-Säugling hungrig ist, sucht und saugt er an der Hand der Mutter, um sie darauf aufmerksam zu machen, und sie nimmt ihn an die Brust und stillt ihn. Sein Aktivitätsbedürfnis wird ganz einfach befriedigt durch die Stellungsänderungen, das Gehen und sonstige Bewegungen der Mutter, während sie ihrer täglichen Arbeit nachgeht. Die schaukelnden Bewegungen und die Berührung mit der Haut bringen dem Kind den Schlaf. Die Mutter lernt durch die starke Nähe die meisten Bedürfnisse des Kindes rasch kennen und weiß darauf zu reagieren; daher schreit das Kind selten. Die Bedürfnisse des Kindes werden von der Mutter durch den Tastsinn wahrgenommen.

Läßt der Netsilik-Säugling auf dem Rücken seiner Mutter Wasser oder hat Stuhlgang, führt das zu keinen anderen Folgen als denen, daß die Mutter sich selbst und das Kind reinigt, das dabei ganz ruhig bleibt.

Diese gelassene Einstellung bewirkt zweifellos, daß das Kind auch später seinen Ausscheidungsaktivitäten keine große Bedeutung zumißt. Die Offenheit und Großzügigkeit der Eskimos ist zweifellos zum Teil der Gelassenheit ihrer Reinlichkeitserziehung zuzuschreiben. Da die Mutter bei der täglichen Arbeit dem Eskimokind ein sehr vielfältiges Weltbild, ein von allen möglichen Seiten gesehenes Bild seiner Umgebung vermittelt, entwickelt es eine gewisse räumliche Geschicklichkeit, die durch spätere Erfahrungen noch verstärkt wird. Diese Fähigkeiten und vermutlich auch die bemerkenswerte mechanische Geschicklichkeit der Eskimos stehen in enger Verbindung mit diesen frühen Erfahrungen auf dem Rücken der Mutter.

Die Kinderpflege der Netsilik-Mutter entspricht aufs vollkommenste den durch die Entwicklungsgeschichte programmierten Bedürfnissen des Kindes, und die Reaktionen der Kinder sind immer angenehm und vergnügt. Da innerhalb der Eltern-Kind- und Mutter-Kind-Beziehung kein Macht-Ohnmacht-Verhältnis besteht, herrschen auch zwischen dem einzelnen Netsilik-Eskimo und seiner Gruppe Harmonie und Gleichgewicht. Der einzelne benimmt sich so, daß eine altruistische Haltung allen anderen gegenüber herbeigeführt wird.

De Boer ist der Ansicht, daß diese unwandelbare liebevolle und heitere Reaktion der Schlüssel zu dem hohen Streßabwehrvermögen der Netsilik-Eskimos ist, ihrem Vermögen, Schwierigkeiten gewachsen zu sein.

Der Netsilik-Eskimo ist sehr selten, wenn überhaupt je, feindseligen und Streß hervorrufenden zwischenmenschlichen Situationen ausgesetzt, aber er ist ständig von den Ungewißheiten seiner Umwelt bedroht. Gefährliche Situationen in der Natur beunruhigen ihn aber emotional kaum.

Man kann natürlich nicht mit absoluter Bestimmtheit sagen, daß das menschenfreundliche Verhalten des einzelnen Netsilik-Eskimos weitgehend seinem Erleben in der Kindheit und vor allem dem Verhältnis zum Körper seiner Mutter zuzuschreiben ist. Diese Erlebnisse werden später vom Benehmen beinahe aller Menschen seiner Umgebung weiterhin beeinflußt.

Allerdings deutet die bisherige Erkenntnis darauf hin, daß die ersten Einflüsse am stärksten wirken.[7]

Die Riimaaybe in Westafrika

Die Riimaaybe leben in der Sahelzone in Westafrika. Dieses Volk war zu Anfang des 20. Jahrhunderts Sklaven der Fulbe, die in den vorigen Jahrhunderten das Volk eroberten und die Kriegsgefangenen als Sklaven benutzten. Erst das französische Kolonialregime schaffte dort die Sklaverei ab. Paul Riesmann beobachtete während seines 19monatigen Aufenthalts eingehend zwölf Riimaaybe-Familien, von denen jede ein Baby hatte.

Noch heute wohnen die Riimaaybe in eigenen Dörfern, im selben Gebiet wie die Fulbe. Beide Völker betreiben Akkerbau, leben hauptsächlich von Hirseanbau und haben Rinderherden.

Obwohl die innere Struktur der Riimaaybe-Familien der

der Fulbe-Familien oft sehr ähnlich ist, bilden sie keine soziale Einheit, die von einem Ahnen abstammt, und können sich deshalb mit keinem ihrer Vorfahren identifizieren.

Sie haben Verwandtschaftsverflechtungen, doch das ist schon alles. Sie sind nicht zu Gruppen mit gemeinsamer Identität und Geschichte zusammengeschlossen. Obwohl die Sklaverei in diesem Gebiet vor zwei Generationen abgeschafft wurde, hat sich dieser Bereich der Gesellschaftsstruktur nur wenig verändert. Die einzige Gruppe, mit der die Riimaaybe sich identifizieren können, ist die ihrer Herren. Die Riimaaybe haben also keine Vergangenheit, auf die sie stolz sein können. Auch wenn in Geschichten große Taten von Sklaven gefeiert werden, kann sich kein Diimaayo (Nachkomme der Sklaven) einem solchen Helden zuordnen, weil Sklaven aufgrund ihrer Lebensbedingungen keine Verwandtschaftslinien begründen.

Die Grundpersönlichkeit der Riimaaybe unterscheidet sich auch heute noch deutlich von der der Fulbe. In zwischenmenschlichen Beziehungen sind sie aggressiver und gehen mehr aus sich heraus als die Fulbe. Ihre Gespräche sind laut und ausgelassen, sie schimpfen und lachen von Herzen und grüßen einander mit mehr Gefühlsausdruck. Im allgemeinen drücken sie ihre Gefühle der Freude, Traurigkeit oder Wut offener und spontaner aus als die Fulbe, und statt zurückhaltend und würdevoll zu sein, machen die Riimaaybe insgesamt einen ausdrucksstarken und erdgebundenen Eindruck.

Bei den Riimaaybe werden das Neugeborene und seine Mutter als höchst verwundbar angesehen. Sie werden als weich und zart beschrieben, was impliziert, daß Kräfte der Außenwelt leicht auf sie einstürmen und sie beherrschen können, so daß sie verrückt und krank werden und vielleicht sogar dadurch sterben können. Eine der meistgefürchteten Kräfte ist ein Geist, der «Djiinn» genannt wird. Denn

«Djiinns» sind auf die Babys eifersüchtig und können es nicht ausstehen, wenn andere Gutes bekommen.

Um die Mutter und ihr Kind in ihrer Verwundbarkeit zu schützen, sind drei Maßnahmen geboten: immer einen Gegenstand aus Eisen in der Nähe zu haben, die ganze Zeit eine andere Person um sich zu haben und häufige Waschungen mit einer Art Medizinwasser. Zusätzlich erhält das Kind in den ersten zwei Wochen zweimal täglich nach jedem Bad einen Einlauf und ein Getränk mit Heilwasser.

Während der ersten Lebensmonate haben die Kinder fast ständig Körperkontakt mit der Mutter. Andere Leute mögen das Kind halten, mit ihm spielen und es auf dem Rücken tragen, aber das Baby ist nie außerhalb der Sichtweite der Mutter. Wenn es schläft, liegt es manchmal am Boden auf einem Tuch, oder auf einem Bett, aber die Mutter zieht es vor, das Kind zu halten oder auf den Rücken gebunden zu haben. Nachts schläft es immer neben der Mutter. Wann immer ein Baby Lust hat, darf es an der Brust trinken; für ein Stillen nach Stundenplan gibt es keinerlei Anzeichen. Mitten in der Nacht aufzuwachen wird als völlig normal empfunden; Mütter legen sich im Halbschlaf auf die Seite, um ihre Brust zu geben, und empfinden das Wachsein ihres Babys nicht als ein Problem, das es zu überwinden gilt, oder eine Phase, die durchgestanden werden muß. Man hört in den Dörfern selten Babys schreien, und wenn doch, bedeutet dies mit Sicherheit, daß sie krank sind oder zahnen.

Die Mutterschaft wird als unproblematisch empfunden; Fragen und Überlegungen über Erziehungsmethoden, wie Paul Riesmann sie stellte, erstaunen die Leute, denn wenn sie auf abstrakter Ebene über diesen Prozeß nachdenken, finden sie nichts Interessantes oder Schwieriges daran.

Im Alltag wird die Mutterschaft sehr ernst genommen, denn die Frauen haben viel Arbeit und viele verschiedene

Arbeitsbereiche, aber für Mütter mit kleineren Kindern hat immer die Kinderbetreuung Priorität. Unterbricht eine Frau, die Baumwolle spinnt, im Kochtopf rührt oder einen Korb flechtet, nicht ihre Arbeit, wenn ihr Baby sich bemerkbar macht, werden ihre Leute sagen, sie solle ihr Kind aufnehmen. Babys wollen nicht von ihren Müttern getrennt werden, und sie unternehmen keinen Versuch, sie auch während der ersten Lebensjahre zu trennen.

Kocht eine Frau, und ihr Baby spielt in der Nähe auf dem Boden und beginnt zu quengeln, wird die Mutter sofort zu ihm gehen, um herauszufinden, was ihm fehlt. Sie setzt sich eine Weile zu dem Kind und gibt ihm die Brust; wenn das Kind dann immer noch nah bei der Mutter bleiben möchte, nimmt sie es hoch, bindet es mit einem langen Stück Stoff auf ihrem Rücken fest und setzt ihre Tätigkeit fort.

Ähnlich ungezwungen und selbstverständlich gehen die Riimaaybe in der Sauberkeitserziehung vor. Es gibt keine bestimmte Periode, in der Kindern beigebracht wird, ihre Notdurft an besonderen Orten zu verrichten. Von Geburt an und einen großen Teil der Kindheit über sind die Kinder unbekleidet, und Babys tragen nie so etwas wie Windeln.

Da sich die Babys die meiste Zeit in enger Berührung mit einer anderen Person befinden, können die Anzeichen, daß ein Kind mal muß, rechtzeitig erkannt werden. Merkt das die Mutter, setzt sie sich auf den Boden, die Knie zusammen und in einem etwa 45-Grad-Winkel gebeugt, die Füße etwas auseinander, und nimmt das ihr zugewandte Kind rittlings zwischen die Füße, so daß es ihre Waden umklammern kann. Sie bleibt in dieser Stellung, bis das Kind sich zwischen den Beinen seiner Mutter auf den Boden entleert. Sie säubert den Anus des Kindes, indem sie den Kot mit einem herumliegenden Hirsehalm oder Zweig sanft abschabt. Der Zweig wird dann auf den kleinen Haufen des Kindes geworfen und dieser dann auf eine Tonscherbe gekehrt und an einem geeigneten Platz weggeworfen.

Wenn die Kinder alt genug sind, um sich selbständig bewegen und sprechen zu können, haben sie sich bereits daran gewöhnt, ihre körperlichen Bedürfnisse zu erkennen, und sie lernen bereitwillig durch Nachahmung, ihre Notdurft allein zu verrichten.

Die beiden Ausscheidungsarten werden sehr unterschiedlich behandelt. Mit dem Urinieren ist keinerlei Schamhaftigkeit verbunden, die Frauen und Männer entfernen sich nur ein kurzes Stück und kauern sich, den Anwesenden den Rücken zugewandt, hin. Der Stuhlgang ist jedoch ein schambehafteter Akt, und die Leute unternehmen jede Anstrengung, nicht dabei gesehen zu werden.

Auch das Abstillen der Kinder passiert zu verschiedenen Zeitpunkten und je nach den Umständen auf verschiedene Art. Doch selten wird ein Kind vor dem Alter von zwei Jahren abgestillt. Wenn die Mutter ein weiteres Kind bekommt, dann muß das Kind abgestillt werden, denn die Muttermilch ist das Geburtsrecht des Jüngsten, und sie darf nicht mit einem älteren Kind geteilt werden.

Alle sind sich im klaren, daß dieser Prozeß schmerzhaft ist, und Mütter sowie Großmütter versuchen ihr Bestes, um diesen Schmerz zu lindern. Kinder, die abgestillt werden, sind oft weinerlich und anhänglich, aber die Mütter scheinen sich darüber nicht aufzuregen. Sie lassen zu, daß das Kind an ihnen herumklettert, daß es sie schlägt usw., aber sie bleiben gewöhnlich unnachgiebig, wenn es darum geht, an der Brust zu saugen. Manche Mütter resignieren gelegentlich, im besonderen dann, wenn das Kind krank ist oder sich verletzt hat. Einige Großmütter bieten manchmal ihre Brust als Ersatz an.

Mit etwa drei Jahren bewegen sich die Kinder während

des Spielens immer mehr von ihren Müttern weg und kommen und gehen, wie sie wollen. Nach etwa dem sechsten Lebensjahr spielen die Kinder immer weniger in altersgemischten Gruppen, sondern bilden fluktuierende (aber gleichgeschlechtliche) Gangs von Mädchen und Jungen.

Die Gruppen der Riimaaybe bestehen oft aus vier oder mehr Frauen und ihren Kindern, die alle zusammen arbeiten, scherzen und spielen. Die Stimmung ist sehr lebendig mit lauten Gesprächen, Neckereien, Sticheleien und ausgelassenem Gelächter.

Die Atmosphäre des Familienlebens unterscheidet sich sehr von dem, was wir in westlichen Kulturen kennen. Die Familie scheint keine Einheit an sich zu sein. An gewissen Punkten des Lebenszyklus kann sie zu einer Produktions- oder Konsumeinheit werden, aber das ist selten. Situationen, in denen die ganze Familie zusammenkommt, gibt es nicht, die Familie ißt nicht zusammen, und es gibt auch keine Zeremonien, die sie vom Rest der Gesellschaft abgrenzen.

Im Prinzip versorgt der Vater die Familie mit Nahrung, aber im Zyklus einer Familie teilen sich die verheirateten Brüder oft jahrelang ihre Ressourcen. Auch wenn jeder im allgemeinen sein Feld bebaut, bereiten nach der Ernte zunächst die Frauen des ersten Bruders und danach abwechselnd die eines anderen die Mahlzeiten für die Großfamilie zu. Nur wenn die Familie allein draußen im Busch ist, um Tiere weiden zu lassen oder ein entlegenes Feld zu kultivieren, nimmt sie das Mahl unter sich ein, doch dann keineswegs zur selben Zeit.

Die Männer sowie die Frauen und Kinder essen getrennt voneinander. Die meisten Arbeiten verrichten sie gemeinsam mit anderen ihres Alters und Geschlechts. Selten erledigen Frauen die Hausarbeit allein in ihren Häusern, sie arbeiten draußen mit anderen Frauen. Ihre Kinder kommen und gehen, wie es ihren Fähigkeiten entspricht. Männer sind tagsüber selten zu Hause, und wenn sie nichts zu tun haben, gehen sie zu einem öffentlichen Platz, sitzen dort und plaudern mit ihren Freunden. Sogar ein Weber hat seinen Webstuhl nicht zu Hause, sondern baut ihn in der Nähe sich kreuzender Wege oder unter einem schattenspendenden Baum auf, wo sich die Männer versammeln. Was familiäre Mitgliedschaft und Grenzziehung angeht, entsteht also der Eindruck großer Flexibilität, gleichzeitig ist jedoch festzustellen, daß gerade die Beziehungen, die durch Familienmitglieder und Geburtsrecht geschaffen werden, das Gefüge der Gesellschaft ausmachen.[8]

Die Sioux-Indianer

Das Pine-Ridge-Indianerreservat liegt in der südwestlichen Ecke von Süddakota entlang der Grenze zu Nebraska. Auf diesem Land, das ihnen die Regierung zugewiesen hat, leben achttausend Mitglieder des Stammes der Ogalala, eines Unterstammes der Sioux oder Dakota. Als die Indianer sich in diesem Reservat niederließen, ging ihre politische und wirtschaftliche Unabhängigkeit in die Hände der Vereinigten Staaten über, unter der Bedingung, daß die Regierung alle Weißen davon abhielt, in diesem Gebiet zu jagen oder sich niederzulassen.

Man erwartete von den Sioux, daß sie Farmer auf dem ihnen überlassenen Land würden, doch es ist nur ein Bruchteil dieses Landes für den Anbau von Weizen, Mais und Roggen geeignet.

Die Sioux haben unter traumatischen Bedingungen jene Wirklichkeit verloren, die es ihnen ermöglicht hatte, ein Gemeinschaftsgefühl auszubilden. Bevor die weiße Bevölkerung kam, waren sie kriegerische Nomaden und Büffeljäger. Doch von den Weißen hingeschlachtet, verschwand der Büffel, und die Sioux wurden Krieger in der Verteidigung und unterlagen. Danach lernten sie, Vieh zu treiben, doch das wurde ihnen später auch weggenommen, und nun ist der Sioux ein seßhafter Ackerbauer auf schlechtem Boden.

So ist dem Sioux Schritt für Schritt die Grundlage entzogen worden, um eine gemeinschaftliche Identität ausbilden zu können. Furcht und Hunger haben den Sioux veranlaßt, seine Gemeinschaftsfunktionen an den nahrunggewährenden Eroberer abzutreten. Statt eine vorübergehende Angelegenheit von vertraglichen Verpflichtungen zu sein, bleibt die staatliche Hilfe auch weiterhin unentbehrlich.

Wenn die älteren Mitglieder der Familie oder die Überreste der alten Sippe die Pferdekarren packten, um sich irgendwo in der Prärie zu einem Fest oder einer Feier zu versammeln, Geschenke und Erinnerungen, Klatsch, Witze und Verleumdungen auszutauschen und die alten Tänze zu tanzen, dann kommen sie ihrem Identitätsgefühl am nächsten, das sie noch einmal mit der unbegrenzten Vergangenheit verbindet.

Erik H. Erikson arbeitete mit Sozialarbeitern und Erziehern, sowohl weißer wie indianischer Abstammung, in einem Seminar zusammen, um mit den Lehrern im Indian Service verschiedene Probleme an den Schulen zu untersuchen. Die häufigsten Klagen waren das Schulschwänzen und das Stehlen (oder eine grobe Mißachtung der Eigentumsrechte). Doch auffallend war auch das apathische Verhalten der Kinder, das alles umfaßte, von Mangel an Ehrgeiz und Interesse bis zum sanften passiven Widerstand gegenüber einer Frage oder Forderung.

Die Lehrer beunruhigte, daß die Kinder nie eine Antwort zu ihrer Verteidigung vorbrachten, gleichgültig, was man mit ihnen anstellte.

Das durchschnittliche Indianerkind scheint nichts von

dem zu besitzen, was wir ein schlechtes Gewissen nennen, wenn es sich in passivem Widerstand gegen den weißen Lehrer in sich zurückzieht, noch scheint es auf den Widerspruch mißbilligender Verwandter zu stoßen, wenn es die Schule schwänzt.

Das eigentliche Problem war der kulturelle Kontakt, der mißlungen war: zwischen einer Gruppe von Beamten einerseits, die die Mittelklasse eines Systems freien Unternehmertums repräsentieren, und den Überresten eines Stammes andererseits, die, sobald sie aus dem Schatten der staatlichen Unterstützung heraustreten, zu den Rechtlosen, den Unterprivilegierten des anderen Systems gehören. Es ist tatsächlich so, daß die überkommenen Erziehungsprinzipien, die innerhalb der Reste des Stammes noch wirksam sind, die Entwicklung des «weißen Bewußtseins» untergraben.

Bei den Sioux darf das Kind, solange es klein ist, ein Individualist sein. Die Eltern zeigen keinerlei feindselige Ablehnung gegenüber dem Körper als solchem und tadeln kindlichen Eigenwillen nicht. Man kennt keine Verurteilung infantiler Gewohnheiten während der Zeit, in der das Kind das Kommunikationssystem zwischen Selbst, Körper und seinesgleichen entwickelt, auf dem das kindliche Ich basiert. Erst wenn das Kind körperlich kräftig und selbstsicher geworden ist, wird es einer Tradition eingegliedert, die seinen sozialen Bedürfnissen in streng institutionalisierter Weise gerecht wird.

Die Indianer, die gegen kleine Kinder nachsichtig und gegen größere nur mit Worten hart sind, sehen in der aktiven Methode der Kindererziehung einen zerstörerischen und durchaus beabsichtigten Versuch, die Kinder zu entmutigen. Die Weißen, so scheint ihnen, wollen ihre Kinder dieser Erde entfremden, beispielsweise weil die Babys weinen lernen bzw. durch die hygienische Trennung von Mutter und Kind nach der Geburt.

Einige Sioux-Frauen berichteten Erik Erikson über die alten Methoden der Kinderpflege und Erziehung. Die Indianerfrauen folgten ihrem Stamm wenige Stunden nach der Geburt eines Kindes gleich wieder nach. Offenbar bot das alte Wanderleben, das ständig Anpassung an den Wechsel der Jahreszeiten, die plötzlichen Züge des Büffels oder die Bewegungen des Feindes verlangte, oft wenig oder gar keine Gelegenheit zur Wochenbettpflege und Erholung.

Die tiefgreifenden Veränderungen in den Gebräuchen der Schwangerschaft und Geburt, die die moderne Hygiene und die Krankenhäuser mit sich bringen, werden von den älteren Indianerinnen nicht nur als eine Gefahr für die Tradition und Stärke angesehen, sondern auch als eine Ungerechtigkeit gegenüber dem Kind, das auf diese Weise lernt zu weinen wie ein weißes Baby. Noch heute werden die Säuglinge in ein festes Bündel gewickelt, das mit Sicherheitsnadeln zusammengehalten wird. Solange sie herumgetragen werden, werden sie ununterbrochen leicht gewiegt. Früher lag die Stilldauer zwischen drei bis fünf Jahren, doch auch heute noch werden Kinder erst mit einem bis zu spätestens drei Jahren abgestillt. Das Daumenlutschen ist kaum verbreitet, und auch der Schnuller findet selten Verwendung.

Die kindliche Entwicklung wird von den Erwachsenen mit Geduld und Vergnügen beobachtet. Das Kind wird nicht angetrieben, schnell laufen oder sprechen zu lernen. Eine Babysprache gibt es nicht, und die Sprache, die dem Kind üblicherweise zuerst beigebracht wird, ist die alte Indianersprache. Für viele Kinder bildet die englische Sprache beim Schuleintritt noch heute ein Problem. Das Kind wird sorgfältig dazu erzogen, freizügig zu sein, aber es erhält auch noch immer wertvolle Geschenke, wie etwa Pferde.

Die Hauptmittel der Erziehung sind Warnung und Beschämung. Den Kindern wird gestattet, vor Wut zu brüllen, denn das soll sie stark machen. Doch Schläge, obwohl sie heutzutage vorkommen, sind immer noch sehr selten. Die größte Veränderung im Leben der Sioux ist vermutlich im Status der Familie als Ganzes zu beobachten. Anstatt eine Stärkung der Autarkie zu fördern, ist die Familie zum Refugium derer geworden, die sich isoliert und untüchtig fühlen. Das stärkste noch verbliebene Band scheint das zwischen Brüdern zu sein – eine gesunde Bindung, die sich leicht auf die Errichtung neuer gemeinschaftlicher Ziele übertragen und für sie nutzbar machen läßt.

Die schwächste Beziehung hingegen scheint die zwischen Kindern und Vätern zu sein, die ihnen nichts mehr beizubringen haben und tatsächlich zu Vorbildern dessen geworden sind, was man vermeiden muß.

Erik H. Erikson und seine Kollegen fanden bei den Sioux wenig Anzeichen individueller Konflikte, innerer Spannungen oder dessen, was wir Neurose nennen, nichts, was ihnen die Möglichkeit gegeben hätte, unsere Kenntnisse seelischer Hygiene, wie wir sie verstehen, auf die Lösung des Indianerproblems anzuwenden.

Was sie fanden, war eine Erkrankung der Kultur selbst, manchmal in der Form von Verbrechen unter Alkoholeinfluß oder kleinerer Diebstähle, aber größtenteils in der Form einer allgemeinen Apathie und einer ungreifbaren passiven Resistenz gegen jedes weitere und endgültige Eindringen weißer Normen in das indianische Bewußtsein.[9]

Das Modell von Jean Liedloff und die Yequana-Indianer

Jean Liedloff lebte bei ihrer Großmutter in New York und als diese starb, brach sie das Studium ab, und in ihrer Trauer entschloß sie sich, allein nach Europa zu fahren. Da jede

Hinwendung zu ihrer Mutter stets damit endete, daß Jean Liedloff verletzt wurde, wollte sie mit dieser Reise ihre Unabhängigkeit erweitern.

In Rom folgte sie spontan der Einladung zweier italienischer Diamantensucher, als Photographin und Chronistin an einer Expedition in den Orinoco-Regenwald teilzunehmen.

1953 fuhr sie mit einer naturwissenschaftlichen Expedition zum zweiten Mal in den Tropenwald Venezuelas. Der Leiter dieser Expedition, Alfonso Vinci, bezeichnete Jean Liedloff als den kritischen Punkt seiner Mannschaft, da sie sehr nervös war, an hysterischen Anfällen litt und dazu noch mondsüchtig und schlafwandlerisch veranlagt war.

Deshalb überzeugte Alfonso Vinci zwei Yequana, daß sie Jean Liedloff mit zu einem ihrer Dörfer nehmen sollten, während er und seine Mannschaft weiterzog.

So lebte Jean Liedloff bei diesem Stamm, lernte dessen Sprache und behandelte kranke Frauen und Kinder.

Die letzten zwei Expeditionen zu diesem Stamm standen unter ihrer eigenen Leitung. Danach ließ sie sich in England nieder und schrieb dort ihr Buch *Auf der Suche nach dem verlorenen Glück,* das sich als Longseller etablierte. Insgesamt hat Jean Liedloff zweieinhalb Jahre bei den Yequana verbracht und dort sogar einen eigenen Namen bekommen: Shi.[10]

Die Bevölkerungszahl der Yequana kann mit ca. 3000, verteilt auf ungefähr 30 Dorfgemeinschaften, angegeben werden. Sie leben in einer Landschaft von ausgedehnten Regenwäldern, die mit weiten Grassavannen wechseln, und mitten darin gibt es viele Flußläufe, mit Wäldern und Bergen, die bis zu 2000 Meter über die Wälder emporragen.

Die Yequana leben vor allem vom Anbau von Maniok und Mehlbananen, sie kultivieren aber im Wanderfeldbau mit Brandrodung noch rund 40 andere Pflanzen.

Im weiteren leben sie vom Fischfang und von der Jagd, und die Männer flechten Körbe und bauen die in ganz Venezuela bekannten Einbaumkanus. Deshalb ist der Handel mit anderen Indianern und den Weißen sehr wichtig.

Die Yequana-Indianer sind klein, wenig muskulös, aber doch imstande, schwerere Lasten über viel längere Strecken zu tragen als die Weißen. Sie gehen sehr sparsam mit ihren Kräften um, indem sie sie nur zur Erfüllung der jeweiligen Aufgabe einsetzen und nicht an damit verknüpfte physische und psychische Spannungen, die auf zukunftsbezogene Situationen gerichtet sind, verschwenden.

Die Kinder streiten sich nie, werden nie bestraft, gehorchen aber immer willig. Jean Liedloff erscheinen sie als die glücklichsten Menschen, die sie je gesehen hat.

Die Welt der Säuglinge unterscheidet sich von der in «zivilisierten» Kulturen wie Tag und Nacht.

Jean Liedloff schildert, daß das Baby nach der Geburt auf der Mutter ruht und nach dem Durchschneiden der Nabelschnur das Kind sofort an die Brust gelegt wird.

Die Zeit zwischen Geburt und Beginn des Krabbelns ist die Phase des Getragenwerdens. Die Säuglinge werden von Anfang an überallhin mitgenommen, und ihr Leben ist voller Anregungen, Vielfalt und Aktion. In der Nacht schlafen die Kinder bis zum Alter von drei bis vier Jahren in der Hängematte der Mutter. Gestillt wird das Baby sofort, wenn es Hunger zeigt.

Das Kind wird auch noch im Kleinkindalter auf der Hüfte, auf dem Rücken, mit und ohne Trageband, getragen, doch das Bedürfnis nach ständigem Kontakt nimmt rasch ab, sobald das entsprechende Erfahrungskontingent erfüllt worden ist.

Die Haltung der Mutter und anderer Pflegepersonen beschreibt Jean Liedloff als entspannt.

Die Belagerung durch das Kind findet zwar auf körperlicher Ebene statt, doch es ist selten Mittelpunkt der Aufmerksamkeit der Mutter. Da die Mutter nicht aus ihren gewohnten Zusammenhängen gerissen wird, ist sie nicht allein den Anforderungen des Babys ausgesetzt, sondern sie lebt weiter in ihrer Welt der Erwachsenen.

Die Yequana arbeiten viel in Gruppen, selten allein, und es herrscht immer eine lockere, fast festliche Stimmung. Sobald das Kind krabbeln kann, darf es neben der arbeitenden Mutter auf dem Boden spielen, soviel und womit es will, auch in der Nähe von gefährlichen Löchern oder mit scharfen Messern. Weitere Gefahrenquellen für ein Krabbelkind sind in einem Yequana-Dorf in ausreichender Menge vorhanden, doch man erwartet von dem Kind, daß es auf sich selbst aufpaßt, und es passiert auch selten etwas.

Das Kind wird dann allmählich in die Spiele der älteren Kinder miteinbezogen, und wenn es zwei bis drei Jahre alt ist, ist es so selbständig, daß es keine Eifersucht zeigt, wenn ein neues Geschwisterkind geboren wird.

Die weitere Erziehung ist nicht auf Belehrungen, Belohnungen und Strafen aufgebaut, sondern die Erwachsenen erwarten vom Kind soziales Verhalten, und daher wird dem Kind kein fremder Wille aufgezwungen. Die Älteren sprechen weder von unartigen noch von braven Kindern, denn die Persönlichkeit des Kindes wird in jeder Hinsicht als gut respektiert.

Sehr früh lernen die Kinder bei den Yequana Tätigkeiten der Erwachsenen aktiv kennen. Noch ehe sie sprechen können, bekommen die Jungen Pfeil und Bogen.

Sowohl Jungen als auch Mädchen gehen fast jeden Tag schwimmen, und alle Kinder bekommen schon sehr früh ein Paddel im Kleinformat, mit dem sie schon mit fünf Jahren geschickt ihre Boote steuern. Auch mit schweren Einbäumen fahren sie durch Stromschnellen, mit einer Besatzung, in der manchmal niemand älter ist als sechs oder sieben Jahre.

Während die Yequana-Mädchen ihre Kindheit größtenteils mit den Frauen zusammen verbringen und dabei von Anfang an deren Arbeit zu Hause oder im Garten teilen, laufen die Jungen die meiste Zeit zusammen herum. Sie üben das Schießen mit Pfeil und Bogen, und manchmal gehen sie mit ihren Vätern auf die Jagd.

Zugleich ist jedes Yequana-Kind, da es frei von dem Bedürfnis nach Bestätigung ist, sehr gut in der Lage, Dinge allein zu tun. Kinder wie Erwachsene beider Geschlechter fischen häufig allein, Korbflechterei sowie Waffenherstellung und -reparatur werden von Jungen und Männern allein verrichtet, und das Weben sowie das Kochen werden von Frauen und Mädchen erledigt, die meistens nur einen Säugling als Gesellschaft haben.

Die Yequana leiden niemals unter Langeweile oder Einsamkeit, denn den größten Teil ihrer Zeit verbringen sie im Zusammensein mit ihren Altersgenossen. Dabei sprechen sie alle lebhaft und fröhlich miteinander, und Lachen ist auffallend häufig.

Ebenfalls fehlt im Wortschatz der Yequana ein Wort für «Arbeit», denn sie verfügen nur über das Wort «tarabaho», das für Geschäfte mit Nichtindianern verwendet wird.

Jean Liedloff fiel ein schwerwiegender Unterschied zwischen den Yequana-Kindern und Kindern unserer Kultur auf, nämlich daß erstere untereinander weder kämpfen noch streiten. Es gibt keinen Wettbewerb, und die Anführer werden auf Initiative der Gefolgschaft eingesetzt.

Auch bei Festen, bei denen jeder Yequana, Mann, Frau und Kind, betrunken war, konnte sie nie auch nur den Ansatz eines Streites oder einer Aggressivität bemerken.

Die Kinder und Erwachsenen der Yequana, die selbst allen erforderlichen Kontakt in der Frühkindheit hatten, genießen noch immer viel Körperkontakt, indem sie eng beieinander sitzen, in derselben Hängematte ausruhen oder sich gegenseitig kämmen.

Da Yequana-Frauen gewöhnlich mit ihren Müttern zusammenwohnen, solange diese am Leben sind, während die Ehemänner ihre Mütter verlassen und ihren Platz in der Familie ihrer Frau einnehmen, kommt es recht häufig vor, daß die Ehefrau dem Mann gegenüber in seinen Krisen die mütterliche Rolle einnimmt. Die Frau hat ihre eigene Mutter als Zuflucht, gibt jedoch ihrem Mann instinktiv mütterliche Zuwendung, wenn er sie braucht.

Ebenso gibt es für verwaiste Erwachsene einen Brauch, dem zufolge sie in andere Familien aufgenommen werden. Die Belastung für den Haushalt der betreffenden Familie ist geringfügig, da erwachsene Yequanas zu ihrer Familie mehr beitragen, als sie verbrauchen, und dafür von ihr eine stillschweigende Unterstützungsgarantie für den Notfall erhalten.

Das Bedürfnis nach gefühlsmäßiger Versicherung ist bei den Yequana ein anerkannter Teil der menschlichen Natur, einer, an dessen Berücksichtigung die Gesellschaft ein Interesse hat. Es handelt sich dabei um eine Sicherheitsmaßnahme, damit sich das natürliche Sozialverhalten ihrer Mitglieder durch den Druck von Umständen nicht in Konflikt zur Gesellschaft entwickelt. Diese Achtung vor den Bedürfnissen jedes einzelnen ist, laut Jean Liedloff, mit Sicherheit die wirkungsvollste Art, der Kriminalität vorzubeugen.[11]

Das Tragen der Kleinkinder ist für Jean Liedloff ein zentraler Punkt, denn das Wachsen der Unabhängigkeit und die Kraft zum emotionalen Reifen entspringen weitgehend der Beziehung, die sich beim Getragenwerden ausgebildet hat. Als ebenso wichtig empfindet sie den angeborenen Sozialtrieb des Kindes und das Zutrauen zu den kleinen Kindern.

Jean Liedloff meint, daß sich für den einzelnen Yequana die Welt einfach «richtig» anfühlt und der Grundstein für dieses Gefühl der Richtigkeit im frühen Säuglingsalter gelegt wird.

Dieses ideale Aufwachsen des Säuglings bei den Yequana, das übereinstimmt mit dem Leben, das von Millionen seiner Vorfahren gelebt worden ist und so die Erwartungen seines Wesens erfüllt, bezeichnet Jean Liedloff mit dem Begriff des *continuum*.

Sie definiert das menschliche Kontinuum als «die Erfahrungsfolge, die vereinbar ist mit den Erwartungen und Bestrebungen unserer Gattung Mensch in einer Umgebung, die mit derjenigen, in der jene Erwartungen und Bestrebungen sich ausprägten, übereinstimmt. Es schließt angemessenes Verhalten anderer und entsprechende Behandlung durch sie als Teil jener Umgebung ein.»[12]

Der intensive Körperkontakt, den die Yequana-Kinder genießen, wird von fast allen Völkern des Amazonas-Orinoco-Gebietes berichtet, und das ausgiebige Tragen der Kleinen am Körper ist bei fast allen Naturvölkern weltweit festzustellen. Niemand hat allerdings daraus bisher, wie Jean Liedloff, ein Kontinuum-Konzept abgeleitet.

Doch sind die Yequana wirklich so, wie sie laut Jean Liedloff scheinen? Der katholische Missionar Bruder François hat ebenfalls zwischen 1963 und 1969 bei den Yequana gelebt und dort gearbeitet. Durch seine Berichte und die anderer Forscher bekam Jean Liedloff einige Kritik zu spüren, da ihre Schilderung der Yequana sehr viele Auslassungen enthält.

Das Tragen des Säuglings, das Spielen der Kleinkinder an gefährlichen Stellen oder mit gefährlichen Dingen und die Tatsache, daß den Kindern kein fremder Wille aufgezwungen wird, ist aber von allen Forschern bestätigt worden.

Während Liedloffs Buch 1977 erstmals erschien, besaß ein Teil der «Steinzeit-Indianer» bereits mehrere Traktoren, einen Bulldozer und war ausgerüstet mit Tanks für einige tausend Liter Treibstoff.

Für die Kinder war schließlich die Eröffnung eines Schulinternates im Jahre 1972 eine einschneidende Veränderung.

In der Geschichte hatten die Yequana bereits vor Kolumbus kriegerische Auseinandersetzungen mit den Mawisa, und zwischen 1835 und 1935 drangen viele Yanomami in das Land der Yequana ein. Diesen ständigen Bedrohungen begegneten sie mit Angriffen auf die Yanomami. Doch Jean Liedloff schreibt in ihrem Buch, daß es nie zu einem Konflikt zwischen ihnen und den Yanomami gekommen ist.

Ebenfalls auffällig ist, daß Jean Liedloff der Fähigkeit zu trauern und der Hilfe beim Trauern große Bedeutung beimißt, doch in diesem Punkt nichts von den Yequana berichtet. Andere Forschungsergebnisse belegen, daß die Yequana eine starke Selbstbeherrschung haben, besonders was äußere Liebesbezeigungen und Tränen betrifft, die sie sehr stark ablehnen.

Die Yequana haben Angst vor offenen Auseinandersetzungen und vor Dorfspaltungen, deshalb verbinden sie in ihrer Vorstellung unkontrolliertes Temperament und offene Auseinandersetzungen mit übersinnlichen Kräften.

Wer böse Gefühle gegen Dorfgenossen offenbart, könnte unter Umständen Krankheit und Tod für einen selbst oder einen seiner Verwandten heraufbeschwören, denn die Älteren raten stets von Auseinandersetzungen ab mit der Begründung, daß offene Konfrontation den Tod bedeuten würde.

Auch gibt es strenge moralische Verhaltensregeln bei den Yequana, deren Verletzung den Betreffenden zu einer Unperson, zu «so'to jönö», macht. Ein «So'to jönö» ist jemand, der ein ungezügeltes Temperament hat und unkontrollierte Eifersucht zeigt, der andere tötet, der unkooperativ ist, der geizig ist, der andere verleumdet und unbegründet klatscht, der be-

227

wußt Probleme und Auseinandersetzungen provoziert und anderen eine unangemessene Forderung stellt.

Ebenfalls zeigen die Yequana kein Mitleid, denn wenn sich ein Kind verletzt hat, geben Väter oder Mütter keine mitleidigen Töne von sich, und die Eltern ermahnen ihre Kinder dazu, die Schmerzen zu ignorieren und nicht zu weinen. Die Folge bei den Erwachsenen ist, daß sie auch bei den schamanistischen Heilungsversuchen kein Mitgefühl mit dem Patienten ausdrücken und dieser sich mit dem Leiden abfinden muß, damit er niemand anderen unnötig stört.

Aber auch wenn ein kleines Kind weint, während die Erwachsenen eine Unterredung haben, trägt seine Mutter es außer Hörweite.

Dieses Unterdrücken der wahren Gefühle kritisiert Jean Liedloff bei Eltern in Industriestaaten, doch bei den Yequana hat sie es seltsamerweise nicht bemerkt; dies gilt im gleichen Ausmaß für die Unterdrückung der Spontaneität bei den Yequana.

Die Ursache für die beobachtbare Ruhe und Entspanntheit der Säuglinge bei den Yequana liegt darin, daß alle Bedürfnisse der Säuglinge befriedigt werden, doch irgendwann setzt dann die Orientierung nach strengen Verhaltensregeln, mit der Furcht vor Geistern, ein.

Zu diesem Thema schreibt Jean Liedloff, daß von Geistern keine Spur sei und die Heilungszeremonien der Yequana sich nur gegen das Böse richteten. Der einzige Kommentar von Jean Liedloff über die Religion und die Mythologie der Yequana lautet, daß ihr Buch nicht der Ort sei, besondere Einzelheiten über diese Thematik zu schreiben, und daß das wenige, was sie darüber wisse, nicht von Bedeutung sei.

Doch andere Forschungen berichten, daß die Yequana ihren Kindern böse Geistergeschichten erzählen, um ein besseres Betragen der Kinder zu erreichen.

Jean Liedloff gibt ethnographische Beobachtungen bei den Yequana wieder, aus denen sie eine Zivilisationskritik ableitet und ihre These des *continuums* entwickelt. Doch dabei blendet sie die Religion der Yequana und damit die Furcht vor Geistern aus. Sie hat auch die Bedeutung kultureller Normen und die damit zusammenhängende starke Gefühlskontrolle nicht erwähnt. Ebenfalls weicht sie der Frage nach Konflikt und Gewalt in indianischen Gesellschaften des Amazonastieflandes aus.

In den intensiven Erlebnissen bei den Yequana sah und spürte Jean Liedloff genau das, was für sie selber wichtig war. Besonders eindrucksvoll vermittelt sie die Selbstverständlichkeit der körperlichen Nähe für das Kleinkind bis zu drei Jahren.[13]

Dieses Buch hat sehr viele Leser zum Tragen ihrer Kinder, zu mehr körperlicher Nähe und zu mehr Vertrauen in die Fähigkeiten der Kleinen animiert, doch kulturelle Übertragungen von dort nach hier sind nicht möglich.

Doch Jean Liedloffs Beobachtungen und Schlußfolgerungen über den Körperkontakt und die Erziehung im allgemeinen bleiben unbestritten richtig und sind äußerst bedeutend.[14]

Anmerkungen

1 Vgl. Renggli, Franz: Angst und Geborgenheit. S. 110.
2 Vgl. Mead, Margaret: Mann und Weib. S. 16.
3 Montagu, Ashley: Körperkontakt. S. 173.
4 Vgl. Erikson, Erik H.: Kindheit und Gesellschaft. S. 134.
5 Vgl. Montagu, Ashley: Körperkontakt. S. 221.
6 Erikson, Erik H.: Kindheit und Gesellschaft. S. 107 f.
7 Vgl. Montagu, Ashley: Körperkontakt. S. 173 ff.

8   Vgl. Van de Loo, Marie-José/Reinhart, Margarete: Kinder. S. 161 ff.

9   Vgl. Erikson, Erik H.: Kindheit und Gesellschaft. S. 110 ff.

10   Vgl. Van de Loo, Marie-José/Reinhart, Margarete: Kinder. S. 186 ff.

11   Vgl. Liedloff, Jean: Auf der Suche nach dem verlorenen Glück.
     S. 17 ff./105 ff./140 ff./188 ff.

12   Liedloff, Jean: Auf der Suche nach dem verlorenen Glück. S. 38.

13   Vgl. Van de Loo, Marie-José/Reinhart, Margarete: Kinder. S. 193 ff.

14   Vgl. Van de Loo, Marie-José/Reinhart, Margarete: Kinder. S. 205 f.

8. Orthopädie und Tragehilfen

Orthopädie

In meinen Gesprächen mit Eltern hörte ich öfter, daß diese grundsätzlich dem Tragen gegenüber positiv eingestellt waren, aber etwaige später auftretende Wirbelsäulenschäden des Kindes befürchteten und deshalb davon absahen.

Unter den Orthopäden selbst bestehen große Meinungsunterschiede, die von einem Extrem zum anderen reichen. Einige Ärzte erheben noch immer negative Vorwürfe gegenüber dem Tragen von Babys, die aber in sehr vielen Studien entkräftet werden.

«In keiner Untersuchung wurde bisher jedoch ein Zusammenhang zwischen Getragenwerden in aufrechter Körperhaltung und Haltungsschäden nachgewiesen.»[1]

Ebenso ist kaum anzunehmen, daß die Naturvölker Säuglingspflegepraktiken beibehalten, die bei ihnen Haltungsschäden hervorgerufen hätten.

Der Säugling verbringt immerhin Monate rund zusammengerollt in sogenannter «Totalkyphose» in der Gebärmutter. Deshalb ist es eine naive Vorstellung zu meinen, daß nach der Geburt der Rücken gestreckt werden müsse. Die Doppel-S-Form der Wirbelsäule bildet sich erst allmählich im Verlauf des allgemeinen motorischen Fortschritts des Babys heraus.

Am Anfang beginnt das Baby den Kopf zu heben, um zu schauen.

«Die Halswirbelsäule richtet sich auf und bildet die sogenannte Halslordose (siehe Skizze). Dann lernt das Kind, selbständig

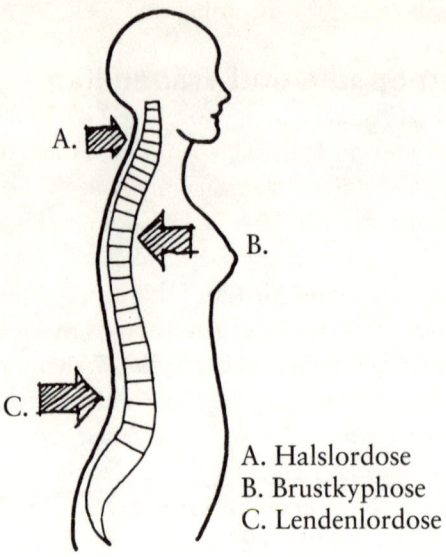

A. Halslordose
B. Brustkyphose
C. Lendenlordose

den Oberkörper aufrecht zu halten. Die Wirbelsäule streckt sich aus der Totalkyphose heraus, bis das Kind mit völlig geradem Rücken sitzen kann. Die Lordose, also die eingezogene Rundung im Kreuz, bildet sich dann, wenn das Baby beginnt, sich zum Stehen hochzuziehen. Dabei kippt das Becken leicht nach hinten, und das Doppel-S ist fertig.»[2]

So betrachtet, ist das Liegen im Bettchen physiologisch für den Säugling nicht sinnvoll, denn dort wird die Streckung der Wirbelsäule nicht durch die sich bildende Muskelkraft bewirkt, sondern durch die Schwerkraft, der aber das Baby in den ersten Monaten noch nichts entgegenzusetzen hat.

Es kommt vor allem auf die richtige Tragetechnik an, denn sie verhindert, daß die Wirbelsäule des Kindes gestaucht wird. Denn im Mutterleib schwamm das Kind im Fruchtwasser, die Wirbelsäule war wohl gerundet, aber durch den schwerelosen Zustand ganz unbelastet. Bei der Geburt ist die Doppel-S-Form noch nicht ausgebildet, und somit kann der Körper des Säuglings Gewicht und Stöße noch nicht über eine federnde Wirbelsäule abfangen. Diese Gefahr besteht aber nicht, wenn man ein Tragetuch benutzt, bei dem der Stoff wie eine Stütze rund um den ganzen Körper liegt.[3]

Die Hüften des Kindes sind physiologisch geradezu auf das Tragen ausgerichtet. Bei Neugeborenen sind die Hüftpfannen, in denen sich der Kopf des Hüftgelenks bewegt, noch nicht vollständig ausgebildet. So kann es vorkommen, daß die Gelenkkugel nach oben herausrutscht und sich an dieser Stelle keine richtige Knochenkappe bilden kann. «In der Spreizhaltung, die die Beine des Kindes automatisch im Tragetuch (außer in der Bindetechnik: Wiege; Anm. d. Autorin) einnehmen [...], drückt der Gelenkkopf genau im richtigen Winkel in die Mitte der Pfanne, die so am besten darin unterstützt wird, eine Wölbung auszubilden, die den Gelenkkopf voll umschließt.»[4]

In Ländern, in denen es üblich ist, daß die Säuglinge von den Müttern, auf den Körper gebunden, getragen werden, kommen Hüftverrenkungen (Hüftluxationen) äußerst selten vor.[5]

In einer Untersuchung von 192 Kindern konnte Evelin Kirkilionis 1994 nachweisen, daß Kinder, die schon sehr früh ab den ersten Lebenswochen am Tag mehrere Stunden lang getragen wurden, beim Schuleintritt weit weniger Haltungsauffälligkeiten zeigten als der Durchschnitt. Somit erweist sich das Tragen von Säuglingen im Hüftsitz sogar als vorbeugend gegen Hüftdysplasien.[6]

Eine Studie von Dean und Geber ergab 1967, daß Säuglinge, die in einem Tragetuch überall mit herumgeschleppt werden, sich besser entwickeln als Kinder, welche die meiste Zeit im Gitterbett verbringen. Das gilt gleichermaßen für die motorische, kognitive und emotionale Entwicklung.[7] Ebenfalls kann der Säugling im Laufe der Zeit die ihm zur Verfügung stehenden eigenen Mittel besser koordinieren, wenn er getragen wird, als im Kinderbett oder im Kinderwagen.[8]

Der tragende Erwachsene

Häufig ist die Rede von den Rückenschmerzen des Erwachsenen, die auftreten, wenn er das Kind vorn am Körper trägt.

Im Tragetuch verteilt sich das Gewicht des Kindes gleichmäßig auf Hüfte und Schulter von Mutter oder Vater und belastet somit viel weniger, als wenn man das Baby auf dem Arm trägt. Der Knoten im Rücken fördert zudem eine gute Körperhaltung beim Tragenden, was ich durch eigene Erfahrungen, als engagierte Tragemutter, nur bestätigen kann.[9]

Einige Eltern klagen über Schmerzen, wenn sie ihr Kind vorn tragen. Das kann vorkommen, denn trägt man das Kind am Bauch, zieht einen die Last nach vorn, und um diese auszugleichen, lehnt man sich automatisch ein bißchen zurück; dadurch wird aber die Lordose der Lendenwirbelsäule verstärkt. Der Druck auf Hinterseite der Bandscheibe nimmt noch zu, und unter Umständen werden auch Nervenbahnen beeinträchtigt.

Der Nachteil für das Kind besteht darin, daß, wenn man sich nach vorn beugt (z. B. bei der Arbeit), sich der Tragesitz lockert und das Kind ein wenig in sich zusammensackt, auf die eigene Wirbelsäule. Darum sollte man das Tragetuch sehr fest spannen und binden.

Als weitere Variante ist es möglich, das Kind auf den Rücken zu binden, was sowohl für das Baby als auch für den Erwachsenen sehr viele Vorteile mit sich bringt. Der Tragende beugt sich dabei ganz leicht nach vorn, um nicht nach hinten zu kippen. Die Lordose im Kreuz wird abgeschwächt.

Die empfindlichen Stellen, an denen Nerven gequetscht werden können, werden eher entlastet. Dadurch kommt es zu weniger Rückenschmerzen. Aber auch für das Kind hat es einen großen Vorteil, denn wenn man sich nach vorn beugt, wird das Tragetuch auf dem Rücken noch ein wenig fester um das Kind gespannt, was einen besseren Halt bedeutet, und je mehr man sich der Waagrechten nähert, um so eher liegt das Kind bäuchlings auf dem Rücken des Erwachsenen, und die Wirbelsäule des Babys wird dadurch entlastet.

Das Tragen auf der Hüfte hat den großen Vorteil, daß ein wesentlicher Teil des Körpergewichtes des Kindes direkt über die Hüftknochen und das Hüftgelenk in die Beine geleitet wird. Zudem biegt man die Wirbelsäule, um das Gewicht auszugleichen, nicht nach hinten, sondern zur Seite; somit bleiben die nach hinten austretenden Nerven unbelästigt. Ein Nachteil aber ist die unausgeglichene Belastung. Bei dieser Tragetechnik ist es wichtig, daß man das Kind abwechselnd auf beiden Seiten trägt.[10]

Für das Binden von Tragetüchern stehen die verschiedensten Techniken zur Auswahl; es lohnt sich, einige einzuüben und zu beherrschen.

Das erleichtert die Abwechslung, und Sie können so die verschiedenen Varianten den Tätigkeiten, die Sie gerade vorhaben, anpassen.

Tragehilfen

Das Tragetuch
Ein Baby in den ersten Monaten im Tragetuch zu tragen hat eine Reihe von medizinischen und psychosozialen Vorteilen:
- Das Baby kann an den Aktivitäten von Mutter oder Vater teilnehmen und bekommt sehr viel mehr von der Umwelt

zu sehen. Dadurch erhält das kindliche Gehirn vermehrt Entwicklungsimpulse und vielfältige sensomotorische Anregungen.

- Durch die Bewegungen der Mutter oder des Vaters werden die gesamten Hautsinneszellen angeregt. Dem Kind vermittelt das gleichzeitig Nähe, Wärme, Hautkontakt und Anregung.

- Die Bewegungs- und Gleichgewichtsorgane werden geübt, da das Kind versucht, sich selbst in Balance zu halten. Jede Verlagerung des Schwerpunktes ruft eine entsprechende Reflextätigkeit der Nerven und Muskeln hervor, Gleichgewichts- und Tastsinn werden dadurch frühzeitig gefördert.[11]

- Das Baby kann selbst verstärkt regulieren, ob und wieviel an Reizen es aufnimmt, und bei Ermüdung einfach in sich zurückgehen.

- Der intensive Körper- und Blickkontakt mit der Mutter oder dem Vater vermittelt ein Geborgenheitsgefühl, dessen Wirkung auf die emotionale und körperliche Entwicklung von unschätzbarem Wert ist.

- Bei der täglichen Arbeit kann die Mutter ihr Baby bei sich haben und hat gleichzeitig die Hände frei.

- Durch die Wärme und die automatischen Massagebewegungen ist Tragen das beste Mittel gegen Blähungen und Dreimonatskoliken.

- Das Kind bekommt seine Bedürfnisse (z. B. Nahrung) schneller, da man als Träger die suchenden Kopfbewegungen des Kindes schon spürt, bevor es zu weinen beginnt.[12]

Ein sehr großer Vorteil gegenüber dem Kinderwagen ist die eigene Flexibilität. Man kann mühelos in Bus oder Bahn steigen, im Gewühl von Kaufhäusern bummeln, aber auch quer durch den Wald oder über das Feld wandern, und das Baby ist dabei und zufrieden.

Barbara Sichtermann hoffte schon 1981, daß das mehr und mehr praktizierte Tragen auch zu einer veränderten, toleranteren Haltung gegenüber Säuglingen im öffentlichen Leben führt. Je häufiger die Eltern ihr Baby an Orte mitnehmen, an denen seine Gegenwart nicht üblich ist, desto eher wird sich die Umwelt darauf einstellen, daß neugeborene Kinder am Körper der Erwachsenen dabei sind. Das Bild des häufig schreienden und weinenden Babys wird dabei auch aus der privaten und öffentlichen Erfahrung verschwinden.

Leider sind die Fortschritte seither nur gering.[13]

Vorteile des Tragetuches

- Man kann das Baby von den ersten Tagen bis zum vierten Lebensjahr in ein- und demselben Tuch tragen, das jeweils nur anders geknotet werden muß.
- Man kann den Stützeffekt des Tuches Faser für Faser dem Körper des Kindes anpassen, und die Bewegungen des Erwachsenen übertragen sich über den fest um den Babykörper gespannten Stoff weich und massierend.
- Das Tuch kann, der Körperbeherrschung des Kindes entsprechend, es ganz einhüllen oder weitgehend freilassen, und das Kind kann in verschiedenen Körperhaltungen darin sitzen.
- Der Erwachsene kann das Kind vorn, seitlich oder auf dem Rücken tragen.[14]
- Weiterhin dient das Tragetuch im Freien als Sitz- und Wickelunterlage, Sonnenschutz, und wenn das Kind schon laufen kann und man das Tuch zeitweise nicht benötigt, legt man es klein zusammen und steckt es ein. Damit entfällt das unnötige Herumtragen von sperrigen Tragehilfen (wie z. B. Rohrgestellen).

Der Nachteil

Da die Tragetücher keine Fertigprodukte sind, muß man sich mit der Bindetechnik auseinandersetzen und diese üben bzw. ausprobieren. Dies hält Eltern manchmal davon ab, sich damit zu befassen. Am Anfang ist es von Vorteil, wenn die Mutter jemanden hat, der beim Binden hilft und z. B. das Tuch strafft.

Aus eigener Erfahrung habe ich festgestellt, daß schon sehr viele Mütter bereit wären, ihre Kinder zu tragen, aber oft nur ein wenig unsicher sind (ob das Tragetuch z. B. gut hält) oder gar nicht wissen (auf dem Land und in Kleinstädten), wo sie so ein Tuch überhaupt bekommen können.

Nur durch Gespräche und Informationen sind solche Ängste abzubauen. Für die Mütter, die diese Hürden überwunden haben, ist das Tragetuch unersetzlich.

Deswegen finde ich es sehr wichtig, daß beim Schwangerschaftsturnen, in den Mutterberatungsstellen, aber auch in anderen Beratungsstellen, die mit Müttern und Säuglingen arbeiten, das Tragen im Tragetuch verstärkt erklärt und eingeführt wird. In einigen neuen Institutionen, wie Nanaya, F.E.M., Schreiambulanz Mödling (detailliertere Angaben siehe Anhang), wird das Tragen als hilfreiche Alternative den Eltern empfohlen, und aufgrund dieser Aufklärungsarbeit kommt das Tragetuch verstärkt zum Einsatz.

Bindetechniken

Das Tragetuch ist ein Stoff von unterschiedlicher Länge (2,5 bis 4,5 m) und Breite (50 bis 60 cm). Dazu kann man aber nicht jeden beliebigen Stoff verwenden, sondern er muß so gewebt sein, daß er sich in der Diagonale verzieht und hohe Festigkeit und perfekte Elastizität aufweist. Nur dann ist eine ausreichende Tragequalität gesichert, die von der Stoffart stark abhängt.

Ich habe mir selbst ein Tragetuch aus einem Dritte-Welt-Laden gekauft, das fast genauso teuer war wie die originalen

Babytragetücher; allerdings schnürte es beim Tragen stark in die Schultern ein. Außerdem bekam unsere Tochter im Gesicht einen Ausschlag, hervorgerufen wahrscheinlich durch das Material des Tuches; man weiß oft nicht, mit welchen Chemikalien diese Tücher behandelt werden.

In Deutschland stellt die Firma DIDYMOS das original Babytragetuch schon seit 14 Jahren her. Diese Firma ist von einer Frau namens Erika Hoffmann ins Leben gerufen worden, die selbst leidenschaftliche Tragemutter war. DIDYMOS arbeitet mit vielen Hebammen, Kinderärzten und Spitälern zusammen und ist sehr engagiert in der Öffentlichkeitsarbeit. DIDYMOS schickt auf Anfrage sehr gerne Unterlagen, Kopieunterlagen über das Tragen, aber auch Bestellkarten mit der Stoffmusterpalette und Informationsprospekte zu. Die DIDYMOS-Tücher sind aus naturbelassener, hochwertiger und unbehandelter Baumwolle gewebt und enthalten keine Chemikalien oder Schwermetalle. Gefärbt wird das Tragetuch mit umweltschonenden, schwermetallfreien, reaktiven Farben in geschlossenen Wasserkreisläufen. Dieses fortschrittliche Verfahren wurde mit Umweltschutzpreisen ausgezeichnet.

In Österreich besteht seit ca. zwei Jahren die Firma Easycare. Frau Ulrike Kern hatte schon seit Jahren die Tragetücher von DIDYMOS vertreten und dann eine eigene österreichische Produktion gegründet. Diese Tragetücher sind ebenfalls qualitativ hochwertig und lassen eigentlich keinen Unterschied zu den Tüchern der Firma DIDYMOS erkennen.

Die Adressen finden Sie im Anhang.

Säuglinge sollten in den Tragetüchern eine gespreizte und angehockte Beinstellung einnehmen, außerdem soll das Tuch den kindlichen Rücken fest umschließen und der Säugling die Anlehnung an den Körper des Tragenden finden.

Für die Bindetechnik «die Wiege» und «der Hüftsitz»

benötigt man nur ein kurzes Tragetuch, ca. eine Länge von 2,5 m. Für die weiteren Bindearten am Rücken oder im Känguruhsitz braucht man ein Tragetuch von mindestens 3,5 m. Ist das Kind schon älter, oder der Träger ein wenig stärker, sollte man, wenn man nur ein Tuch kaufen möchte, das größte Tuch von 4,5 m Länge verwenden, da alle Bindetechniken damit möglich sind.

Die Wiege

Diese Bindetechnik ist speziell für Neugeborene bis zum vierten Monat geeignet.

Man macht in das Tuch einen doppelten Knoten und hängt es dann schräg, wie eine Schärpe, über eine Schulter, wobei der Knoten auf dem Rücken liegen soll. Danach legt man das Baby in das Tragetuch, wie in eine Hängematte, hinein. Gegebenenfalls muß das Tuch etwas enger oder weiter gebunden werden.

Die Känguruh-Technik

Diese Tragetechnik kann man ab dem ersten Lebensmonat des Kindes anwenden.

Hier halbiert man das Tragetuch der Länge nach und legt es von hinten an die Taille.

Danach verkreuzt man das Tuch vor der Brust und legt es zum Hals über die Schultern.

Jetzt steckt man am Rücken ein Ende, von oben nach unten, hinter der querliegenden Stoffbahn durch und verknotet die Enden miteinander. Nun setzt man das Kind von oben in das Kreuz, so daß die Verkreuzung zwischen den Beinen des Kindes liegt. Damit man das Kind im Rücken stützt, zieht man die innen liegende Diagonale breit auseinander, dann die darüberliegende Diagonale ebenso. Bei jungen Säuglingen muß die Diagonale bis zum Nacken hochgezogen werden, damit auch der Kopf gut gestützt ist.

Der Hüftsitz

Diese Bindetechnik kann ca. ab dem vierten, fünften Monat angewandt werden.

Man schlüpft mit Kopf und einem Arm in das der Länge nach halbierte und verknotete Tuch. Nun zieht man die beiden

Kanten auseinander und verdreht das Tuch, indem man die obere Kante innen nach unten zieht und die untere Kante außen nach oben holt. Durch die Verdrehung hat sich ein Sack gebildet, in den man das Kind hineinsetzen kann. Das Kind soll eng an den Körper gebunden sein und das Tuch bis in die Kniekehlen gezogen werden.

Der Rucksack

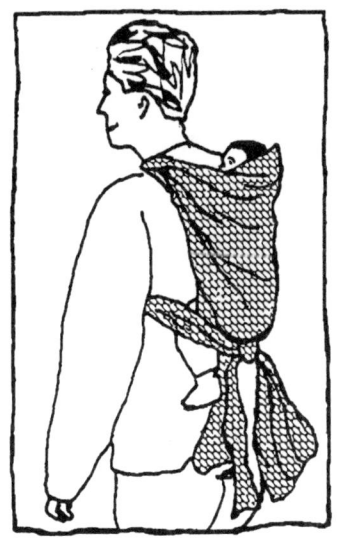

Diese Trageart kann ab dem dritten Monat verwendet werden.

Hier legt man das Kind in die Mitte des Tragetuches und stellt sich mit dem Rücken zu dem Kind. Dann zieht man es auf den Rücken, wobei man sich hier sehr zurücklehnen sollte. Die obere Kante des Tuches muß man fester anziehen, wobei die untere Kante nach innen zum Hals gezogen werden soll. Dann führt man das Tuch unter den Armen durch und verknotet es mit einem Doppelknoten unter dem Po des Kindes, wobei sich die Füße des Kindes unter dem Tuch befinden. Bei kleineren Kindern wird das Tuch bis über den Kopf gezogen, und bei älteren Kindern reicht es, wenn das Tuch unter ihren Armen durchgezogen wird.

Der Tragesitz

Der einzige Vorteil eines Tragesitzes ist die leichte Handhabung. Die Nachteile beginnen schon mit den Schnallen, Knöpfen und Gurten, die drücken und einschneiden können. Im Sommer sind einige Tragesitze auch sehr heiß. Weiter kann man das Kind nur in zwei Haltungen tragen; das Kind spürt nicht die Anlehnung wie im Tragetuch. Bei den im Handel erhältlichen Hilfen sollte aus orthopädischen Gründen besonders kritisch auf folgende Merkmale geachtet werden.

- Wenn für die Oberschenkel des Säuglings nach unten bzw. unten-seitlich orientierte Aussparungen vorgesehen sind (Skizze A) oder nur ein schmaler Stoffsteg zwischen den Beinen vorgesehen ist (Skizze B), ist eine geeignete, angehockte Beinhaltung des Säuglings unmöglich.

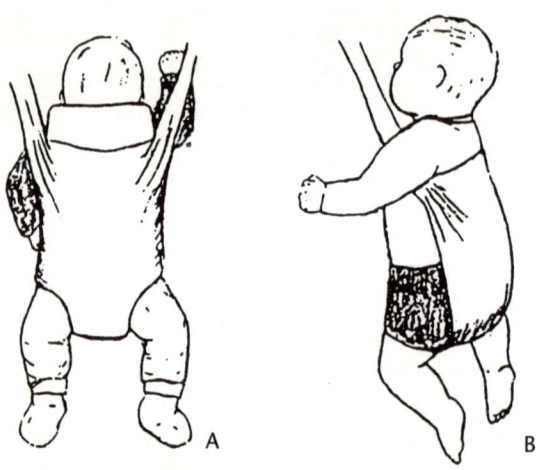

Es erfolgt sogar ein permanenter ungünstiger Druck auf die Hüftgelenke, der eher eine schlechte Entwicklung der Gelenke bewirkt.

- «Aufgrund der besonderen anatomischen Verhältnisse im Säuglingsalter wird durch den Druck auf die im Hüftgelenk gestreckten Beinchen teilweise auch ein unphysiologisches Hohlkreuz veranlaßt.»[15]
- Der Stützeffekt des Stoffes um den Babyrücken ist zwar in Grenzen regulierbar, aber doch nicht jeder Körpergröße und jedem Grad der Körperbeherrschung beim Säugling angleichbar.[16]

Rohrgestelle

Die Rohrgestelle werden wie Rucksäcke getragen und eignen sich daher gut beim Wandern. Bei dieser Tragehilfe muß das Kind jedoch zumindest schon allein sitzen können.

Vorteile

- Einfache Handhabung, und auch bei dicker Winterbekleidung ist es noch gut zu gebrauchen.
- Für den Träger ist diese Trageweise auf dem Rücken physiologisch günstig.

Nachteile

- Kein echter Körperkontakt zwischen Träger und Kind.
- Kein stützender Halt für das Kind.
- Die Kinder stellen sich gerne im Rohrgestell auf.
- Der Schwerpunkt der Last liegt ziemlich weit vom Rücken des Trägers entfernt und stört so sein Balancegefühl.
- Wenn das Kind selbst läuft, muß man das Gestell mit sich herumschleppen.[17]

Weitere Babyhilfsmittel

Babyhilfsmittel sind in unserer Kultur weit verbreitet und werden fleißig verwendet. Man sollte einmal kritisch hinterfragen, warum das so ist. Unterliegen die Eltern dem Glauben an die Versprechungen der Industrie, im Bestreben, dem Baby das Beste zu bieten, oder sind die erhältlichen Hilfskonstruktionen bloß praktisch und unterstützen die Bequemlichkeit?

Die Babyhilfsmittel behindern die gesunde Entwicklung von Haltung und Bewegung durch zu frühe axiale Belastung der Wirbelsäule und verstärken Fehlhaltungen.

Die Babywippe

Wenn ein kleines Baby sehr oft in der Wippe liegt, hat das mehrere Konsequenzen:

- Durch die Schrägstellung der Wippe kommt es zur einseitigen Teilbelastung einzelner Wirbel aufgrund der Beugehaltung.
- Die Bauchmuskeln bleiben unterentwickelt und schwach, und das Gesäß ist zu stark belastet.[18]
- Die motorische Entwicklung wird gehemmt, da das Kind erst die Sitzhaltung im Liegen lernt, und die Wippe schädigt seine Muskeln und die weichen Knochen.
- Das Stützen als Startstufe zur Aufrichtung auf die Ellbogen entfällt, und die seitliche Schwerpunktverlagerung werden verhindert, und so nimmt die Haltungsentwicklung nicht mehr ihren natürlichen Verlauf.[19]

Der Laufwagen

- Im Laufwagen wird die Haltungsmuskulatur des Kindes, die zum freien Gehen nötig ist, entlastet, und so werden ihm falsche Tatsachen vorgespielt.
- Das Kind steht nicht auf eigenen Beinen, kann sich aber

märtherapeutischen Erziehung. © Arthur Janov 1973, S. Fischer Verlag GmbH, Frankfurt am Main (1974) [8]1993.

Junge Familie: Getragene Babys schreien weniger. In: junge Familie. Heft 1/1989.

Jungjohann, Eugen: Kinder klagen an. Angst, Leid und Gewalt. Frankfurt am Main 1991.

Kaplan, Louise J.: Die zweite Geburt. Die ersten Lebensjahre des Kindes. Piper, München (1981) 1993.

Kast-Zahn, Annette/**Morgenroth,** Helmut: Jedes Kind kann schlafen lernen. In: Mutter & Kind-Erziehung, Wienerin. Mai 1996. S. 158 f.

Keller, Heidi/**Meyer,** Hans-Jürgen: Psychologie der frühesten Kindheit. Kohlhammer, Stuttgart 1982.

Kelm-Kahl, Inge: Hausgeburt – besser für Mutter und Kind. Rowohlt, Reinbek b. Hamburg 1990.

Kern, Annemarie: Werbung für Muttermilchersatzprodukte. In: Kinder kriegen. Winter 1995/96.

Kiphard, E. J.: Krankengymnastik. (Kopieunterlage von Fa. Didymos)

Kirkilionis, Evelin: Worauf Eltern beim Kauf von Hilfen zum Tragen für Säuglinge achten sollten. (Kopieunterlage von Fa. Didymos)

Kirkilionis, Evelin: Tragen – Ja... – aber... In: Deutsche Hebammen Zeitschrift Nr. 6, 1996.

Kitzinger, Sheila: Hausgeburt. Ein Ratgeber für werdende Eltern. Kösel, München 1994.

Kitzinger, Sheila: Natürliche Geburt. Ein Buch für Mütter und Väter. Kösel, München (1980) [8]1994.

Klaus, Marshall H./**Kennell,** John H.: Mutter-Kind-Bindung. Über die Folgen einer frühen Trennung. Kösel, München (1983) dtv 1987.

Leboyer, Frédérick: Sanfte Hände. Die traditionelle Kunst der indischen Baby-Massage. Kösel, München (1979) [15]1996.

Liedloff, Jean: Auf der Suche nach dem verlorenen Glück. Gegen die Zerstörung unserer Glücksfähigkeit in der frühen Kindheit. Beck, München (1980) 1995.

Lothrop, Hanny: Das Stillbuch. Kösel, München (1980) [22]1987.

Mahler, Margaret S.: Studien über die ersten drei Lebensjahre. Fischer, Frankfurt am Main 1992.

McKenna, James J: Neue Gedanken zu gesundem Babyschlaf. In: Breastfeeding Abstracts. Februar 1993.

Mead, Margaret: Mann und Weib. Das Verhältnis der Geschlechter in einer sich wandelnden Welt. Ullstein, Berlin 1992.

Miller, Alice: Das verbannte Wissen. Suhrkamp, Frankfurt am Main (1988) 1990.

Milz, Helmut: Der wiederentdeckte Körper. Vom schöpferischen Umgang mit sich selbst. Artemis & Winkler, Düsseldorf und Zürich 1992, 1997.

Montagu, Ashley: Körperkontakt. Die Bedeutung der Haut für die Entwicklung des Menschen. Columbia University Press 1971 Klett-Cotta, Stuttgart [8]1995.

Montessori, Maria: Kinder sind anders. Klett-Cotta, Stuttgart [13]1993.

Newmann, Jack: Immunschutz durch Muttermilch. In: Spektrum der Wissenschaft. Februar 1996.

Ott, Wolfgang: Risiko plötzlicher Säuglingstod. Empfehlungen zur Vorbeugung. Hamburg 1995.

Packard, Vance: Verlust der Geborgenheit. Unsere kinderkranke Gesellschaft. Ullstein, Berlin 1986.

Polinski, Liesel: Spiel und Bewegung mit Babys. Das Prager Eltern-Kind-Programm, Rowohlt, Reinbek b. Hamburg 1993.

Ratgeber für Kleinkinder. (Kopieunterlage von Fa. Didymos)

Renggli, Franz: Angst und Geborgenheit. Soziokulturelle Folgen der Mutter-Kind-Beziehung im ersten Lebensjahr. Rowohlt, Reinbek b. Hamburg 1974.

Rice, Ruth D.: Die Notwendigkeit der kindlichen Stimulation. In: Eltern werden – Eltern sein. Wien Nr. 11.

Rice, Ruth D.: The Loving Touch Paket. Dallas (Texas) 1986.

Rose, Wulf-Dietrich: Elektrosmog – Elektrostreß. Strahlung in unserem Alltag und was wir dagegen tun können. Kiepenheuer & Witsch, Köln 1994.

Roy, Ravi/**Lage-Roy,** Carola: Säugling – Wochenbett. (Homöopathischer Ratgeber 9), Lage-Roy, Murnau 1995.

Rutter, Michael: Bindung und Trennung in der frühen Kindheit. Juventa, München 1978.

Sears, William: Schlafen und Wachen. Ein Elternbuch für Kindernächte. La Leche Liga Schweiz, Zürich 1991.

Shorter, Edward: Der weibliche Körper als Schicksal. Zur Sozialgeschichte der Frau. München 1987.

Sichtermann, Barbara: Leben mit einem Neugeborenen. Ein Buch über das erste halbe Jahr. Fischer, Frankfurt am Main (1981) [18]1995.

SIDS Austria Wien: SIDS. Ausgabe Nr. 1. Wien 1993.

Spitz, René A.: Vom Säugling zum Kleinkind. Naturgeschichte der Mutter-Kind-Beziehungen im ersten Lebensjahr. Klett-Cotta, Stuttgart [10]1992.

Stening, Waltraud/**Roth,** Bernhard u.a.: Känguruhmethode bei Frühgeborenen. In: Monatsschrift Kinderheilkunde Nr. 144, 1996, S. 930–937.

Stern, Daniel: Mutter und Kind. Die erste Beziehung. Klett-Cotta, Stuttgart [2]1994.

Tietze, Henry G.: Botschaften aus dem Mutterleib. Pränatale Eindrücke und deren Folgen. Ariston, Genf 1984.

Tress, Wolfgang: Das Rätsel der seelischen Gesundheit. Traumatische Kindheit und früher Schutz gegen psychogene Störungen. Vandenhoek & Ruprecht, Göttingen 1986.

Van de Loo, Marie-Josd/**Reinhart,** Margarete (Hrsg.): Kinder. Ethnologische Forschungen in fünf Kontinenten. Reinhardt, München 1993.

Verny, Thomas und **Kelly,** John: Das Seelenleben des Ungeborenen. Wie Mütter und Väter schon vor der Geburt Persönlichkeit und Glück ihres Kindes fördern können. Ullstein, Berlin (Rogner & Bernhard 1981) [19]1992.

Weissenböck, Maria: Effekte von Babymassage. (Kopieunterlage)

WHO, Arbeitsgemeinschaft freier Stillgruppen (Hrsg.): Die physiologischen Grundlagen der Säuglingsernährung. Genf 1994.

Zimmer, Katharina: Das einsame Kind. Für ein neues Verständnis der kindlichen Urbedürfnisse. Kösel, München (1979) [2]1982.

Zmölnig, Wiebke: Gedanken zu den Babyhilfsmitteln. (Kopieunterlage)

Adressen

Schwangerschaft und Geburt:

Aktion Leben
Dorotheergasse 6–8
A-1010 Wien

**Beratungsstelle für
natürliche Geburt**
Rosensteingasse 82
A-1170 Wien

Geburtshaus Nußdorf
Heiligenstädterstraße 217
A-1190 Wien

Aktion Leben
Mühlweg 26
A-3100 St. Pölten

**Hebammenzentrum,
Verein freier Hebammen**
Lazarettgasse 6/2/1
A-1090 Wien

**Schweizerischer
Hebammen-Verband**
Flurstraße 25
CH-3000 Bern

GfG – Gesellschaft für Geburtsvorbereitung; Bundesverband e. V.
Dellestraße 5
Postfach 22 01 06
D-40627 Düsseldorf

Bund Freiberufl. Hebammen Deutschlands
Freiheitsstraße 11
D-41352 Korschenbroich

**Verein zur Forderung natür-
licher Geburten**
Obmannamtsgasse 15
CH-8001 Zürich

Frühgeborene:

Uni-Kinderklinik Köln
Joseph-Stelzmann-Straße 9
D-50931 Köln

**Frühchen Eltern-Initiative
von Eltern frühgeborener
Kinder**
Antonigasse 20/1
A-1180 Wien

**Förderverein für Früh- und
Risikogeborene
Christa Hofmann**
Dittmannswiesen 6
D-76646 Bruchsal

Beratung:

**Nanaya – Beratungsstelle
für natürliche Geburt und
Leben mit Kindern**
Zollergasse 37
A-1070 Wien

**F. E. M. – Gesundheitszen-
trum** in der Semmelweis-
Frauenklinik
Bastiengasse 36–38
A-1180 Wien

Netzwerk Geburt und Familie
Häberlstraße 17
D-80337 München
Soziales Netz rund um die
Geburt – Familienpflege
und -hilfe

Aktionskomitee «Kind im Krankenhaus»
Kirchstraße 34
D-61440 Oberursel
Informationen über kinder-
und familienfreundliche
Krankenhäuser

Arbeitskreis Eltern werden
– Eltern sein
Talstraße 56
D-79102 Freiburg/Br.

Pro Familia – Deutsche
Gesellschaft für Sexual- u.
Familienberatung
Cronstetterstraße 30
D-60322 Frankfurt

Aktion «Eltern helfen Eltern»
Weberstraße 33
D-53113 Bonn
vermittelt Adressen, Informations- und Erfahrungsaustausch

Verband Alleinstehender
Mütter und Väter
Von-Groote-Platz 20
D-53173 Bonn

Schreiambulanzen:

Schreiambulanz Mödling
Krankenhaus Mödling
Schwester-Maria-Restituta-Gasse 12
A-2340 Mödling

Schreiambulanz Graz
Kinderklinik Graz
Auenbruggerplatz 30
A-8036 Graz

**Zentrum für Fütterungs-,
Schlaf- und Schreiprobleme**
Wilhelminenspital Wien,
Pav. 5 und 13
Montleartstraße 37
A-1160 Wien

Stillen:

La Leche Liga Österreich
Postfach
A-6500 Landeck

La Leche Liga Deutschland
Postfach 65 00 96
D-81214 München

**Anne-Marie Kern
Dipl. Stillberaterin, IBCLC**
Lindenstraße 20
A-2362 Biedermannsdorf

**Aktion Muttermilch – ein
Menschenrecht**
Reichsgrafenstraße 4
D-79102 Freiburg

La Leche Liga Schweiz
Postfach 197
CH-8053 Zürich

**Arbeitsgemeinschaft Freier
Stillgruppen (AFS)
Bundesverband e. V.**
Postfach 11 12
D-76141 Karlsruhe

**La Leche Liga –
Stillberatung**
Neustift am Walde 22
A-1190 Wien

Tragetücher:

DIDYMOS
Erika Hoffmann GmbH
Solitudestraße 5 5
Postfach 2 27
D-71602 Ludwigsburg

EASYCARE
Ulrike Kern
Zirkusgasse 28
A-1020 Wien

Plötzlicher Säuglingstod:

SIDS Austria Wien
Gesellschaft zur
Erforschung des Plötzli-
chen Säuglingstodes
Tel.: (00 43)
02 22/8 04 53 91

SIDS-Ambulanz des
G. v. Preyer'schen Kinder-
spitales
Schrankenberggasse 31
A-1100 Wien

Regenbogen – Verein zur
Hilfestellung bei glückloser
Schwangerschaft
Kontaktkreis für Eltern, die
ein Kind durch Fehlgeburt,
Totgeburt oder im ersten
Lebensjahr verloren haben
Ulrike Kern
Zirkusgasse 28/9
A-1020 Wien

SIDS – Beratungsstelle
LKH Mödling – Kinderab-
teilung
Weyprechtgasse 12
A-2340 Mödling

Bildnachweis

S. 85 Klaus, Marshall H./Kennell, John H.: Mutter-Kind-Bindung. Kösel Verlag, München, 1983, S. 32
S. 136 Sears, William: Schlafen und Wachen. La Leche Liga Schweiz, Zürich 1991, S. 178 Mit freundlicher Genehmigung der La Leche League International, USA
S. 150 Leboyer, Frédérick: Sanfte Hände. Kösel Verlag, München 1979, S. 35. Mit freundlicher Genehmigung des Autors
S. 151 Ebd., S. 51
S. 152 Ebd., S. 62
S. 153 Ebd., S. 70
S. 155 Ebd., S. 80
S. 232 Hilsberg, Regina: Körpergefühl. Rowohlt Taschenbuch-Verlag, Reinbek bei Hamburg 1985, S. 133
S. 240 Autorin
S. 241 Autorin
S. 242 Autorin
S. 243 Autorin
S. 244 Kirkilionis, Evelin: Tragen – Ja… aber… Deutsche Hebammen Zeitung 6/1996, S. 254 Mit freundlicher Genehmigung von Dr. E. Kirkilionis

Elizabeth Murphy

Weil jedes Kind besonders ist

Verständnisvoll erziehen

187 Seiten, Englische Broschur

Ein introvertiertes Kind geht anders auf die Menschen zu als ein extravertiertes. Ein Kind, das die Welt vorwiegend mit der Empfindungsfunktion wahrnimmt, verhält sich in der Schule anders als eines, das die Welt intuitiv erfaßt. Ein Kind, das Entscheidungen über das Denken fällt, sollte auf andere Weise gefördert werden als ein Fühltyp. Erwachsene können Kindern wirkungsvoller helfen, heranzuwachsen und ihre persönlichen Begabungen zu entwickeln, wenn sie Kenntnisse haben über die verschiedenen psychologischen Typen. Sie werden auch die Schwierigkeiten besser verstehen, die sie im Umgang mit ihnen haben.

WALTER VERLAG

Christa Dettwiler-Lauber

Wenn die Seele ihre Flügel ausbreitet

Meditative Fantasiereisen mit Kindern

Gebunden, 85 Seiten, 17 einfarbige Illustrationen

Inmitten unserer von Reizen und Impulsen überfluteten Zeit gilt es, das Wesentliche des Lebens zu erkennen und das Schönste zu entdecken, was wir Menschen in uns tragen: die eigene Fantasie.

Anschaulich und einfühlsam beschreibt die Autorin in siebzehn konkreten Übungen für Kinder und Jugendliche zwischen 8 und 16 Jahren intensiv innere Reisen.

Die Methode hat ihren Ursprung in der alten Tradition des Geschichtenerzählens: Das Kind entwickelt aus wenigen Vorgaben seine ureigenen Bilder und Empfindungen und begibt sich auf ein spannendes Abenteuer durch das Ich und den Lebensalltag.

WALTER VERLAG

René Sommer

Der Baum steht mitten im Fluß

Was Kinderträume sagen können

288 Seiten, Englische Broschur

Ein Lehrer nimmt sich jeweils vor Unterrichtsbeginn Zeit für
Schüler, die einen guten Zuhörer brauchen. Der neunjährige
Paul nimmt ihn immer wieder mit dem Erzählen von Träumen in Beschlag. Schließlich kommen sie überein, die Träu-
me aufzuschreiben – ohne daß der Lehrer deutend lenkt. So
kam eine selten umfangreiche kindliche Traumserie zustan-
de, die den an unbewußten Prozessen interessierten Pädago-
gen zum Staunen brachte: Eine Konfliktsituation lockte im
Unbewußten des Kindes neue, die Entwicklung und die Autonomie fördernde Eigenschaften hervor, die sich ins Leben
entfalteten.
Eine anschauliche Trauminterpretation mit Hinweisen zum
Umgang mit Träumen von Kindern.

WALTER VERLAG